상위권을 향한 나의 꿈

숨마쿰라우데®

「최우등 졸업」을 의미하는 라틴어

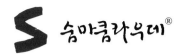

# 영어 입문

INTRODUCTION TO ENGLISH

# MANUAL

이룸이앤비
Education & Books

────── SUMMA CUM LAUDE-ENGLISH ──────
COPYRIGHT

숨마쿰라우데® [영어 입문 매뉴얼]

지은이 소개

**박선하**
(현) 보성고등학교 교사
서울대학교 영어교육과 (졸)
서울시교육청 전국연합학력평가 출제위원
EBS 교재(수능특강 / 수능완성 등) 다수 집필
숨마쿰라우데 구문독해 MANUAL 집필

**1판 2쇄 발행일** : 2016년 2월 11일
**지은이** : 박선하
**펴낸이** : 이동준, 정재현
**기획 및 편집** : 박희라, 최원준, 이은정, 김다래
**디자인** : 굿윌디자인

**펴낸곳** : (주)이룸이앤비
**출판신고번호** : 제2009 – 000168호
**주소** : 서울시 강남구 논현로 16길 4–3 이룸빌딩 (우 06312)
**대표전화** : 02 – 424 – 2410
**팩스** : 02 – 424 – 5006
**홈페이지** : www.erumenb.com
**ISBN** : 978 – 89 – 5990 – 354– 2

## THINK MORE ABOUT YOUR FUTURE
### INTRODUCTION

[이 책을 펴내면서]

십여 년이 넘는 세월 동안 고등학교에서 영어를 가르치면서 많은 학생들을 만났습니다. 영어를 잘하는 학생도 만났고, 영어를 잘하려고 노력하는 학생도 만났고, 또 영어를 잘하고 싶지만 생각대로 되지 않아 영어를 싫어하는 학생도 만났습니다. 고등학교를 졸업하고 대학교에 가고 사회에 진출해서도 영어가 중요한 것을 잘 알고 있기 때문에 영어를 포기하는 학생은 거의 없었지만, 영어 때문에 고민하고 힘들어하는 학생은 매우 많았습니다. 그런 학생들의 고민은 대부분 아무리 열심히 공부해도 영어 실력이 제자리걸음을 하고 있다는 느낌이었는데, 그럴 때 제가 해줄 수 있는 조언은 기본에 대한 강조와 힘을 내라는 격려 정도였습니다. 그러나 그들에게 말하지 못했던 것은 그들이 영어 공부를 제대로 하기에는 시간이 턱없이 부족할 수도 있다는 걱정과 아쉬움이었습니다. 고등학교에서 배울 내용은 그만큼 어렵고 많습니다.

이 책은 고등학교에 입학해서 졸업할 때까지 배우게 될 내용을 학생들이 미리 접하고 대비할 수 있는 입문서로 기획·집필되었습니다. 중학교 때 영어를 곧잘 하다가 고등학교에 와서 첫 모의고사와 내신 시험을 본 후 좌절하고 영어를 점차 멀리하는 학생들을 볼 때마다 제가 떠올렸던 것이 바로 이런 입문서였습니다.

이 책에서 배울 내용은 유형편과 문법편으로 나눕니다. 유형편에서는 수능의 문항 유형과 내신의 주관식 유형에 대비하기 위한 두 문항을 하나의 지문을 독해하면서 풀게 됩니다. 고1과 고2의 전국모의고사 기출 문항과 함께 연습 문항을 풀면서 유형에 대한 적응뿐만 아니라 어휘 실력과 독해 능력을 향상시킬 수 있을 것입니다. 문법편에서는 영어 문장의 복잡한 구조를 꿰뚫을 수 있는 기본적인 문법 개념들을 학습하고 간단한 연습 문제를 통해 복습할 수 있도록 하였습니다. 모든 공부가 그러하겠지만, 영어 문법은 개념 학습과 적용 훈련을 무한히 반복하는 가운데 정복될 것이고, 어휘 실력과 결합되어 정확하고 빠른 독해를 할 수 있는 뼈대를 이룰 것입니다.

아무쪼록 이 책을 접한 많은 학생들이 영어 학습에 대한 재미와 보람을 느끼면서 지치지 않고 힘을 내기를 바라며, 또한 모든 학생들이 자신이 원하는 좋은 결실을 보기를 소망합니다.

저자 박선하 드림

# SUMMA CUM LAUDE-ENGLISH

## STRUCTURE

## [이 책의 구성과 특징]

PART 1 독해 유형편

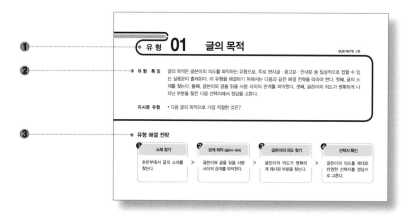

❶ 최근 수능에 출제되는 독해 영역 문항을 분석하여 핵심이 되는 15개 유형으로 구성하였습니다.

❷ 유형별 특징과 지시문 유형을 통해 각 유형의 출제의도를 파악할 수 있습니다.

❸ 각 유형별 4단계로 이루어진 해결 전략을 제시하여 적응력을 기를 수 있도록 했습니다.

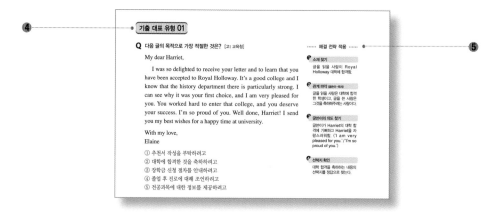

❹ 최신 모의고사 등의 기출문제를 풀어보며 앞서 학습한 내용을 적용해 볼 수 있습니다.

❺ 4단계로 제시된 해결 전략 적용을 통해 답을 도출하는 방법을 확인합니다.

## THINK MORE ABOUT YOUR FUTURE

### STRUCTURE

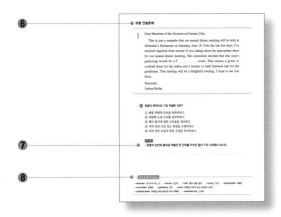

❻ 다양한 지문을 통해 각 유형을 집중적으로 학습하여 해당 유형에 대한 문제 해결 능력을 높일 수 있습니다.

❼ 서술형 주관식 문항을 통해 내신 시험에 대비할 수 있습니다.

❽ 각 유형 연습문제에 나온 필수 어휘와 숙어를 완벽하게 정리하였습니다.

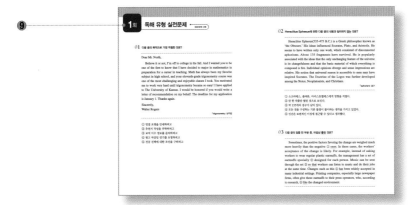

❾ 1~15강까지 학습한 후 최근 수능 출제 경향을 반영한 문항들을 풀어봄으로써 실전 감각을 익힐 수 있습니다.

# SUMMA CUM LAUDE-ENGLISH

## STRUCTURE

PART **2** 수능 문법편

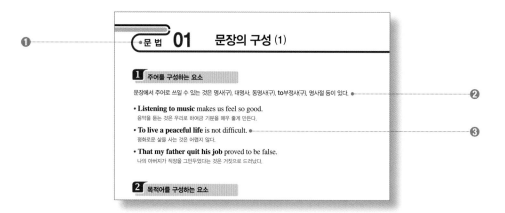

❶ 고등 영어 과정 필수 문법으로 구성하여 문법의 기본기를 완성할 수 있습니다.
❷ 각 항목에서 학습할 문법의 핵심만을 간결하게 설명했습니다.
❸ 문법 사항별 대표 예문을 제시하여 실제 문장에서의 쓰임을 확인할 수 있습니다.

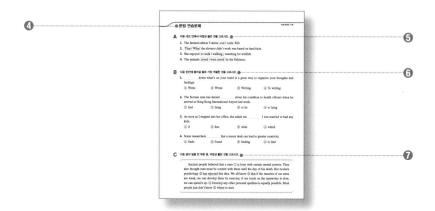

❹ 앞서 공부한 문법 사항을 3단계에 걸친 연습문제를 통해 완벽하게 학습할 수 있습니다.
❺ 간단한 유형의 연습문제를 통해 학습한 내용을 바로 확인할 수 있습니다.
❻ 한 단계 심화된 문제를 풀어봄으로써 문법 사항을 더 확실히 이해할 수 있습니다.
❼ 학습한 문법 사항이 포함된 지문을 통해 문법 내용을 독해에 적용해 볼 수 있습니다.

# THINK MORE ABOUT YOUR FUTURE

## STRUCTURE

❽ 최근 수능 경향을 반영한 어법 문제를 엄선하여 수능 문법 실전문제를 구성하였습니다. 1~15강에서 다진 실력을 점검하고 실전에 대비할 수 있습니다.

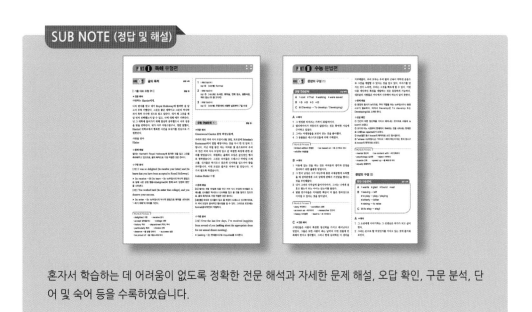

혼자서 학습하는 데 어려움이 없도록 정확한 전문 해석과 자세한 문제 해설, 오답 확인, 구문 분석, 단어 및 숙어 등을 수록하였습니다.

## SUMMA CUM LAUDE-ENGLISH
### CONTENTS

[이 책의 차례]

# THINK MORE ABOUT YOUR FUTURE

## CONTENTS

PART **2** 수능 문법편

# SUMMA CUM LAUDE-ENGLISH

### SCHEDULE

[**34일 완성 Study Plan**] PART 1 독해 유형편과 PART 2 수능 문법편은 각 17일을 목표로 하여 총 '34일'에 완성하는 학습 계획표입니다.

## PART **I** 독해 유형편 17일 완성

THINK MORE ABOUT YOUR FUTURE

SCHEDULE

# SUMMA CUM LAUDE
# INTRODUCTION TO ENGLISH MANUAL

Learning is not attained by chance,
it must be sought for with ardor
and attended to with diligence.

*- Abigail Adams*

숨마쿰라우데®
[영어 입문 매뉴얼]

PART I
독해 유형편

유형 01
~
유형 15

**유 형 특 징** 글의 목적은 글쓴이의 의도를 파악하는 유형으로, 주로 편지글·광고문·안내문 등 일상적으로 접할 수 있는 실용문이 출제된다. 이 유형을 해결하기 위해서는 다음과 같은 해결 전략을 따라야 한다. 첫째, 글의 소재를 찾는다. 둘째, 글쓴이와 글을 읽을 사람 사이의 관계를 파악한다. 셋째, 글쓴이의 의도가 명확하게 나타난 부분을 찾은 다음 선택지에서 정답을 고른다.

**지시문 유형** • 다음 글의 목적으로 가장 적절한 것은?

## 유형 해결 전략

**❶ 소재 찾기**
초반부에서 글의 소재를 찾는다.

>

**❷ 관계 파악 (글쓴이-독자)**
글쓴이와 글을 읽을 사람 사이의 관계를 파악한다.

>

**❸ 글쓴이의 의도 찾기**
글쓴이의 의도가 명확하게 제시된 부분을 찾는다.

>

**❹ 선택지 확인**
글쓴이의 의도를 제대로 반영한 선택지를 정답으로 고른다.

---

### 기출 대표 유형 01

**Q** 다음 글의 목적으로 가장 적절한 것은? [고1 교육청]

My dear Harriet,

I was so delighted to receive your letter and to learn that you have been accepted to Royal Holloway. It's a good college and I know that the history department there is particularly strong. I can see why it was your first choice, and I am very pleased for you. You worked hard to enter that college, and you deserve your success. I'm so proud of you. Well done, Harriet! I send you my best wishes for a happy time at university.

With my love,
Elaine

① 추천서 작성을 부탁하려고
② 대학에 합격한 것을 축하하려고
③ 장학금 신청 절차를 안내하려고
④ 졸업 후 진로에 대해 조언하려고
⑤ 전공과목에 대한 정보를 제공하려고

······ 해결 전략 적용 ······

**❶ 소재 찾기**
글을 읽을 사람이 Royal Holloway 대학에 합격함.

**❷ 관계 파악 (글쓴이-독자)**
글을 읽을 사람은 대학에 합격한 학생이고, 글을 쓴 사람은 그것을 축하해주려는 사람이다.

**❸ 글쓴이의 의도 찾기**
글쓴이가 Harriet의 대학 합격에 기뻐하고 Harriet을 자랑스러워함. ('I am very pleased for you.' / 'I'm so proud of you.')

**❹ 선택지 확인**
대학 합격을 축하하는 내용의 선택지를 정답으로 찾는다.

**1** Dear Members of the Greenwood Garden Club,

This is just a reminder that our annual dinner meeting will be held at Sebastian's Restaurant on Saturday, June 18. Over the last few days, I've received inquiries from several of you asking about the appropriate dress for our annual dinner meeting. The committee decided that this year's gathering would be a **f**_____ event. That means a gown or cocktail dress for the ladies and a tuxedo or dark business suit for the gentlemen. This meeting will be a delightful evening. I hope to see you there.

Sincerely,

Joshua Butler

**Q 윗글의 목적으로 가장 적절한 것은?**

① 클럽 위원장 당선을 축하하려고
② 위원회 소집 이유를 문의하려고
③ 행사 참석에 대한 고마움을 전하려고
④ 저녁 만찬 모임 장소 변경을 요청하려고
⑤ 저녁 만찬 모임의 복장 규정을 공지하려고

**내신형⁺**
• 윗글의 빈칸에 들어갈 적절한 한 단어를 주어진 철자 'f'로 시작해서 쓰시오.

---

**Words & Phrases**

• reminder 상기시켜 주는 것  • annual 연간의  • hold (행사 등을) 열다  • inquiry 문의  • appropriate 적절한
• committee 위원회  • gathering 모임  • gown (특별한 경우에 입는 여성의) 드레스
• cocktail dress 칵테일 드레스(여성의 약식 야회복)  • business suit 신사복

# 유형 연습문제

2

Dear Residents of Smalltown,

After eleven long months of work, our Smalltown Senior Center has been completed. This wonderful new space will serve as a library, conference room, and entertainment place for our residents and the community. We think this lovely space will also make a beautiful spot for functions such as weddings and parties. We have had tremendous support from the community in raising funds for this project. To show our appreciation, we will have an open house on Sunday, March 21 from 1 to 4 p.m. We hope you'll join us.

Sincerely,
Ron Miller

**Q** 윗글의 목적으로 가장 적절한 것은?

① 건설 노동자를 모집하려고
② 완공된 노인복지회관에 초대하려고
③ 새로운 프로젝트 참여를 독려하려고
④ 노인복지회관 건설 자금 기부를 부탁하려고
⑤ 노인복지회관에서 나는 소음에 대해 항의하려고

**내신형+**
• 노인복지회관의 용도를 우리말로 3가지를 쓰시오.

---

**Words & Phrases**

• resident 주민   • senior center 노인복지회관   • complete 완공하다, 마치다   • serve as ~로서의 역할을 하다
• conference room 회의실   • entertainment 연예, 오락, 연회   • spot 장소, 곳   • function 기능
• tremendous 엄청난   • support 후원, 지지   • raise funds 기금을 모으다   • appreciation 감사
• open house 공개일

# 3

Dear Sir,

　　We are writing to you in reference to your e-mail dated October 20, 2014. Regarding your request, we have checked your order and found that the order form was signed on September 21, 2014. According to the contractual conditions of your advertisement order, the applicant can withdraw the order within seven days from the signing of the order form. Yet, having studied your case, it seems that your cancellation request was sent to us after the authorized cancellation period. What this means is that it is not possible to cancel your order now. We hope you understand our position.

Yours faithfully,
John Mark
on behalf of X&Y ADVERTISING

**Q** 윗글의 목적으로 가장 적절한 것은?

① 주문 취소 불가를 알려주려고
② 주문 제품 발송을 통보하려고
③ 주문 정보 수정을 요청하려고
④ 주문 절차 변경을 공지하려고
⑤ 주문 세부 사항을 확인하려고

**내신형⁺**

• 계약 조건에 명기된 주문 취소가 가능한 조건을 쓰시오.

_____

**Words & Phrases**

• in reference to ～와 관련하여　　• regarding ～에 관하여　　• request 요청　　• order 주문
• according to ～에 따르면　　• contractual condition 계약 조건　　• advertisement 광고　　• applicant 신청자
• withdraw 철회하다, 취소하다　　• cancellation 취소　　• authorized 인가된　　• period 기간　　• position 입장
• on behalf of ～을 대표(대신)하여

**유 형 특 징** 요지 · 주장은 특정 쟁점에 대한 필자의 주관적인 견해를 제시한 것으로, 내용 전반에서 필자가 말하고자 하는 핵심 내용을 찾는 유형이다. 이 유형을 해결하기 위해서는 다음과 같은 해결 전략을 따라야 한다. 첫째, 글의 핵심 소재를 파악한다. 둘째, 글의 전개 방식을 파악한다. 셋째, 글의 소재와 관련하여 필자의 생각이나 견해가 드러나 있는 표현이나 문장을 찾는다. 넷째, 지엽적이거나 지나치게 포괄적인 진술은 피한다.

**지시문 유형** • 다음 글의 요지로 가장 적절한 것은?
• 다음 글에서 필자가 주장하는 바로 가장 적절한 것은?

## 유형 해결 전략

**❶ 핵심 소재 파악**
글의 초반부에 나타난 글의 핵심 소재를 파악한다.

> **❷ 전개 방식 파악**
원인 – 결과, 문제 제기 – (예시) – 해결(주장), 통념 – 반박 등의 글의 전개 방식을 파악한다.

> **❸ 필자의 견해 찾기**
필자의 견해가 드러난 부분을 찾는다. 주장 유형은 흔히 should, 또는 let's가 들어간 부분에 견해가 있다.

> **❹ 선택지 확인**
정확하게 필자의 견해를 담고 있는 선택지를 정답으로 고른다.

### 기출 대표 유형 02

**Q** 다음 글에서 필자가 주장하는 바로 가장 적절한 것은? [고1 교육청]

Some people need money more than we do. For example, some people have lost their homes due to natural disasters or war, while others don't have enough food or clothing. So this year, for our birthdays, let's tell our friends and family to donate money to a charity instead of buying us presents. I know that some kids might not want to give up their birthday presents, and I understand. However, remember that we can live without new toys or games more easily than someone can live without food, clothing, or shelter. So, we should tell our friends and family that, for our birthdays this year, we want to give to others.

① 생일 파티를 간소하게 하자.
② 부모님께 감사하는 마음을 갖자.
③ 사용하지 않는 물건을 자선단체에 기부하자.
④ 값비싼 선물보다는 정성이 담긴 편지를 쓰자.
⑤ 생일 선물에 드는 비용으로 어려운 사람을 돕자.

······ 해결 전략 적용 ······

**❶ 핵심 소재 파악**
자연재해나 전쟁으로 인해 돈이 더 많이 필요한 사람들이 있다.

**❷ 전개 방식 파악**
'문제 제기–예시–주장'의 구조이다.

**❸ 필자의 견해 찾기**
생일 선물 대신 자선단체에 돈을 기부하자. (후반부에 반복)

**❹ 선택지 확인**
생일 선물에 드는 비용으로 어려운 사람을 돕는 내용을 포함하는 선택지를 정답으로 찾는다.

1    When you make a mistake — whether you miscalculate crucial figures, miss a deadline, blow a deal, make a poor choice concerning your children, or fumble a ball — what determines whether that action was a failure? Do you look at the size of the problem it causes or the amount of money it costs you or your organization? Is it determined by how much heat you have to take from your boss or by the criticism of your peers? No. Failure isn't determined that way. The real answer is that *you* are the only person who can really label what you do a failure. It's subjective. Your perception of and response to your mistakes determine whether your actions are failures.

**Q** 윗글의 요지로 가장 적절한 것은?

① 어떤 행동을 실패로 규정하는 것은 바로 자기 자신이다.
② 실패 안에는 실패를 성공으로 바꿀 수 있는 단서가 있다.
③ 실패는 다른 사람들의 비판을 받아들이지 않을 때 생긴다.
④ 실수를 가지고 어떤 사람을 판단하는 것은 성급한 행동이다.
⑤ 실수를 용납하지 않는 완벽주의가 실패의 근본적인 원인이다.

내신형⁺

• 다음 두 문장의 빈칸에 공통으로 들어갈 단어를 윗글에서 찾아 쓰시오.

> • By 2013, these _____ hadn't changed a lot.
> • My art teacher drew the _____ of a lion and a tiger on the blackboard.

---

Words & Phrases

• miscalculate 잘못 계산하다   • crucial 결정적인   • figure 수치   • deadline 마감일   • blow 날리다
• concerning ~에 관하여   • fumble 더듬거리다   • determine 결정하다   • failure 실패   • cause 일으키다, 초래하다
• amount 양   • organization 조직   • heat (흥분·화가 치밀어서 나는) 열   • criticism 비판, 비난   • peer 동료, 또래
• label 딱지를 붙이다   • subjective 주관적인   • perception 지각   • response 반응

2
　　Often what we think of as the things "wrong" with us are only our expressions of our own individuality. This is our uniqueness and what is special about us. Nature never repeats itself. Since time began on this planet, there have never been two snowflakes alike or two raindrops the same. And every daisy is different from every other daisy. Our fingerprints are different. We are meant to be different. When we can accept **this**, there is no competition and no comparison. To try to be like another is to reduce our souls. We have come to this planet to express who we are.

**Q** 윗글에서 필자가 주장하는 바로 가장 적절한 것은?

① 비교와 경쟁을 자기 발전의 계기로 삼아라.
② 다른 사람의 단점이 아닌 장점을 보려고 노력하라.
③ 잘못을 알았으면 그 즉시 고치려는 자세를 보여라.
④ 우리가 틀린 것이 아니라 다르다는 것을 받아들여라.
⑤ 자신의 개성을 적극적으로 표현할 수 있는 방식을 찾아라.

**내신형+**
• 밑줄 친 **this**가 가리키는 바를 우리말로 쓰시오.

---

**Words & Phrases**

• think of A as B  A를 B로 생각하다　　• expression  표현　　• individuality  개성　　• uniqueness  독특함
• repeat  반복하다　　• planet  행성　　• snowflake  눈송이　　• alike  비슷한　　• raindrop  빗방울　　• fingerprint  지문
• be meant to  ~하기로 되어 있다　　• accept  받아들이다　　• competition  경쟁　　• comparison  비교, 대조
• reduce  축소하다, 줄이다

# 3

By nearly all insider and expert accounts, we are or will be at peak oil somewhere between now and the next five years. Even if we did not have profound concerns about climate change, we would need to be looking for different ways to power our civilization. How fortunate we are to have **a safe nuclear facility** a mere ninety-three million miles away. I hope I live to see the full flourishing of solar technology. Concentrated solar power to superheat steam, electric mobility and electricity storage are part of this new quest. My hope is that architects will be drawn to designing gorgeous arrays and solar towers in the desert. Could it be possible that in two or three decades we will look back and wonder why we ever thought we had a problem when we are bathed in such a sweet rain of photons?

*photon: 광양자(光量子), 빛의 입자

**Q** 윗글의 요지로 가장 적절한 것은?

① 태양열 발전 기술의 개발이 필요하다.
② 기후 변화로 인한 사막화에 대비해야 한다.
③ 핵시설의 안전사고 예방 조치를 강화해야 한다.
④ 화석연료의 사용 제한이 산업 발전을 저해한다.
⑤ 건축물 설계 시 에너지 효율성을 고려해야 한다.

**내신형⁺**
• 문맥상 밑줄 친 **a safe nuclear facility**가 가리키는 것을 영어로 쓰시오.

_____

**Words & Phrases**

• nearly 거의　• account 설명　• peak oil 피크 오일(석유생산정점)　• profound 심각한, 중대한
• concern 우려, 걱정　• climate change 기후 변화　• power 동력을 공급하다　• civilization 문명
• fortunate 행운의　• nuclear facility 핵 시설　• mere 단순한　• flourish 번성하다　• solar technology 태양열 기술
• concentrated 집중된, 농축된　• superheat 과열하다　• steam 증기　• mobility 이동　• storage 저장
• quest 연구, 추구　• architect 건축가　• gorgeous 아주 멋진, 화려한　• decade 10년

**유 형 특 징**   주제 · 제목은 글의 핵심 내용을 찾는 유형이다. 하나의 단락에는 필자가 말하고자 하는 하나의 핵심 내용이 있으므로, 글에서 반복적으로 나타나는 핵심 어구와 함께 필자가 말하고자 하는 바를 파악해야 한다. 이 유형을 해결하기 위해서는 다음과 같은 해결 전략을 따라야 한다. 첫째, 글의 핵심 소재 및 핵심 어구를 찾는다. 둘째, 글의 핵심이 드러난 부분을 찾는다. 셋째, 글의 핵심 내용을 뒷받침하는 부분들이 전체 글의 내용에 부합하는지 확인한다. 넷째, 글의 핵심 내용을 포함하되 너무 포괄적이거나 너무 지엽적이지 않은 선택지를 정답으로 고른다. 주제는 보통 직접적으로 제시되는 반면에, 제목은 의문문 · 명령문 등 간결하고 압축적으로 표현하는 경우가 많다는 점에 주의해야 한다.

**지시문 유형**   • 다음 글의 주제로 가장 적절한 것은?
• 다음 글의 제목으로 가장 적절한 것은?

## 유형 해결 전략

**❶ 핵심 소재 및 핵심 어구 파악**

글 전반에 걸쳐 반복적으로 나오는 핵심 소재와 핵심 어구를 파악한다.

> **❷ 핵심 내용 파악**

글의 소재와 관련하여 필자가 말하고자 하는 바가 드러난 부분을 찾는다.

> **❸ 뒷받침하는 부분 찾기**

글의 핵심 내용을 뒷받침하는 부분을 찾고 전체 글의 내용과 부합하는지 확인한다.

> **❹ 주제 · 제목이 가장 잘 나타난 선택지 고르기**

핵심 내용을 포함하면서 너무 포괄적이거나 너무 지엽적이지 않은 선택지를 고른다.

## 기출 대표 유형 03

**Q** 다음 글의 제목으로 가장 적절한 것은? [고1 교육청]

You would think all bicycles must have brakes. But the bicycles used for track racing are built without brakes. A track racing bicycle has only essential parts to keep its weight down. So, how do you stop it? This is where the gloves come in. The racer backpedals, and then holds the front wheel tight with his hands. This stops the wheel from spinning, and the bicycle comes to a stop. No wonder track bicycle racers wear gloves! If they didn't, their hands would get terribly hurt every time they tried to stop.   *backpedal: 페달을 뒤로 돌리다

① Gloves to Stop the Bicycle
② Track Racing: A Popular Sport
③ Hard Training for a Bicycle Racer
④ Basic Structure of a Bicycle Brake
⑤ Bicycle Gloves: A Symbol of Wealth

...... 해결 전략 적용 ......

**❶ 핵심 소재 및 핵심 어구 파악**
자전거의 브레이크, 그리고 장갑

**❷ 핵심 내용 파악**
경륜용 자전거는 브레이크가 없어 선수가 장갑을 낀 손으로 멈춘다.

**❸ 뒷받침하는 부분 찾기**
경륜 선수들이 장갑을 끼지 않으면 손에 상처를 입을 것이다.

**❹ 주제 · 제목이 가장 잘 나타난 선택지 고르기**
경륜 선수들이 장갑으로 자전거를 멈춘다는 내용을 포괄하는 선택지를 고른다.

1
One of the issues for people living in an urban environment is sleep deprivation. Due to the high stimuli of the city at all times of the day, sleep levels can decrease because of premature awakenings and longer time needed to fall asleep. A good solution to this problem is to exercise on a daily basis. Studies show that an increase in aerobic exercise can improve your sleeping abilities. This is obtained by the brain producing more melatonin, a hormone used to help induce sleep, when you are doing aerobic exercise. Studies done on melatonin levels on test patients before and after exercise show that melatonin levels in the bloodstream increase after rigorous exercise.

**Q** 윗글의 주제로 가장 적절한 것은?

① risks of working out too much
② various ways to improve health
③ importance of going to bed early
④ positive effects of exercise on sleep
⑤ the relationship between sleep and intellect

내신형⁺
• 멜라토닌(melatonin)의 기능을 우리말로 쓰시오.

---

Words & Phrases

• issue 문제    • urban 도시의    • environment 환경    • sleep deprivation 수면 부족    • due to ~ 때문에
• stimulus 자극(pl. stimuli)    • decrease 감소하다    • because of ~ 때문에    • premature 정상보다 이른
• awaken 깨다    • fall asleep 잠들다    • solution 해결책    • on a daily basis 매일
• increase 증가; 증가하다    • aerobic exercise 유산소 운동    • improve 개선시키다    • obtain 얻다
• hormone 호르몬    • induce 유도하다    • patient 환자    • bloodstream 혈류    • rigorous 고된, 엄격한

**2**

Sugar is one of the most common ingredients found in almost all of the "foods" found on grocery shelves in North America. The American public has been warned of the effects of sugar since the 1950s. Now, instead of cautioning people to reduce their sugar consumption, many doctors and nutritionists are asking people to eliminate **this "toxin"** from their diets. They point out that during the refining process, since sugar is stripped of all its original food value including its vitamins and minerals, it can no longer be classified as "food." It holds no value except for its carbohydrates — pure calories. It contains no vitamins, no minerals, no fats, no protein, so nothing would classify it as belonging to a true food group.

*carbohydrate: 탄수화물

**Q** 윗글의 제목으로 가장 적절한 것은?

① Sugar Heals Wounds
② Is Sugar Really Bad?
③ Sugar: No longer Food!
④ No Food Without Sugar!
⑤ Eat the Right Amount of Sugar

**내신형+**

• 문맥상 밑줄 친 **this "toxin"**이 가리키는 것을 본문에서 찾아 쓰시오.

---

**Words & Phrases**

• ingredient 성분　• grocery 식료품점　• shelf 선반(pl. shelves)　• warn 경고하다　• instead of ~하는 대신에
• caution 주의를 주다　• reduce 줄이다　• consumption 소비　• nutritionist 영양학자　• eliminate 제거하다
• toxin 독소　• point out 지적하다　• refining process 정제 과정　• be stripped of ~을 빼앗기다
• classify 분류하다　• except for ~을 제외하고　• pure 순수한　• protein 단백질

**3**   No Stone Age ten-year-old would have been living on **(a) tender** foods like modern potato chips, hamburgers, and pasta. Their meals would have required far more chewing than is ever demanded of a modern child. **(b) Insufficient** use of jaw muscles in the early years of modern life may result in their underdevelopment and in weaker and smaller bone structure. The growth of human teeth requires a jaw structure of a certain size and shape, one that might not be produced if usage during development is **(c) inadequate**. Crowded and misplaced incisors and imperfect wisdom teeth may be **(d) diseases** of civilization. Perhaps many dental problems would be **(e) caused** if more biting were encouraged for children.

*incisor: 앞니

**Q** 윗글의 주제로 가장 적절한 것은?

① home remedies for wisdom tooth pain
② effects of chewing on brain development
③ modern dental problems from not chewing enough
④ the importance of dental care education at school
⑤ the technological development of dental treatments

내신형+
• 밑줄 친 (a)～(e) 중에서 문맥상 낱말의 쓰임이 적절하지 않은 것을 찾아 바르게 고치시오.

---

Words & Phrases

• live on ～을 먹고 살다   • tender 부드러운   • require 필요로 하다   • chew 씹다   • demand 요구하다
• insufficient 불충분한   • jaw muscle 턱 근육   • result in ～라는 결과를 초래하다   • underdevelopment 발육 부전
• bone structure 뼈 구조   • usage 사용   • inadequate 부적절한   • misplaced 자리를 잘못 잡은
• wisdom tooth 사랑니   • civilization 문명

# 유형 04 지칭 · 심경 · 분위기

**유형 특징**
- 지 칭: 밑줄 친 부분이 가리키는 대상이 나머지 넷과 다른 하나를 찾는 유형
  첫째, 글의 도입부에 나타나는 핵심 소재를 파악한다. 둘째, 등장인물들 사이의 관계를 파악한다. 셋째, 앞뒤 문맥을 고려하여 가리키는 대상이 누구인지를 찾는다. 넷째, 가리키는 대상이 다른 하나를 정답으로 고른다.
- 심 경: 등장인물이 느끼는 감정을 파악하는 유형
  첫째, 글의 소재와 등장인물이 처한 상황을 파악한다. 둘째, 등장인물의 심경을 표현하는 형용사에 주목하여 심경을 추론한다.
- 분위기: 글에 나타난 전반적인 분위기를 파악하는 유형
  첫째, 상황이나 장소를 파악한다. 둘째, 글 전체에서 느껴지는 분위기를 파악한다.

**지시문 유형**
- 밑줄 친 부분이 가리키는 대상이 나머지 넷과 다른 것은? (지칭)
- 다음 글에 드러난 필자의 심경으로/심경변화로 가장 적절한 것은? (심경)
- 다음 글의 상황에 나타난 분위기로 가장 적절한 것은? (분위기)

## 유형 해결 전략 (지칭)

| ❶ 핵심 소재 파악 | ❷ 등장인물들의 관계 파악 | ❸ 밑줄 친 부분이 가리키는 대상 파악 | ❹ 다른 대상 고르기 |
|---|---|---|---|
| 글의 도입부에 나타나는 핵심 소재를 파악한다. | 글의 도입부에 소재와 함께 제시되는 등장인물들 사이의 관계를 파악한다. | 앞뒤 문맥을 고려하여 밑줄 친 부분이 가리키는 대상을 파악한다. | 가리키는 대상이 다른 하나를 정답으로 고른다. |

## 기출 대표 유형 04

**Q** 밑줄 친 부분이 가리키는 대상이 나머지 넷과 다른 것은? [고1 교육청]

When Mom decided to marry Dad, her father didn't like him. Dad was a painter from a poor family and ① he had no background to speak of. The important thing, Mom has told me, is that she knew she and ② he were soul mates. Nothing was going to stop her from spending the rest of her life with ③ him. So they got married and settled in Millerton, and my grandfather decided ④ he could put up with Dad. When Dad couldn't quite make a living with ⑤ his paintings, he and Mom bought an old house on Grant Avenue and turned it into a boarding house.

*boarding house: 하숙집

······ 해결 전략 적용 ······

❶ **핵심 소재 파악**
필자의 엄마와 아빠의 결혼

❷ **등장인물들의 관계 파악**
필자의 엄마, 아빠, 그리고 필자의 외할아버지

❸ **밑줄 친 부분이 가리키는 대상 파악**
동성(同姓)인 필자의 아빠와 외할아버지에 주목한다.

❹ **다른 대상 고르기**
문맥상 ④의 he만 외할아버지를 가리킨다.

# 유형 연습문제

**1** After my first child was born, I had to stay in bed for a while due to complications from the birth. For a couple of days, my mother did all the shopping, cooking, and cleaning for me. But, after she went home, I had to go to the nearby supermarket for the first time. As I hadn't been out in a public place with my son yet, I didn't know what to expect. I had visions of him crying uncontrollably while I tried to pick out something for dinner. When we got into the supermarket, though, he was an absolute angel. People kept coming up to look at him. We wound up rolling up and down the aisles, and I got enough food for the week.

**Q** 윗글에 나타난 'I'의 심경 변화로 가장 적절한 것은?

① delighted → sad
② angry → ashamed
③ worried → relieved
④ satisfied → shocked
⑤ disappointed → thankful

내신형+
• 다음 영영사전 풀이에 해당하는 단어를 윗글에서 찾아 쓰시오.

a passage between the shelves of a supermarket

Words & Phrases

• due to ~ 때문에　• complications (주로 복수로 의학) 합병증　• nearby 근처의　• public place 공공장소
• expect 기대하다　• vision 상상, 환상　• uncontrollably 통제할 수 없이　• pick out ~을 집어 들다
• though 그러나　• absolute 완전한, 절대적인　• wind up ~ing (어떤 상황에) 처하게 되다, (결국은) ~하게 되다

**2** One New Year's Eve I was at a party in a farmhouse on a hill above a small Vermont village. By midnight, the snow had stopped and the moon had come out. It was one degree below zero. Almost everyone at the party had gone outside to look at the new snow. All around was a silence so total that the world seemed not only cleansed but newly created. **Nowhere was there the sound of a car in that silent world**. The clear moonlight revealed no mess, either. Everything in the world was covered by the snow. It seemed that the world was about to be reborn.

**Q** 윗글의 상황에 나타난 분위기로 가장 적절한 것은?

① calm and sacred
② urgent and tense
③ noisy and exciting
④ ruined and desolate
⑤ funny and humorous

내신형+

• **Nowhere was there the sound of a car in that silent world.**를 우리말로 해석하시오.

............................................................................................................................

---

Words & Phrases

• farmhouse 농장 • not only A but (also) B A뿐만이 아니라 B도 역시 • cleanse 깨끗이 씻어내다, 정화하다
• nowhere 어디에도 ~없다(않다) • moonlight 달빛 • reveal 드러내다, 밝히다 • mess 지저분함, 엉망진창
• be about to+동사원형 막~하려고 하다 • be reborn 다시 태어나다

---

3
Two brothers were convicted of stealing sheep. They each were branded on the forehead with the letters ST for "sheep thief." One brother was so embarrassed by this branding that he ran away; he was never heard from again. ① The other brother, filled with regret, chose to stay in the village and try to make amends for his offenses. Whenever there was work needing to be done, ② the sheep thief came to help with a lending hand. Never accepting pay for his good deeds, ③ he lived his life for others. Many years later, a traveler came through the village. Sitting at a sidewalk cafe, the traveler saw an old man with **a strange brand on his forehead** seated nearby. He noticed that all the villagers who passed ④ the man stopped to share a kind word or to pay their respects. Curious, the stranger asked a resident of the village what the letters stood for. ⑤ The villager replied, "I don't know. It happened so long ago... but I think it stands for 'saint.'"

**Q** 윗글의 밑줄 친 부분이 가리키는 대상이 나머지 넷과 다른 것은?

내신형⁺
• 윗글의 밑줄 친 **a strange brand on his forehead**가 가리키는 것을 본문에서 찾아 쓰시오.

Words & Phrases

• be convicted of ~죄로 유죄선고를 받다  • steal 훔치다  • brand 낙인을 찍다  • forehead 이마
• embarrassed 부끄러운, 당황스러운  • regret 후회  • make amends for ~에 대한 보상을 하다  • offense 잘못
• good deed 선행  • sidewalk 길가  • nearby 근처에  • pay one's respect 경의를 표하다  • curious 궁금히 여기는
• resident 주민  • stand for ~을 뜻하다, 나타내다  • saint 성인

**유 형 특 징**    도표 · 안내문 · 내용일치는 도표, 실용문 등의 일반적인 글의 내용과 선택지를 비교하여 일치 · 불일치를 판단하는 유형이다. 따라서 사실적인 내용 파악을 바탕으로 풀어야 한다. 이 유형을 해결하기 위해서는 다음과 같은 해결 전략을 따라야 한다. 도표 · 안내문 · 내용일치는 모두 첫째, 소재를 파악한 후, 각 선택지의 내용과 관련이 있는 부분을 찾아 일치 · 불일치 여부를 판단해야 한다. 둘째, 도표의 경우, 증감, 비교, 비율, 배수 등의 표현이 도표의 내용과 일치하는지를 판단하고, 안내문의 경우, 숫자, 할인, 이용 가능 여부 등 다르게 할 수 있는 내용에 유의해야 한다.

**지시문 유형**    • 다음 도표의 내용과 일치하지 않는 것은?
• 다음 안내문의 내용과 일치하는 / 일치하지 않는 것은?
• ~에 관한 다음 글의 내용과 일치하는 / 일치하지 않는 것은?

## 유형 해결 전략 (내용일치)

**❶ 글의 소재 파악**
발문에 제시된 것이 곧 소재이다.

> **❷ 질문의 성격 파악**
내용 일치인지 내용 불일치인지를 파악한다.

> **❸ 지문과 선택지 비교**
지문의 순서대로 선택지가 제시되므로, 해당 내용과의 일치 여부를 확인한다.

> **❹ 정답 고르기**
일치하는, 또는 일치하지 않는 선택지를 정답으로 고른다.

## 기출 대표 유형 05

**Q**  warthog에 관한 다음 글의 내용과 일치하지 않는 것은? [고1 교육청]

The warthog is a member of the pig family. This animal can be found only in Africa. Unlike most animals, warthogs can survive in dry areas without drinking water for several months. Warthogs can reach 4 to 6 feet in length and between 110 and 260 pounds in weight. Males are 20 to 50 pounds heavier than females. Warthogs keep their tails in the upright position when they are running. In that position, their tails look like flags in the wind. Warthogs have poor eyesight, but excellent senses of smell and hearing.

① 아프리카에서만 볼 수 있다.
② 물을 마시지 않고 몇 달 동안 버틸 수 있다.
③ 수컷이 암컷보다 무게가 더 많이 나간다.
④ 달릴 때 꼬리를 위로 세운다.
⑤ 시력은 좋지만 청력은 좋지 않다.

······ 해결 전략 적용 ······

**❶ 글의 소재 파악**
warthog(아프리카산 흑멧돼지)가 소재이다.

**❷ 질문의 성격 파악**
글의 내용과 일치하지 않는 선택지를 고르는 유형이다.

**❸ 지문과 선택지 비교**
각 선택지 내용을 해당하는 지문과 비교하여 일치하지 않는 것을 찾는다.

**❹ 정답 고르기**
본문의 'Warthogs have poor eyesight, but excellent senses of smell and hearing.'과 ⑤의 선택지 '시력은 좋지만 청력은 좋지 않다.'를 비교한다.

# 1

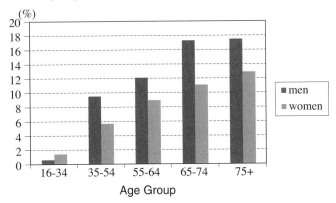

Percentage of Those Diagnosed with Diabetes
by Age and Sex, in England in 2015

**Q** 위 도표의 내용과 일치하지 <u>않는</u> 것은?

The graph above shows the percentage of English people diagnosed with diabetes by age and sex, in 2015. ① In all age groups, except for 16-34, men were more likely to be diagnosed with diabetes than women. ② In the three age groups 55 and older, men diagnosed with diabetes exceeded ten percent. ③ The percentage of men aged 55-64 diagnosed with diabetes was higher than that of women aged 65-74 with diabetes. ④ The percentage of men aged 75 and over diagnosed with diabetes was less than twice as high as that of men aged 35-54 diagnosed with diabetes. ⑤ The age group that showed the largest gap between the percentages of men and women diagnosed with diabetes was 75 and over.

**내신형+**
• 도표를 참조하여, 다음 글의 빈칸에 들어갈 적절한 배수사 표현을 쓰시오.

> The percentage of men aged 75 and over diagnosed with diabetes was about _____ as high as that of women aged 35-54 diagnosed with diabetes.

**Words & Phrases**

• be diagnosed with ~을 진단받다   • diabetes 당뇨병   • exceed 초과하다   • gap 차이, 격차

## 2     Barangka Elementary School Essay Contest

**Write an essay addressing one of the two following topics:**

1. Why is littering bad for the environment?

2. Why are reusable shopping bags better for the environment than plastic & paper bags?

**Rules:**

• Open to students from all grades.

• One entry per student, 1,000 word maximum.

• Include your name, grade, and teacher's name on your entry.

• Send via email only: coordinator@recyclemore.com.

• Completed essays must be received by midnight on Friday, March 11, 2016. (No late submissions will be accepted.)

**Prize money:**

• First place will receive $30, second place $20, and third place $10.

For more information, call Jennifer at (510) 215-3021.

**Q** 위 안내문의 내용과 일치하지 <u>않는</u> 것은?

① 두 가지 주제 중 하나를 선택해서 써야 한다.
② 원고는 최소 1,000 단어 이상이어야 한다.
③ 이메일로만 원고 접수를 받는다.
④ 2016년 3월 11일 자정까지 원고가 도착해야 한다.
⑤ 정보 문의는 전화로 할 수 있다.

내신형＋

• 에세이 대회의 시상 내역을 우리말로 쓰시오.

---

Words & Phrases

• maximum 최대, 최고    • via ~을 거쳐서    • complete 완성하다    • submission 제출(물)    • prize money 상금

3

Olaudah Equiano was born in the area that is now southern Nigeria. He was kidnapped with **(a) his** younger sister at the age of 11, sold by local slave traders and shipped to the British colony of Virginia. **(b) He** was bought by a Royal Navy officer, Michael Pascal. Equiano traveled the oceans with Pascal for eight years, during which time he learned to read and write. Later Equiano was sold to the prominent merchant Robert King. While working for **(c) him**, Equiano earned money by trading on the side. In three years, with his master's permission, Equiano bought **(d) his** freedom for the price of 40 pounds. Equiano then spent much of the next 20 years traveling the world. Coming to London, **(e) he** became involved in the movement to abolish slavery. In 1789 he published his autobiography, which became immensely popular and made Equiano a wealthy man. It depicts the horrors of slavery and influenced the establishment of the Slave Trade Act of 1807.

**Q** Olaudah Equiano에 관한 윗글의 내용과 일치하지 <u>않는</u> 것은?

① 11세에 여동생과 함께 납치되었다.
② 해군 장교 밑에서 지내는 동안 글을 배웠다.
③ 주인으로부터 도망쳐 자유의 몸이 되었다.
④ 노예제 폐지 운동에 참여했다.
⑤ 자서전이 인기를 끌어 부유해졌다.

내신형⁺

• 밑줄 친 (a)~(e) 중에서 가리키는 대상이 나머지 넷과 <u>다른</u> 것을 고르고, 그것이 가리키는 대상을 쓰시오.

Words & Phrases

• colony 식민지   • on the side 부업으로   • movement 운동   • abolish 폐지하다   • autobiography 자서전
• immensely 엄청나게   • depict 묘사하다   • influence 영향을 끼치다   • establishment 제정   • Act (국회를 통과한) 법률

## 유형 06  어법성 판단

| 유형 특징 | 어법성 판단은 문법 사항의 이해를 묻는 유형으로 어법 지식뿐만이 아니라, 문장 구조에 대한 이해력을 동시에 가지고 있어야 한다. 이 유형을 해결하기 위해서는 다음과 같은 해결 전략을 따라야 한다. 첫째, 지문을 읽기 전에 먼저 (A), (B), (C) 또는 밑줄 친 부분을 살펴보고 어떤 문법 사항을 묻는지 출제의 논점을 파악한다. 둘째, 밑줄 친 표현이나 네모 안의 표현을 포함하는 문장의 구조를 파악하고, 어법 지식과 함께 문장의 해석과 관련하여 어법성을 판단한다. 이때, 자주 출제되는 어법 항목(동사의 태, 수 일치, 병렬구조, 부정사, 동명사, 분사의 쓰임, 관계사와 접속사, 형용사, 부사 등)에 유의한다. 셋째, 어법상 틀리거나 맞는 표현을 정답으로 고른다. |
|---|---|
| 지시문 유형 | • 다음 글의 밑줄 친 부분 중, 어법상 틀린 것은? <br> • (A), (B), (C)의 각 네모 안에서 어법에 맞는 표현으로 가장 적절한 것은? |

## 유형 해결 전략

**❶ 어떤 문법 사항을 묻는지 파악**
지문을 자세히 읽기 전에 밑줄이나 네모를 먼저 보고 각 선택지가 어떤 문법 사항을 묻는지 파악한다.

>

**❷ 문장 구조 파악 및 어법성 판단**
밑줄이나 네모가 포함된 문장의 구조를 파악하여, 어법상 맞는지 틀린지를 확인한다.

>

**❸ 정답 고르기**
어법상 틀리거나 맞는 표현을 정답으로 고른다.

### 기출 대표 유형 06

**Q** 다음 글의 밑줄 친 부분 중, 어법상 틀린 것은? [고1 교육청]

It's important to remember that good decisions can still lead to bad outcomes. Here is an example. Soon after I got out of school, I ① was offered a job. I wasn't sure that was a great fit for me. After carefully considering the opportunity, I decided to ② turn it down. I thought that I would be able to find another job ③ what was a better match. Unfortunately, the economy soon grew worse quickly and I spent months ④ looking for another job. I kicked myself for ⑤ not taking that position, which started to look more and more appealing. I had made a good decision, based upon all the information I had at the time, but in the short run it didn't lead to a great outcome.

······ 해결 전략 적용 ······

**❶ 어떤 문법 사항을 묻는지 파악**
수동태, 이어동사, 관계사, 「spend+시간+~ing」, 동명사의 부정

**❷ 문장 구조 파악 및 어법성 판단**
① 수동태: I와 was offered
② 이어동사의 어순: turn down+대명사 it
③ 관계사 what과 선행사 another job
④ spend+시간+~ing
⑤ 동명사의 부정: not taking

**❸ 정답 고르기**
③ 선행사 another job이 있으므로 what은 어법상 틀렸다.

1

The development of wisdom is beneficial (A) because / because of wise judgments can improve not only our conduct, but also our quality of life. Knowledge can and indeed must accompany wisdom. People need knowledge to make judgments — knowledge of human nature, of life circumstances, or of strategies that succeed and **those** that fail. Although knowledge is necessary for wisdom, it is not sufficient for it, as merely (B) have / having knowledge does not mean that one will use it to make sound or just judgments. Many highly knowledgeable individuals lead lives (C) which / what are unhappy, as some of them sometimes make poor decisions.

**Q** (A), (B), (C)의 각 네모 안에서 어법에 맞는 표현으로 가장 적절한 것은?

| | (A) | (B) | (C) |
|---|---|---|---|
| ① | because | having | which |
| ② | because | have | what |
| ③ | because | having | what |
| ④ | because of | have | which |
| ⑤ | because of | having | what |

내신형+
• 밑줄 친 **those**가 가리키는 것을 본문에서 찾아 쓰시오.

_____

Words & Phrases

• development 개발  • beneficial 이로운  • improve 개선시키다  • conduct 행동, 행위
• accompany 동반(동행)하다  • nature 본성  • circumstance 상황  • strategy 전략  • sufficient 충분한
• merely 단지  • sound 건전한  • just 정당한  • highly 매우  • knowledgeable 지식이 많은

**2**

Have you ever noticed that you feel better when you're around your pets? It's true. (A) Spend / Spending quality time with a dog, cat or other animal can have a positive impact on your mood and your health. Pets can be calming stress relievers. "We found that pet owners, on average, were better off than non-owners, especially when they have a higher-quality relationship with their pets," says Allen R. McConnell, a professor of psychology at Miami University. "(B) What / That makes a meaningful relationship varies from person to person." For some active people, that includes playing ball in the park. For others who can't get outside, just petting your dogs can help you feel (C) connecting / connected .

**Q** (A), (B), (C)의 각 네모 안에서 어법에 맞는 표현으로 가장 적절한 것은?

|     | (A)       |       | (B)   |       | (C)        |
| --- | --------- | ----- | ----- | ----- | ---------- |
| ①   | Spend     | ⋯⋯   | What  | ⋯⋯   | connecting |
| ②   | Spend     | ⋯⋯   | That  | ⋯⋯   | connecting |
| ③   | Spending  | ⋯⋯   | What  | ⋯⋯   | connecting |
| ④   | Spending  | ⋯⋯   | That  | ⋯⋯   | connected  |
| ⑤   | Spending  | ⋯⋯   | What  | ⋯⋯   | connected  |

**내신형⁺**

• 윗글의 제목을 아래와 같이 쓸 때, 빈칸에 주어진 철자 'B'로 시작하는 한 단어를 쓰시오.

A Psychological and Health B_____ of Raising a Pet

---

**Words & Phrases**

• quality time 귀중한 시간    • impact 영향    • mood 기분    • calming 차분하게 하는    • reliever 완화제
• on average 평균적으로    • be better off 더 좋다    • relationship 관계    • psychology 심리학
• meaningful 의미 있는    • vary 다르다, 다양하다    • active 활동적인    • include 포함하다    • connect 연결하다

3 The process of job advancement in the field of sports ① is often said to be shaped like a pyramid. _____(a)_____, at the wide base are many jobs with high school athletic teams, while at the narrow tip are the few, highly desired jobs with professional organizations. Thus there are many sports jobs altogether, but the competition becomes ② increasingly tough as one works their way up. The salaries of various positions reflect this pyramid model. _____(b)_____, high school football coaches are typically teachers who ③ paid a little extra for their afterclass work. But coaches of the same sport at big universities can earn more than $1 million a year, causing the salaries of college presidents ④ to look small in comparison. One degree higher up is the National Football League, ⑤ where head coaches can earn many times more than their best-paid campus counterparts.

**Q** 윗글의 밑줄 친 부분 중, 어법상 틀린 것은?

내신형+
• 윗글의 빈칸 (a), (b)에 들어갈 적절한 연결어구를 각각 쓰시오.

(a) _____  (b) _____

Words & Phrases

• process 과정  • advancement 상승, 진보  • base 기반, 하단  • athletic 체육의  • narrow 좁은  • highly 매우
• altogether 완전히  • work one's way up 승진하다, 점점 출세하다  • salary 봉급  • various 다양한
• reflect 반영하다  • typically 보통, 일반적으로  • college president 대학 총장  • in comparison 비교하여
• head coach 감독  • counterpart 상응하는 것(사람)

**유 형 특 징**  어휘 추론은 영어 낱말의 쓰임이 적절한지 여부를 판단하는 유형이다. 낱말 하나의 뜻보다는 문장과 글 전체의 내용과 연관되어 있기 때문에 글을 이해하는 종합적인 능력이 필요하다. 이 유형을 해결하기 위해서는 다음과 같은 해결 전략을 따라야 한다. 첫째, 글의 소재를 파악한다. 둘째, 밑줄 친 낱말이나 네모 안의 표현이 있는 문장의 의미를 파악한다. 셋째, 전체 내용과 앞뒤 문장의 흐름을 통해 낱말의 적절성을 판단한다. 주로 반의어, 다의어, 파생어, 철자나 발음이 비슷한 어휘가 선택지로 구성되므로 이를 미리 학습해 둔다.

**지시문 유형**  • 다음 글의 밑줄 친 부분 중, 문맥상 낱말의 쓰임이 적절하지 <u>않은</u> 것은?
 • (A), (B), (C)의 각 네모 안에서 문맥에 맞는 낱말로 가장 적절한 것은?

## 유형 해결 전략

❶ **글의 소재 파악**
전체적인 이해를 바탕으로 글의 소재를 파악한다.

> ❷ **문장의 의미 파악 및 낱말의 적절성 판단**
밑줄 친 부분이나 네모 안의 표현이 있는 문장의 의미를 파악하여, 문맥상 적절한 낱말인지를 판단한다.

> ❸ **정답 고르기**
문맥상 맞거나 적절하지 않은 표현을 정답으로 고른다.

### 기출 대표 유형 07

**Q** (A), (B), (C)의 각 네모 안에서 문맥에 맞는 낱말로 가장 적절한 것은?

[고1 교육청]

 I had the habit of telling my sons what they wanted to hear in the moment and making a promise in order to (A) avoid / cause a fight. Then, when I said something different and broke the promise, there was a much bigger battle. They lost trust in me. Now I make efforts to (B) correct / keep this habit. Even if it's not what they want to hear, I try to be honest and say it anyway. I know that is a sure way to decrease conflict between us. As I am honest with them, our trust (C) builds / disappears .

|  | (A) |  | (B) |  | (C) |
|---|---|---|---|---|---|
| ① | avoid | …… | correct | …… | builds |
| ② | avoid | …… | keep | …… | builds |
| ③ | avoid | …… | correct | …… | disappears |
| ④ | cause | …… | correct | …… | disappears |
| ⑤ | cause | …… | keep | …… | disappears |

…… 해결 전략 적용 ……

❶ **글의 소재 파악**
정직성: 아들과의 갈등을 줄이는 확실한 방법

❷ **문장의 의미 파악 및 낱말의 적절성 판단**
(A) telling my sons what they wanted to hear와 making a promise를 하는 이유를 생각한다.
(B) 약속하는 버릇이 초래한 결과가 They lost trust in me.라고 했으므로 그에 대한 필자의 대응을 생각한다.
(C) 정직한 것이 아빠와 아들 사이의 관계를 어떻게 하는가를 추론한다.

❸ **정답 고르기**
(A), (B), (C) 각 문맥에 맞는 낱말을 정답으로 고른다.

1　　All Brazilians over the age of 18 are considered potential organ donors under a new law designed to ① increase the number of organs available for transplant. Those not wishing to be donors must specifically ② state **(a) their** desire on an official document, such as a driver's license. Those who don't ③ oppose the law offer two reasons. One is that it ④ violates the rights of individuals and their families. The other is that donors have no ⑤ authority to decide on who might get **(b) their** organs, and that **(c) they** may be removed upon brain death, even if the heart is still beating.

**Q** 윗글의 밑줄 친 부분 중, 문맥상 낱말의 쓰임이 적절하지 <u>않은</u> 것은?

<hr>

내신형⁺

• 윗글의 밑줄 친 (a), (b), (c)가 각각 가리키는 것을 본문에서 찾아 쓰시오.

(a) their: _____　　(b) their: _____　　(c) they: _____

---

**Words & Phrases**

• consider 여기다　• potential 잠재적인　• organ 장기　• donor 기증자　• transplant 이식
• specifically 구체적으로　• state 진술하다　• official 공식적인　• document 문서　• driver's license 운전면허증
• violate 침해하다　• right 권리　• authority 권한　• remove 제거하다　• brain death 뇌사　• beat (심장이) 뛰다

2
The research that suggests that young musicians tend to be introverted and sensitive should not be overlooked. "_____." is a saying that can often be applied to the child who keeps his or her musical enthusiasms ① hidden. Sometimes these can be ② ignored by the rigid teacher as lying outside the "requirements" of tuition. For example, a child with a particular enthusiasm such as improvising, jazz playing, or scat singing may be rejected as ③ unsuitable for tuition. In other words, the process of identifying musical talent is a much ④ simpler task than is often realized. Talent is often left ⑤ unrecognized because a teacher's perception of what constitutes talent is too narrowly or poorly defined.

*scat singing: 스캣(재즈에서 목소리로 가사 없이 연주하듯 음을 내는 창법)

**Q** 윗글의 밑줄 친 부분 중, 문맥상 낱말의 쓰임이 적절하지 <u>않은</u> 것은?

내신형+
• 윗글의 빈칸에 들어갈 '잔잔한 물이 깊이 흐른다.'는 속담 표현을 주어진 철자를 시작으로 하는 단어를 이용하여 완성하시오.

S_____ waters r_____ d_____

**Words & Phrases**

• introverted 내성적인   • sensitive 예민한   • overlook 간과하다   • still 잔잔한   • saying 속담, 격언
• rigid 엄격한   • requirement 필수조건   • enthusiasm 열정   • improvise (연주·연설 등을) 즉흥적으로 하다
• reject 거절하다   • unsuitable for ~에 적절하지 않은   • process 과정   • identify 밝히다
• unrecognized 자각(의식)되지 못한   • perception 지각   • constitute 구성하다   • narrowly 좁게   • define 정의하다

# 3

Even before we were born, we were compared with others. Through the latest medical technology parents may begin comparing their children with other babies before birth. For the rest of our lives, we are compared with others, and rather than (A) celebrating / neglecting our uniqueness, comparisons usually point up who is stronger, brighter, or more beautiful. Comparisons such as "He has more money than I have" or "She looks better than I look" are likely to (B) deflate / inflate our self-worth. Rather than finding others who seemingly are better off, focus on the unique attributes that make you who you are. (C) Avoid / Consider judging your own value by comparing yourself with others. A healthy, positive self-concept is fueled not by judgments of others, but by a genuine sense of worth that you recognize in yourself.

**Q** (A), (B), (C)의 각 네모 안에서 문맥에 맞는 낱말로 가장 적절한 것은?

| | (A) | | (B) | | (C) |
|---|---|---|---|---|---|
| ① | celebrating | …… | deflate | …… | Avoid |
| ② | celebrating | …… | inflate | …… | Avoid |
| ③ | celebrating | …… | deflate | …… | Consider |
| ④ | neglecting | …… | deflate | …… | Consider |
| ⑤ | neglecting | …… | inflate | …… | Consider |

**내신형⁺**

• 윗글에서 필자가 주장하는 바를 우리말로 쓰시오.

---

**Words & Phrases**

• be compared with ~과 비교되다   • uniqueness 독특함   • comparison 비교   • point up ~을 강조하다
• self-worth 자아 존중감   • seemingly 겉으로 보기에   • attribute 속성   • positive 긍정적인
• self-concept 자아 개념   • fuel 북돋다   • judgment 판단   • genuine 진정한   • recognize 인식하다

**유 형 특 징**  빈칸 추론⑴은 글의 핵심 내용에 해당하는 단어나 짧은 어구를 추론하는 유형으로, 글의 논리적인 흐름과 빈칸 앞뒤의 내용을 바탕으로 자연스럽게 글을 연결시키는 표현을 추론해야 하므로 고도의 이해력과 사고력을 요구한다. 이 유형을 해결하기 위해서는 다음과 같은 해결 전략을 따라야 한다. 첫째, 글의 소재를 파악한다. 둘째, 빈칸을 포함한 문장을 먼저 읽고 정답의 단서를 파악한다. 셋째, 글의 전체 내용을 바탕으로 빈칸을 추론할 수 있는 단서를 찾는다. 넷째, 단서를 종합하여 빈칸에 잘 부합하는 선택지를 정답으로 고른다. 선택지는 지문에 나온 표현을 유사한 표현으로 바꾸어 구성되는 경우가 많다.

**지시문 유형**  • 다음 글의 빈칸에 들어갈 말로 가장 적절한 것은?

## 유형 해결 전략

| ❶ 글의 소재 파악 | ❷ 빈칸 문장 먼저 읽기 | ❸ 추론의 단서 파악 | ❹ 빈칸에 맞는 선택지 고르기 |
|---|---|---|---|
| 첫 문장과 글의 초반부에 나타난 글의 소재를 파악한다. | 빈칸을 포함한 문장을 먼저 읽고 정답의 단서를 파악한다. | 글의 전체 내용을 바탕으로 빈칸을 추론할 수 있는 단서를 찾는다. | 선택지는 지문에 나온 단어를 유사한 표현으로 바꾸는 경우가 많다. |

## 기출 대표 유형 08

**Q** 다음 글의 빈칸에 들어갈 말로 가장 적절한 것은? [고1 교육청]

Today, 3D printing technology is used only in companies and universities, but the prices are now getting lower and the quality better. We can imagine every home having a 3D printer in the future. Note that 3D printing technology doesn't require an original object to copy: any drawing will do, as long as it describes the piece precisely. Soon anyone can use a home sketching tool to produce the proper design, and then the home printer will be able to create the actual physical object. If you can _____ it, you can make it. For example, if you don't have enough dinner plates for your guests, you can "print out" some real plates from your sketch.

① mix      ② open      ③ draw
④ move      ⑤ taste

······ 해결 전략 적용 ······

❶ **글의 소재 파악**
소재: 3D 프린트 기술

❷ **빈칸 문장 먼저 읽기**
If you can _____ it, you can make it.

❸ **추론의 단서 파악**
스케치(sketching) → 출력("print out")등의 단서를 찾는다.

❹ **빈칸에 맞는 선택지 고르기**
물체를 묘사하고, 스케치를 한다는 것에서 추론할 수 있는 표현을 선택지에서 고른다.

1     Inventions are perfected by step-by-step improvements, and each step is itself an invention. Paying tribute to this incremental process, Sir Isaac Newton said: "If I have seen farther than others, it is because I have stood on the shoulders of giants." Newton was aware of how he could have made his major discoveries only by incrementally advancing ideas _____. Thomas Edison provided valuable guidance for any would-be creative scientist: "Make it a point to keep on the lookout for novel and interesting ideas that others have used successfully. Your idea has to be original only in its adaptation to the problem you are currently working on."

*incremental: 점점 증가하는

**Q** 윗글의 빈칸에 들어갈 말로 가장 적절한 것은?

① given by nature
② considered selfish
③ abandoned as useless
④ developed by others
⑤ discovered accidentally

내신형⁺
• 다음 영영사전 풀이에 해당하는 단어를 윗글에서 찾아 쓰시오.

the process of changing something so that it can be used for a different purpose

---

**Words & Phrases**

• invention 발명(품)    • step-by-step 단계적인    • improvement 개선, 향상    • pay tribute to ~에 경의를 표하다
• process 과정    • be aware of ~을 알고 있다    • discovery 발견    • advance 개발하다, 발전시키다
• valuable 귀중한    • guidance 조언    • make it a point to do 반드시 ~하다    • novel 신기한    • currently 현재

## 2

As children enter into toddlerhood and early childhood, their developmental aim moves beyond forming attachments and being totally dependent on parents to a stage consisting of an increasing desire for exploring the stimulating and curiosity-provoking world around **(a) them**. This time still can be very hard for parents, whose children at this point want **(b) them** consistently to remain readily available, involved, and responsive. To balance this high level of involvement, parents can remember their children are no longer completely dependent on **(c) them** to provide knowledge and experiences. They can respect the fact that their children are learning to do some things on their own, and they can encourage this new quest for _____ discovery.

**Q** 윗글의 빈칸에 들어갈 말로 가장 적절한 것은?

① self-guided
② self-pitying
③ self-limiting
④ self-deceptive
⑤ self-defensive

**내신형⁺**

• 윗글의 밑줄 친 (a), (b), (c)가 각각 가리키는 것을 본문에서 찾아 쓰시오.

(a) them:            (b) them:            (c) them:

---

**Words & Phrases**

• enter into ～에 들어서다　• toddlerhood 아장아장 걷는 시기　• aim 목표　• form 형성하다　• attachment 애착(물)
• be dependent on ～에 의존하다　• consist of ～로 구성되다　• explore 탐구하다　• stimulate 자극하다
• curiosity 호기심　• provoke 불러일으키다, 유발하다　• consistently 끊임없이　• involved 관여(참여)하는
• responsive 반응하는　• balance 균형을 맞추다　• involvement 참여, 관여　• quest 추구, 탐구

---

**3**     An illustration of the dangers of unrealistic optimism comes from a study of weight loss. In that study, psychologist Gabriele Oettingen found that the obese women who were confident that they would succeed lost 26 pounds more than self-doubters, as expected. Meanwhile, Oettingen also asked the women to tell her **[like / they imagined / would be / what / to success / their roads]**. The results were surprising: women who believed they would succeed easily lost 24 pounds less than those who thought their weight-loss journeys would be hard. Believing that the road to success will be rocky leads to greater success, because it forces us to put in more effort and persist longer in the face of difficulty. It is necessary to cultivate our realistic optimism by combining a positive attitude with _____.

**Q** 윗글의 빈칸에 들어갈 말로 가장 적절한 것은?

① a critical analysis about the past
② systematic management of health
③ a tendency to have flexible ideas
④ an unconditional belief in success
⑤ an honest assessment of the challenges

내신형⁺
• 윗글의 괄호 안에 있는 어구들을 어법과 문맥에 맞게 배열하시오.

Words & Phrases

• illustration 설명, 예증   • unrealistic 비현실적인   • optimism 낙관주의   • obese 비만의
• self-doubter 스스로를 의심하는 사람   • meanwhile 한편, 그러는 사이에   • result 결과   • rocky 험난한
• force 강요(강제)하다   • effort 노력   • persist 지속하다   • in the face of ~에 직면하여   • cultivate 함양하다
• combine A with B  A를 B와 결합하다   • positive 긍정적인   • attitude 태도   • assessment 평가
• challenge 난관, 난제

# 유형 09 빈칸 추론 (2) 긴 구와 절

**유형 특징** 빈칸 추론(2)는 글의 핵심 내용에 해당하는 긴 구나 절을 추론하는 유형으로, 가장 어려운 문항 유형에 속한다. 글의 핵심 내용이나 논리적으로 타당한 표현을 추론해야 하므로 글 전반에 대한 고도의 이해력과 사고력을 요구한다. 이 유형을 해결하기 위해서는 다음과 같은 해결 전략을 따라야 한다. 첫째, 글의 핵심 소재를 파악한다. 둘째, 소재를 바탕으로 글의 주제 및 요지를 추론한다. 셋째, 빈칸에 들어갈 말을 추론할 수 있게 하는 단서들에 밑줄을 긋는다. 넷째, 단서를 종합하여 핵심 내용인지, 논리적으로 타당한 연결인지를 판단한 후 알맞은 선택지를 정답으로 고른다.

**지시문 유형** • 다음 글의 빈칸에 들어갈 말로 가장 적절한 것은?

## 유형 해결 전략

**❶ 소재 파악**
첫 문장과 글의 초반부에 나타난 글의 소재를 파악한다.

>

**❷ 주제 및 요지 추론**
소재를 바탕으로 글의 주제와 요지가 무엇인지를 추론한다.

>

**❸ 단서 파악**
빈칸에 들어갈 말을 추론하게 하는 핵심적인 단서들을 찾는다.

>

**❹ 빈칸에 맞는 선택지 고르기**
단서들을 종합하여 빈칸에 들어갈 알맞은 말을 고르되, 앞뒤 문맥을 자연스럽게 연결시키는 표현을 고른다.

## 기출 대표 유형 09

**Q** 다음 글의 빈칸에 들어갈 말로 가장 적절한 것은? [고1 교육청]

One of the most important skills you can develop in human relations is the ability to _____. It's one of the keys to satisfying customers, maintaining a marriage, and raising children. All human interactions are improved by the ability to put yourself in another person's shoes. How? Look beyond yourself, your own interests, and your own world. When you work to examine a problem in the light of another's history and discover the interests and concerns of others, you begin to see what others see. And that is a powerful thing.

① make old things new
② forgive others' mistakes
③ know what you really want
④ express your feelings honestly
⑤ see things from others' points of view

...... 해결 전략 적용 ......

**❶ 소재 파악**
인간관계에서 발전시킬 수 있는 기술

**❷ 주제 및 요지 추론**
빈칸이 글의 주제 및 요지이다.

**❸ 단서 파악**
다른 사람의 입장에서 본다. (put yourself in another person's shoes), 다른 사람들이 보는 것을 본다.(you begin to see what others see) 등의 단서를 찾는다.

**❹ 빈칸에 맞는 선택지 고르기**
자신의 관점이 아닌, 다른 사람의 관점에서 본다는 내용을 단서로 빈칸에 들어갈 적절한 말을 추론한다.

1

From the day your dog was born he was learning. From the very first struggle to find a teat to get milk, the very first attempts at play, the first bark, what happened as a consequence was beginning to dictate how that pup was going to develop into an adult dog. By the time you got your puppy at seven or eight weeks old, the learning had already started, and his early rearing and development will have already had an impact. If you have taken on an adult dog, then more learned behavior is firmly established—good and bad. Whatever the age of dog you have taken on, you _____.

*teat: 젖꼭지

**Q** 윗글의 빈칸에 들어갈 말로 가장 적절한 것은?

① won't be satisfied with him
② will feel responsible for him
③ aren't starting with a blank sheet
④ need to know about his previous owner
⑤ can feel emotionally connected to him

내신형+

• 다음 문장의 빈칸에 공통으로 들어갈 표현을 윗글에서 찾아 쓰되, 어법에 맞게 고쳐 쓰시오.

• I'm sorry, but I can't _____ any extra work.
• The bus stopped to _____ more passengers.
• The chameleon can _____ the colors of its background.

Words & Phrases

• struggle 노력, 투쟁   • attempt 시도   • at play 놀고 있는   • bark 짖음   • consequence 결과
• dictate 지시(명령)하다   • pup(= puppy) 강아지   • rearing 양육   • have an impact 영향을 미치다
• firmly 굳건하게   • established 확립된   • blank sheet 백지

## 2

A child needs to become convinced at an early age that _____. The young child's sense of security rests upon the belief that his parents are capable of protecting him, providing for him, and preserving him under any and all circumstances. This requires that parents convey to their children an unquestionable sense of personal power. Developmental psychologists have long recognized that young children believe, or want to believe, their parents do not make any errors. This belief is called the "Omnipotency Myth."

*omnipotency: 전능

**Q** 윗글의 빈칸에 들어갈 말로 가장 적절한 것은?

① his parents are too busy to be always beside him
② there are virtually no limits to his parents' abilities
③ it's no use crying to get what he wants to have
④ he's able to ask questions about his parents' absence
⑤ his mistakes are more valuable than practical knowledge

내신형⁺

• 다음 영영사전 풀이에 해당하는 단어를 윗글에서 찾아 쓰시오.

the state of feeling safe, stable, and free from fear or anxiety

---

**Words & Phrases**

• convinced 확신하는    • rest upon ～에 달려 있다    • be capable of ～을 할 수 있다    • provide for ～을 부양하다
• preserve 지키다    • circumstance 상황    • require 요구하다    • convey 전하다
• unquestionable 의심할 여지없는    • developmental psychologist 발달 심리학자    • error 실수    • myth 신화

**3**    Jacqueline Novogratz, the founder of the Acumen Fund, tells a story that _____. Her story centers on a blue sweater. It was given to her by her uncle Ed when she was twelve. "I loved that soft wool sweater with its striped sleeves and two zebras in the front," she says. She even wrote her name on the tag. But the sweater got too tight for her as she grew older. So in her freshman year of high school she donated it to a charity. Eleven years later, she was jogging in Kigali, Rwanda, where she was working to set up an aid program for poor women. Suddenly, she spotted a little boy wearing a similar sweater. Could it be? She ran over to him and checked out the ___**(A)**___. Yes, there was her name. It was enough to remind Jacqueline—and the rest of us—of the threads of our connection to one another.

**Q** 윗글의 빈칸에 들어갈 말로 가장 적절한 것은?

① demonstrates how connected we all are
② reminds us of the relative value of time
③ describes a hard life with a happy ending
④ emphasizes the importance of women's roles
⑤ shows how many opportunities there are in Africa

**내신형+**
• 문맥상 윗글의 빈칸 (A)에 들어갈 한 단어를 본문에서 찾아 쓰시오.

........................................................................................

**Words & Phrases**

• founder 설립자    • striped 줄무늬의    • sleeve 소매    • tight 꽉 끼는    • donate 기부하다
• charity 자선단체    • set up 시작하다, 설립하다    • aid 지원    • spot 발견하다
• remind A of B A에게 B를 생각나게 하다    • thread 실    • connection 연결    • emphasize 강조하다

## 유형 10 연결어(구) 추론

**유형 특징**  연결어(구) 추론은 글을 자연스럽게 이어주고 글의 응집성을 부여하는 연결어(구)를 추론하는 유형이다. 연결어(구)가 있는 앞뒤 문장의 관계도 중요하지만, 전체 글의 내용과의 연관성을 고려하여 정확한 답을 골라야 한다. 이 유형을 해결하기 위해서는 다음과 같은 해결 전략을 따라야 한다. 첫째, 글의 소재를 파악한다. 둘째, 글의 주제나 요지를 추론한다. 셋째, (A), (B) 앞뒤의 문장 간의 관계를 파악한다. 넷째, 알맞은 연결어(구)를 고른다.

**지시문 유형**  • 다음 글의 빈칸 (A), (B)에 들어갈 말로 가장 적절한 것은?

### 유형 해결 전략

**❶ 글의 소재 파악**
글의 초반부에 제시된 소재를 파악한다.

> **❷ 글의 주제 · 요지 추론**
소재를 바탕으로 글의 주제나 요지를 추론한다.

> **❸ 앞뒤 문장 관계 파악**
(A), (B) 앞뒤의 문장 간의 관계가 예시, 역접, 대조, 인과, 재진술, 요약 중 어떤 것인지를 파악한다.

> **❹ 정답 고르기**
전체 글의 내용과 앞뒤 문장 간의 관계를 고려하여 연결어(구)를 추론한다.

### 기출 대표 유형 10

**Q** 다음 글의 빈칸 (A), (B)에 들어갈 말로 가장 적절한 것은? [고1 교육청]

Does parents' physical touch communicate their love to the teenager? The answer is yes and no. It all depends on when, where, and how. _____(A)_____, a hug may be embarrassing if it's done when a teenager is with his friends. It may cause the teenager to push the parent away or say, "Stop it." _____(B)_____, massaging the teenager's shoulders after he comes home from a game may deeply communicate love. A loving touch after a disappointing day at school will be welcomed as true parental love.

| | (A) | | (B) |
|---|---|---|---|
| ① | In addition | …… | However |
| ② | In other words | …… | In short |
| ③ | For instance | …… | However |
| ④ | For instance | …… | In short |
| ⑤ | In addition | …… | Similarly |

...... 해결 전략 적용 ......

**❶ 글의 소재 파악**
소재: 십 대에 대한 부모의 신체 접촉

**❷ 글의 주제 · 요지 추론**
십 대에 대한 부모의 신체 접촉은 애정을 전달하기도 하고 그렇지 않기도 함.

**❸ 앞뒤 문장 관계 파악**
언제, 어디서, 어떻게 신체 접촉을 하느냐에 따라 애정을 전달하기도 하고 아니기도 함.
___(A)___ 친구들과 함께 있을 때의 포옹은 당황스러움을 유발함.
___(B)___ 시합 후 집에 온 십 대의 어깨를 마사지하는 것은 환영 받음.

**❹ 정답 고르기**
앞뒤 문장의 문맥을 고려하여 알맞은 연결어(구)를 고른다.

## 유형 연습문제

**1**    Everyone wants to be accepted by people they admire. Some people, especially teens, will do anything to fit in with a group, including drinking, smoking, lying to their parents, and rejecting childhood friends. This pressure to do things that you might not do on your own is called peer pressure. _____(A)_____, this pressure is not always negative. Sometimes peer pressure can have a positive impact on your life. For example, if you join a sports team, it is likely that you will be encouraged by your peers to be the best you can be. _____(B)_____, joining the debate team may help you become a better student.

**Q** 윗글의 빈칸 (A), (B)에 들어갈 말로 가장 적절한 것은?

|      | (A)         |       | (B)      |
|------|-------------|-------|----------|
| ① | In addition | ····· | Likewise |
| ② | In addition | ····· | Instead  |
| ③ | Therefore   | ····· | Otherwise|
| ④ | However     | ····· | Likewise |
| ⑤ | However     | ····· | Instead  |

**내신형⁺**

• 윗글의 주제를 아래와 같이 쓸 때, 빈칸에 들어갈 단어를 본문에서 찾아 쓰시오.

the _____ and _____ aspects of peer pressure

---
**Words & Phrases**

• admire 존경하다    • fit in with ~와 어울리다    • reject 거부하다    • childhood 유년기    • pressure 압박, 압력
• on one's own 혼자서    • peer 또래, 동료    • impact 영향    • encourage 격려하다    • debate 토론, 토의

2

Nicholas Christakis and James Fowler, professors at Harvard Medical School, conducted a study in order to discover who is happy and why. As part of the study, they examined a series of facts dating back to 1971. **(a) That** they found is that people who surround themselves with happy, positive people are not only happy but their happiness is contagious as well. It is not just happy people connecting with happy people; there is a contagious process going on. _____(A)_____, every unhappy friend you have increases your unhappiness by 10 percent. Christakis and Fowler concluded that **(b) have** an extra five thousand dollars in annual income (in 1984 dollars) increased the probability of a person's happiness by about 2 percent. _____(B)_____, a happy friend is worth about twenty thousand dollars in annual income.

**Q** 윗글의 빈칸 (A), (B)에 들어갈 말로 가장 적절한 것은?

|  | (A) | | (B) |
|---|---|---|---|
| ① | Otherwise | …… | On the other hand |
| ② | Therefore | …… | In other words |
| ③ | Therefore | …… | For example |
| ④ | Likewise | …… | On the other hand |
| ⑤ | Likewise | …… | In other words |

**내신형+**

• 윗글의 밑줄 친 (a)와 (b)를 어법에 맞게 각각 고쳐 쓰시오.

(a) That → _____  (b) have → _____

---

**Words & Phrases**

• conduct a study 연구를 수행하다  • examine 검토하다  • a series of 일련의
• date back to 기원을 ~까지 거슬러 올라가다  • surround 둘러싸다  • contagious 전염성 있는  • as well 또한
• connect 연결되다  • process 과정  • conclude 결론을 내리다  • extra 추가의  • annual income 연소득
• probability 가능성  • worth 가치 있는

# 3

When it comes to salt and sweets, there's little a parent can do to change a child's inborn desire for them, which begins early in infancy. _____(A)_____, there is some evidence that early diet can at least change the circumstances in which children will seek out sweet and salty flavors. As early as six months of age, babies who have been exposed more often to salted food show a stronger preference for salted cereal than babies with less salt experience. _____(B)_____, six-month-old babies who have been fed sugar water tend to drink more of it than babies not previously exposed to it. **This effect** lasts a surprisingly long time, because even if the parents stop giving their baby sugar water by six months of age, she will continue to show a greater preference for it at age two.

**Q** 윗글의 빈칸 (A), (B)에 들어갈 말로 가장 적절한 것은?

| | (A) | | (B) |
|---|---|---|---|
| ① | However | ...... | Similarly |
| ② | Moreover | ...... | Similarly |
| ③ | However | ...... | Therefore |
| ④ | Moreover | ...... | In contrast |
| ⑤ | For example | ...... | Therefore |

**내신형⁺**

• 윗글의 밑줄 친 **This effect**가 가리키는 내용을 우리말로 쓰시오.

........................................................................................................

---

**Words & Phrases**

• when it comes to ~에 관한 한   • inborn 선천적인, 타고난   • infancy 유아기   • evidence 증거
• at least 적어도, 최소한   • circumstance 상황, 환경   • seek out ~을 찾다   • flavor 맛
• be exposed to ~에 노출되다   • preference 선호   • cereal 시리얼, 곡물 식품   • tend to ~하는 경향이 있다
• previously 전에, 이전에   • surprisingly 놀라울 정도로

**유형 특징** 무관한 문장 고르기는 글의 흐름이나 주제에서 벗어나는 문장을 찾아내는 유형이다. 통일성과 일관성을 가지고 이루어진 글의 짜임새를 파악해야 하는데, 대체적으로 첫 문장이나 ①번 앞의 문장이 주제문일 경우가 많다. 이 유형을 해결하기 위해서는 다음과 같은 해결 전략을 따라야 한다. 첫째, 글의 초반부에서 글의 주제와 전개방향을 파악한다. 둘째, 각 문장이 글의 주제와 부합하는지를 판단한다. 주제문이 글의 초반부에 명확하게 제시되지 않은 경우에는 문장들 간의 관련성을 추측해야 한다. 셋째, 주제와 관련된 단어는 포함하고 있지만 주제에서 벗어나거나 상반되는 내용이 있는 문장을 정답으로 고른 후 무관한 문장을 빼고 읽었을 때 글의 흐름이 자연스러운지 확인한다.

**지시문 유형** • 다음 글에서 전체 흐름과 관계 없는 문장은?

## 유형 해결 전략

**❶ 글의 주제와 전개방향 파악**

첫 번째 문장이나 선택지 ①번 앞에 있는 문장이 주제문일 경우가 많으므로, 글의 주제와 전개방향을 파악한다.

> **❷ 주제와 부합 여부를 판단**

각 문장이 글의 주제와 부합하는지를 파악하되, 글의 주제문이 명확하게 제시되지 않은 경우는 문장들 사이의 관련성에 주목한다.

> **❸ 정답 고르기**

주제에서 벗어나거나 상반되는 문장을 정답으로 고른다.

## 기출 대표 유형 11

**Q** 다음 글에서 전체 흐름과 관계 없는 문장은? [고1 교육청]

Early native Americans had to make everything they needed. ① The kinds of things each tribe used to make tools, clothing, toys, shelter, and food depended upon what they found around them. ② Also, the things they made fit their life style. ③ Most tribes spoke their own language, but could communicate with other tribes. ④ For example, the people of the Plains, who traveled a lot, didn't make clay pots. ⑤ Pots were too heavy and broke too easily when they were moved, so they made containers from animal skins.

······ 해결 전략 적용 ······

**❶ 글의 주제와 전개방향 파악**

초기 아메리카 원주민의 자급자족

**❷ 주제와 부합 여부를 판단**

아메리카 원주민들이 필요한 물품을 자신들의 생활 방식에 맞게 만들었다는 내용에 부합하는지를 판단함.

**❸ 정답 고르기**

③ 언어와 의사소통의 내용은 부족의 자급자족과 관련이 없다.

## 유형 연습문제

**1**    The most important time for a volunteer is at the beginning. ① They not only need to be inspired but also made to feel at home. ② Any unfriendliness, criticism, unpleasant surroundings, inflexible scheduling or rigid job assignments will drive away your volunteers. ③ Don't fool yourself when you look at the statistics of your organization and comfort yourself that your early-stage volunteer dropout rates are average. ④ Pure volunteer work is done without any expectation or hope of any reward. ⑤ **No matter what excuses people give for withdrawing**, if it's within the first month or so, the organization should re-evaluate how it embraces new volunteers.

**Q** 윗글의 ①~⑤ 중에서 전체 흐름과 관계 <u>없는</u> 문장은?

> 내신형⁺

- 윗글의 밑줄 친 **No matter what excuses people give for withdrawing**을 우리말로 해석하시오.

---

**Words & Phrases**

- volunteer 자원봉사자   • inspire 고취시키다   • unfriendliness 불친절   • surroundings 환경
- inflexible 유연하지 못한   • rigid 엄격한   • assignment 과제   • fool 속이다   • statistics 통계
- comfort 위로(위안)하다   • dropout rate 이탈률, 중퇴율   • average 평균의   • pure 순수한   • expectation 기대
- reward 보상   • excuse 변명   • withdraw 탈퇴하다   • re-evaluate 재평가하다   • embrace 포용하다, 껴안다

**2**  Adults' actions and behaviors can affect children's learning and subsequent actions. ① Parents' words make a difference as well. ② In other words, the verbal expressions they choose when teaching their children can influence how their children react and learn. ③ _____, parents can be more effective by directly verbalizing their expectations and by expressing them in a way that allows their children to know what actions are appropriate or not. ④ When parents' high expectations about how their children should behave are not met, the frequent result is distrust. ⑤ _____, parents can instruct their children, "Please talk to your sister using your normal voice," rather than telling them, "Don't scream."

**Q** 윗글의 ①~⑤ 중에서 전체 흐름과 관계 없는 문장은?

**내신형⁺**

• 윗글의 밑줄 친 빈칸 두 곳에 공통으로 들어갈 연결어(구)를 쓰시오.

---

**Words & Phrases**

• **affect** 영향을 끼치다  • **subsequent** 이후의, 차후의  • **make a difference** 차이를 만들다  • **verbal** 말의, 언어의
• **influence** 영향을 주다  • **react** 반응하다  • **effective** 효과적인  • **verbalize** 말로 표현하다  • **expectation** 기대
• **appropriate** 적절한  • **behave** 행동하다  • **meet** 충족시키다(meet-met-met)  • **frequent** 흔한  • **distrust** 불신
• **instruct** 지도하다  • **normal** 보통의, 평소의  • **scream** 소리치다

3

Human beings have always had the capacity to think spatially — this is here, that is there — even though not everybody chooses to express this understanding in mapmaking. ① The capacity to form mental maps must have been essential for the early humans. ② Hunter-gatherers, for instance, recognized the routes of the migratory animals and the best places to hunt **(a) them** down even without a physical map. ③ Wandering tribesmen needed to know how **(b) they** could cross deserts safely without dying of thirst. ④ Before the invention of printing from wood blocks, maps were drawn on sheepskin or other suitable material and could be reproduced only by hand copying. ⑤ All these people would have carried a map of their land in their head.

*spatially: 공간적으로

**Q** 윗글의 ①~⑤ 중에서 전체 흐름과 관계 <u>없는</u> 문장은?

내신형⁺

• 윗글의 밑줄 친 (a), (b)가 각각 가리키는 것을 본문에서 찾아 쓰시오.

(a) them: _____        (b) they: _____

Words & Phrases

• capacity 능력  • mapmaking 지도 제작  • form 구성하다  • essential 필수적인  • hunter-gatherer 수렵 채집인
• recognize 알아보다  • route 경로  • migratory 이주하는, 이동성의  • physical 실제의, 물질적인
• wander 돌아다니다  • tribesman 부족민  • thirst 갈증  • invention 발명  • wood block 목판
• sheepskin 양가죽  • suitable 적당한  • material 재료, 물질  • reproduce 복사하다, 재생산하다

**유 형 특 징**  글의 순서 배열은 주어진 글과 (A), (B), (C) 세 글의 순서를 자연스럽게 연결하는 유형이다. 시간적인 순서가 있는 이야기나 논리적인 연결성에 집중하는 설명문이 주로 출제된다. 이 유형을 해결하기 위해서는 다음과 같은 해결 전략을 따라야 한다. 첫째, 먼저 주어진 글을 읽고 중심 소재나 주제를 파악한다. 둘째, 각 글의 앞뒤에서 글과 글을 연결시키는 연결 고리들을 찾는다. 셋째, 글의 주제와 연결 고리들을 바탕으로 글의 순서를 정한다. 넷째, 정답으로 고른 순서에 따라 글의 흐름이 논리적으로 연결되는지를 확인한다.

**지시문 유형**  • 주어진 글 다음에 이어질 글의 순서로 가장 적절한 것은?

## 유형 해결 전략

| ❶ 중심 소재나 주제 파악 | ❷ 연결 고리 찾기 | ❸ 글의 순서 정하기 | ❹ 논리적인 연결성 확인하기 |
|---|---|---|---|
| 먼저 주어진 글에서 글의 중심 소재나 주제를 파악한다. | 글과 글을 연결하는 표현들(연결사, 지시어와 대명사, 관사, 부사 등)을 글 앞뒤에서 찾는다. | 주제와 연결 고리를 바탕으로 적절한 글의 순서를 정한다. | 정답으로 고른 순서에 따라 글의 흐름을 확인한다. |

## 기출 대표 유형 12

**Q** 주어진 글 다음에 이어질 글의 순서로 가장 적절한 것은? [고1 교육청]

> Suppose you come home from school to find a cushion torn apart on the living room floor.

(A) As she jumps into your arms, you find that she is covered with pieces of the cushion's stuffing. You know that you were the last person to leave that morning.

(B) The stuffing has been pulled out, and small pieces of it are everywhere. As you set down your backpack, your dog runs toward you.

(C) You think about this information and come up with a possible explanation, based on the facts, that she tore apart the cushion. This process is called drawing a conclusion.

*stuffing: (쿠션에 넣는) 속

① (A)−(C)−(B)
② (B)−(A)−(C)
③ (B)−(C)−(A)
④ (C)−(A)−(B)
⑤ (C)−(B)−(A)

······ 해결 전략 적용 ······

❶ **중심 소재나 주제 파악**
갈가리 찢어진 쿠션 발견

❷ **연결 고리 찾기**
(A) she(대명사), you were the last person to leave that morning
(B) the stuffing(관사), your dog runs toward you
(C) this information(지시대명사)

❸ **글의 순서 정하기**
글과 글의 연결 고리를 바탕으로 글의 순서가 (B)−(A)−(C)임을 정한다.

❹ **논리적인 연결성 확인하기**
정해진 (B)−(A)−(C)의 순서대로 글이 잘 읽히는지 확인한다.

1

The most memorable teachers are usually not those who crammed the most content into their lectures, but rather those whose thoughts and actions inspired others to follow suit.

(A) For example, I will never forget the teacher who started off my seventh-grade social studies class by asking whether students knew what social studies was.

(B) Most likely, too, they balanced teaching facts and figures with teaching students how to evaluate and explore those facts and figures.

(C) Of course, everyone nodded his or her head. The class then spent three sessions trying to figure out just what it was.

*follow suit: 남이 한 것을 그대로 따라 하다

**Q** 주어진 글 다음에 이어질 글의 순서로 가장 적절한 것은?

① (A)−(C)−(B)
② (B)−(A)−(C)
③ (B)−(C)−(A)
④ (C)−(A)−(B)
⑤ (C)−(B)−(A)

내신형+
• 가장 기억할 만한 선생님은 어떤 선생님인지를 본문에 근거하여 우리말로 쓰시오.

Words & Phrases

• memorable 기억할 만한　• cram (좁은 공간 속으로 억지로) 밀어 넣다　• content 내용(물)　• inspire 고취시키다
• social studies (학교 교과로서의) 사회, 사회학　• most likely 아마도　• balance A with B A와 B의 균형을 맞추다
• figure 수치, 숫자　• evaluate 평가하다　• explore 탐구하다　• nod 고개를 끄덕이다
• session (특정한 활동을 위한) 시간(기간)　• figure out 이해하다, 알아내다, 계산하다

**2**

One day a stupid man bought some liver, and as he was carrying it away a friend met him and asked how he intended to cook it.

(A) His friend finished writing it down on the paper and handed it to him. He was proceeding home deep in thought when a hawk pounced down, took the liver out of his hand, and flew off with it.

(B) The man, however, did not seem to mind, for he held out the recipe and shouted to the hawk, "What is the use of **(a) your doing that**? You can't enjoy it, because I have got the recipe here."

(C) "Oh! As usual," he answered. "No!" said his friend, "There is a very nice way of **(b) doing it**. Let me write down the recipe on a piece of paper. Just cook the liver accordingly."

**Q** 주어진 글 다음에 이어질 글의 순서로 가장 적절한 것은?

① (A)−(C)−(B)
② (B)−(A)−(C)
③ (B)−(C)−(A)
④ (C)−(A)−(B)
⑤ (C)−(B)−(A)

**내신형+**
• 윗글의 밑줄 친 (a), (b)가 각각 가리키는 내용을 구체적으로 우리말로 쓰시오.

(a)                                             (b)

---

**Words & Phrases**

• liver 간   • proceed 나아가다, 이동하다   • pounce (공격하거나 잡으려고 확) 덮치다(덤비다)   • recipe 요리법
• what is the use of ~ing? ~해서 무슨 소용인가?   • as usual 평상시대로   • accordingly 그에 맞춰

**3**

> The subjective approach to probability is based mostly on opinions, feelings, or hopes. Therefore, we don't typically use this approach in real scientific attempts.

(A) But the probability of an event in either case is mostly subjective, and although this approach isn't scientific, it sure makes for some great sports talk amongst the fans.

(B) Although the actual probability that the Ohio State football team will win the national championship is out there somewhere, no one knows what it is. Some fans will have ideas about what **that chance** is based on how much they love or hate Ohio State.

(C) Other people will take a slightly more scientific approach — evaluating players' stats, analyzing all the statistics of the Ohio State team over the last 100 years, looking at the strength of the competition, and so on.

*probability: 확률

**Q** 주어진 글 다음에 이어질 글의 순서로 가장 적절한 것은?

① (A)-(C)-(B)
② (B)-(A)-(C)
③ (B)-(C)-(A)
④ (C)-(A)-(B)
⑤ (C)-(B)-(A)

내신형+
• 밑줄 친 **that chance**의 구체적인 의미를 우리말로 쓰시오.

Words & Phrases

• subjective 주관적인   • approach 접근(법)   • be based on ~에 근거하다   • attempt 시도   • make for ~에 기여하다
• evaluate 평가하다   • stats 통계(치)(= statistics)   • analyze 분석하다   • competition 경쟁

**유 형 특 징** 주어진 문장의 위치 찾기는 문장과 문장 간의 논리적 흐름을 바탕으로 주어진 문장이 들어갈 적절한 위치를 찾는 유형이다. 글의 흐름이 단절되거나 비약되는 부분을 찾는 것이 관건이다. 이 유형을 해결하기 위해서는 다음과 같은 해결 전략을 따라야 한다. 첫째, 주어진 문장의 내용을 파악하고 내용 흐름에 단서가 될 만한 요소를 찾는다. 둘째, 글의 핵심 소재와 주제를 파악한다. 셋째, 앞뒤 문장들 사이의 논리적 비약이나 단절이 있는 부분에 주목한 뒤, 주어진 문장을 넣어본다. 넷째, 선택한 곳에 주어진 문장을 넣고 글의 흐름이 자연스러운지를 확인한다. 이때 지시대명사나 연결사가 잘 연결되는지도 확인한다.

**지시문 유형** • 글의 흐름으로 보아, 주어진 문장이 들어가기에 가장 적절한 곳은?

## 유형 해결 전략

**❶ 주어진 문장에서 단서 찾기**

주어진 문장에 연결사, 지시대명사, 관사, 부사 등 전후 내용에 대한 단서가 있는 요소들을 찾는다.

>

**❷ 글의 핵심 소재와 주제 파악**

글의 전체적인 내용을 보면서 핵심 소재와 주제를 파악한다.

>

**❸ 논리적 비약 / 단절이 있는 곳 찾기**

각 문장들 사이에 논리적 비약이나 단절이 있는 곳을 찾아 주어진 문장을 넣어본다.

>

**❹ 글의 흐름 확인하기**

선택한 곳에 주어진 문장을 넣고 글의 흐름이 자연스러운지를 확인한다.

### 기출 대표 유형 13

**Q** 글의 흐름으로 보아, 주어진 문장이 들어가기에 가장 적절한 곳은? [고1 교육청]

> Instead it takes in air through its skin and an opening under its tail.

A turtle doesn't have automatic body temperature control like birds and mammals. ( ① ) Its temperature changes according to its environment. ( ② ) When it gets too cold, it digs a hole deep into the mud at the bottom of a pond or into the dirt of the forest. ( ③ ) How can it breathe when it's buried? ( ④ ) The turtle stops breathing air through its nose and mouth. ( ⑤ ) And when spring comes and the ground warms up, the turtle digs itself out and starts breathing normally again.

······ 해결 전략 적용 ······

**❶ 주어진 문장에서 단서 찾기**
Instead(연결사), it(The turtle을 가리킴)

**❷ 글의 핵심 소재와 주제 파악**
거북은 체온 자동 조절 능력이 없어서 환경에 따라 체온이 바뀐다.

**❸ 논리적 비약 / 단절이 있는 곳 찾기**
거북은 코와 입으로 숨을 쉬지 않음. (단절) 봄이 오면 거북은 땅을 파고 나와 다시 숨을 쉰다.

**❹ 글의 흐름 확인하기**
코와 입으로 숨쉬는 것을 멈추고, 대신에 피부와 꼬리 아래 구멍을 통해 공기를 받아들인다는 내용이 글의 흐름상 자연스럽다.

## 유형 연습문제

**1**

> If you have a choice, it is best to choose soft, light, neutral colors for walls and ceilings.

Just like in a piece of artwork, the use of color can create very different effects. ( ① ) Lots of blue in a painting gives the viewer a calm, quiet feeling. ( ② ) Bright reds and oranges create the opposite effect: They cause feelings of excitement, positiveness, and power in a viewer. ( ③ ) Just as bright colors can dominate a painting, the same applies to color in the classroom. ( ④ ) Too many bright colors may damage art and natural beauty. ( ⑤ ) This sort of background allows children's artwork to stand out.

**Q** 글의 흐름으로 보아, 주어진 문장이 들어가기에 가장 적절한 곳은?

**내신형⁺**

• 파란색과 빨간색(오렌지색)이 보는 사람에게 불러일으키는 느낌을 각각 우리말로 쓰시오.

• 파란색:                          • 빨간색(오렌지색):

---

┌ **Words & Phrases** ┐

• neutral 중성적인   • ceiling 천장   • artwork 미술 작품   • effect 효과   • opposite 반대의
• excitement 흥분, 신남   • positiveness 적극성   • just as ~와 마찬가지로   • dominate 지배하다
• apply to ~에 적용되다   • damage 망치다   • background 배경   • stand out 눈에 띄다

## 유형 연습문제

**2**

Partners who viewed differences as constructive approached them with curiosity, interest, and a hope for growth through discussion.

The symbols we use to define experiences in our relationships affect how we think and feel about those relationships. ( ① ) My colleagues and I asked romantic couples how **(a) they** defined differences between themselves. ( ② ) We found that some people defined differences as positive forces that energize a relationship and keep **(b) it** interesting. ( ③ ) Others defined differences as problems or barriers to closeness. ( ④ ) There was a direct connection between how partners defined differences and how they dealt with them. ( ⑤ ) Conversely, partners who labeled differences as problems tended to deny differences and to avoid talking about **(c) them**.

**Q** 글의 흐름으로 보아, 주어진 문장이 들어가기에 가장 적절한 곳은?

**내신형⁺**
• 윗글의 밑줄 친 (a), (b), (c)가 각각 가리키는 것을 본문에서 찾아 쓰시오.

(a) they:　　　　　　(b) it:　　　　　　(c) them:

**Words & Phrases**

• difference 차이(점)　• constructive 건설적인　• approach 접근하다　• curiosity 호기심　• define 정의하다
• relationship 관계　• affect 영향을 끼치다　• colleague 동료　• positive 긍정적인　• energize 활력을 불어넣다
• barrier 장애(물)　• closeness 친밀함　• connection 연관성　• deal with ~을 다루다　• conversely 반대로
• label A as B A를 B라고 딱지 붙이다　• deny 부인하다

# 3

That's because she didn't control for any other factors that could be related to both vitamin C and colds.

When researchers find that two variables are related, they often automatically leap to the conclusion that those two variables have a cause-and-effect relationship. ( ① ) For example, suppose a researcher found that people who took vitamin C every day reported having fewer colds than people who didn't. ( ② ) Upon finding **these results**, she wrote a paper saying vitamin C prevents colds, using this data as evidence. ( ③ ) Now, while it may be true that vitamin C does prevent colds, this researcher's study can't claim that. ( ④ ) For example, people who take vitamin C every day may be more health-conscious overall, washing their hands more often and exercising more. ( ⑤ ) Until you do a controlled experiment, you can't make a cause-and-effect conclusion based on relationships you find.

*variable: 변인, 변수

**Q** 글의 흐름으로 보아, 주어진 문장이 들어가기에 가장 적절한 곳은?

내신형+
• 밑줄 친 **these results**의 구체적인 내용을 우리말로 쓰시오.

.......................................................................................................................................................

Words & Phrases

• factor 요인    • related 연관되어 있는    • automatically 자동적으로    • leap to a conclusion 결론에 성급히 도달하다
• cause-and-effect relationship 인과 관계    • suppose 가정하다    • result 결과    • paper 논문
• prevent 막다    • evidence 증거    • claim 주장하다    • health-conscious 건강을 의식하는
• overall 전반적으로    • based on ~에 근거하여

SUB NOTE 28쪽

**유 형 특 징**  요약문은 글 전체의 핵심 내용을 한 문장으로 요약한 요약문의 빈칸을 완성하는 유형으로, 글의 핵심 내용을 다른 문장 구조로 표현한 문장에 들어갈 핵심 어구를 찾는 것이 관건이다. 이 유형을 해결하기 위해서는 다음과 같은 해결 전략을 따라야 한다. 첫째, 글의 핵심 소재나 주제를 파악한다. 둘째, 요약문의 내용을 파악하고 본문과의 연관성을 생각한다. 셋째, 글의 전체적인 내용을 포괄하는 핵심어나 어구를 본문에서 찾아본다. 넷째, 핵심어의 바뀐 형태나 동의어가 요약문에 있는지를 확인한다.

**지시문 유형**  • 다음 글의 내용을 한 문장으로 요약하고자 한다. 빈칸 (A)와 (B)에 들어갈 말로 가장 적절한 것은?

## 유형 해결 전략

**❶ 글의 핵심 소재나 주제 파악**
글의 초반부에서 글의 핵심 소재와 주제를 파악한다.

**❷ 요약문과 본문의 연관성**
요약문은 본문을 요약한 문장이므로, 요약문 내용과 본문 내용의 연관성을 파악한다.

**❸ 본문의 핵심어 파악**
본문의 핵심 내용을 이루는 표현이나 어구를 찾아본다.

**❹ 핵심어, 동의어 확인**
핵심어와 의미가 비슷하거나 형태가 바뀐 표현을 선택지에서 고른다.

## 기출 대표 유형 14

**Q** 다음 글의 내용을 한 문장으로 요약하고자 한다. 빈칸 **(A)**와 **(B)**에 들어갈 말로 가장 적절한 것은? [고1 교육청]

Natural boundaries between states or countries are found along rivers, lakes, deserts, and mountain ranges. Among them, river boundaries would seem to be ideal: they provide clear separation, and they are established and recognized physical features. In reality, however, river boundaries can change as rivers change course. Following flooding, a river's course may shift, altering the boundary between states or countries. For example, the Rio Grande, separating the United States and Mexico, has frequently shifted its course, causing problems in determining the exact location of the international boundary.

➡ A river seems to be ideal in _____ (A) _____ boundaries, but in fact it isn't, because its course is _____ (B) _____ .

······ 해결 전략 적용 ······

**❶ 글의 핵심 소재나 주제 파악**
주나 국가의 자연 경계로서의 강

**❷ 요약문과 본문의 연관성**
요약문의 내용: 강이 자연적 경계의 이상이지만 어떤 이유 때문에 그렇지 않다.

**❸ 본문의 핵심어 파악**
본문의 핵심어: 강이 자연적 경계를 확립하지만(establish), 강의 진로는 변화함(shift).

**❹ 핵심어, 동의어 확인**
본문의 핵심어 establish, shift와 유사한 의미 표현으로 구성된 선택지를 고른다.

|     | (A)          |       | (B)        |     | (A)          |       | (B)        |
|-----|--------------|-------|------------|-----|--------------|-------|------------|
| ①   | establishing | ····· | invisible  | ②   | establishing | ····· | changeable |
| ③   | removing     | ····· | fixed      | ④   | linking      | ····· | fixed      |
| ⑤   | linking      | ····· | changeable |     |              |       |            |

## 유형 연습문제

1   Many animals are not loners. They have instinctively discovered that by living and working together, they could interact with the world more effectively. F_____(a)_____, if an animal hunts for food by itself, it can only catch, kill, and eat animals much smaller than itself—but if animals band together in a group, they can catch and kill animals bigger than they are. A pack of wolves can kill a horse, which can feed the group very well. T_____(b)_____, more food is available to the same animals in the same forest if they work together than if they work alone.

**Q** 윗글의 내용을 한 문장으로 요약하고자 한다. 빈칸 (A)와 (B)에 들어갈 말로 가장 적절한 것은?

→ Many animals know that when it comes to _____(A)_____ food, _____(B)_____ is beneficial.

|     | (A)      |       | (B)           |     | (A)       |       | (B)           |
|-----|----------|-------|---------------|-----|-----------|-------|---------------|
| ①   | hiding   | ····· | playing       | ②   | hiding    | ····· | cooperating   |
| ③   | eating   | ····· | being isolated| ④   | obtaining | ····· | being isolated|
| ⑤   | obtaining| ····· | cooperating   |     |           |       |               |

내신형⁺

• 윗글의 빈칸 (a), (b)에 들어갈 적절한 연결어(구)를 주어진 철자를 시작으로 쓰시오.

(a) _____     (b) _____

Words & Phrases

• instinctively 본능적으로     • interact with ~와 상호작용하다     • band together (무엇을 달성하기 위해) 무리를 이루다

**2** When you are angry, you are more likely to make emotionally-laden decisions, which you may regret later. It is better to wait until you have calmed down, before you decide upon important matters. If you are an impulsive type, it may be better to leave in times of anger, and return when your anger has passed. This holds good for every situation. Regardless of [**anger / how / seem / justified / your / may**], take some time to think it over. If you remain upset after having looked at the issue from all sides, you may still say what's on your mind or undertake the action you initially wanted to take. The difference is that you know that you will not regret your decision, because it was taken after careful deliberation.

**Q** 윗글의 내용을 한 문장으로 요약하고자 한다. 빈칸 (A)와 (B)에 들어갈 말로 가장 적절한 것은?

➡ Since what you say or decide out of anger makes you _____(A)_____, it's better to take some time for _____(B)_____.

| (A) | (B) |
|---|---|
| ① thankful | ······ stimulation |
| ② regretful | ······ attraction |
| ③ regretful | ······ consideration |
| ④ comfortable | ······ explanation |
| ⑤ comfortable | ······ interaction |

내신형+
• 윗글의 괄호 안에 있는 어구들을 어법과 문맥에 맞게 배열하시오.

_____

Words & Phrases

• emotionally-laden 감정이 실린  • regret 후회하다  • calm down (마음이) 가라앉다  • matter 문제
• impulsive 충동적인  • hold good 적용되다  • regardless of ~에 관계없이  • justified 정당한
• think over 심사숙고하다  • undertake 착수하다, 하다  • initially 처음에  • deliberation 숙고

**3**   In today's marketing and advertising-soaked world, people cannot escape brands. The younger they are when they start using a brand or product, the more likely they are to keep using it for years to come. But that's not the only reason companies are aiming their marketing and advertising at younger consumers. As James U. McNeal, a professor at Texas A&M University, puts it, "Seventy-five percent of spontaneous food purchases can be traced to a nagging child. And one out of two mothers will buy a food simply because her child requests it. To trigger desire in a child is to trigger desire in the whole family." In other words, kids have power over spending in their households, they have power over their grandparents and they have power over their baby-sitters. That's why companies use tricks to manipulate their minds.

**Q** 윗글의 내용을 한 문장으로 요약하고자 한다. 빈칸 (A)와 (B)에 들어갈 말로 가장 적절한 것은?

➡ Children can be _____(A)_____ in marketing in and of themselves due to their ability to ____(B)____ their parents' purchases.

| (A) | (B) | (A) | (B) |
|---|---|---|---|
| ① influential | ⋯⋯ predict | ② influential | ⋯⋯ direct |
| ③ analyzed | ⋯⋯ calculate | ④ analyzed | ⋯⋯ overestimate |
| ⑤ worthless | ⋯⋯ underestimate | | |

**내신형⁺**

• 다음 영영사전 풀이에 해당하는 단어를 윗글에서 찾아 쓰시오.

to control something or someone to your advantage, often unfairly or dishonestly

**Words & Phrases**

• escape 벗어나다, 도망치다   • aim A at B B를 대상으로 A를 하다   • spontaneous 즉흥적인   • purchase 구매
• be traced to ~에서 기인하다, ~로 거슬러 올라가다   • request 요청하다   • manipulate 조종하다

**SUB NOTE** 30쪽

유 형 특 징  장문 독해는 두 문단 이상의 긴 글을 읽고 여러 문제를 한꺼번에 푸는 유형으로 종합적 사고력과 빠른 독해력을 요구한다. 1지문 2문항은 제목 추론과 빈칸 추론 문항으로 구성되고, 1지문 3문항은 문단의 순서, 지칭 추론, 내용 불일치 문항으로 구성된다. 각 유형을 해결하기 위해서는 다음과 같은 해결 전략을 따라야 한다.
* 1지문 2문항: 첫째, 글의 핵심 소재와 주제를 파악한다. 둘째, 글의 전체적인 내용을 포괄하는 제목 문항을 먼저 풀고, 빈칸 앞뒤 문장의 흐름과 글의 주제를 고려하여 빈칸에 들어갈 내용을 추론한다.
* 1지문 3문항: 첫째, 글의 소재, 등장인물, 사건을 파악한다. 둘째, 사건 발생과 전개 순서에 따라 단락의 순서를 정한다. 셋째, 등장인물들을 염두에 두고 밑줄 친 부분이 가리키는 대상이 누구인지를 파악한다. 넷째, 선택지 내용에 해당하는 부분을 본문에서 찾아 일치 여부를 확인한다.

지시문 유형  • 윗글의 제목으로 가장 적절한 것은?
• 윗글의 빈칸에 들어갈 말로 가장 적절한 것은?
• 주어진 글 (A)에 이어질 내용을 순서에 맞게 배열한 것으로 가장 적절한 것은?
• 밑줄 친 (a)~(e) 중에서 가리키는 대상이 나머지 넷과 <u>다른</u> 것은?
• 윗글의 ~에 관한 내용과 일치하지 <u>않는</u> 것은?

## 유형 해결 전략 (1지문 3문항)

**❶ 글의 소재, 등장인물, 사건 파악**

주어진 글 (A)에서 글의 소재, 등장인물, 그리고 사건을 파악한다.

>

**❷ 단락 순서 정하기**

사건의 발생과 전개 순서에 따라 단락들의 순서를 정한다.

>

**❸ 지칭 추론**

밑줄 친 부분 중 어떤 등장인물을 가리키는지를 파악한다.

>

**❹ 내용 일치 여부 확인**

선택지는 지문 순서대로 제시되므로, 선택지 내용에 해당하는 부분을 찾아 일치 여부를 확인한다.

## 기출 대표 유형 15

**Q** 다음 글을 읽고, 물음에 답하시오. [고1 교육청]

(A)

My son, Justin, was five years old and this was his first Easter Egg Hunt. All the children gathered behind the starting line, a yellow ribbon, waiting to begin. When the ribbon was cut, they all started running, except for Justin. "Run," I shouted, "run, Justin, hurry." But (a) he paid no attention to me.

*Easter Egg Hunt: 부활절 달걀 찾기 행사

(B)

Then I saw Justin bend over and it looked like (b) he had found an egg. He turned and waved his hand at me. Then once

······ 해결 전략 적용 ······

**❶ 글의 소재, 등장인물, 사건 파악**

• 소재 및 사건: 부활절 달걀 찾기 행사
• 등장인물: Justin과 엄마, Danny와 엄마

**❷ 단락 순서 정하기**

(B) Justin은 뛰는 대신 걸으면서 달걀을 찾았다.
(C) Danny를 비롯한 다른 아이들은 달걀을 찾기 위해 빨리 달렸다.
(D) Justin의 가방에 달걀이 많이 있었다.

more he picked up something. Within five minutes, all the eggs seemed to have been found and the children were heading back to the starting line to show their mothers what they had found. Some had one egg, some had two, and a few even had three.

(C)

He was about one hundred feet behind the rest of the kids who were racing madly, looking for the hidden eggs. "Oh, (c) he won't get a thing," I said to my sister who was standing beside me. Her son, Danny, was one of the first of the children to be at the head. (d) He was running quickly with other children.

(D)

At that time I saw Justin heading my way. (e) His bag was full! When he opened it, we counted twelve eggs! All the other children, in their haste, had run right past these eggs, but not Justin. He had just slowly walked along picking up the eggs the other children had run past. Sometimes, I learned then, our kids do better when we don't push them hard.

🔍 지칭 추론

동성(同姓)인 Justin과 Danny 중에서 지칭 대상을 파악한다.

🔍 내용 일치 여부 확인

(D) 단락의 첫 줄에 His bag was ~ twelve egg!와 선택지 ④의 내용 일치 여부를 확인한다.

**1** 주어진 글 (A)에 이어질 내용을 순서에 맞게 배열한 것으로 가장 적절한 것은?

① (B) − (D) − (C)       ② (C) − (B) − (D)
③ (C) − (D) − (B)       ④ (D) − (B) − (C)
⑤ (D) − (C) − (B)

**2** 밑줄 친 (a)~(e) 중에서 가리키는 대상이 나머지 넷과 다른 것은?

① (a)     ② (b)     ③ (c)     ④ (d)     ⑤ (e)

**3** 윗글의 Justin에 관한 내용과 일치하지 않는 것은?

① 부활절 달걀 찾기 행사에 처음으로 참가했다.
② 필자를 향해 손을 흔들었다.
③ 다른 아이들 뒤에 처져 있었다.
④ 주운 달걀을 필자에게 보여주지 않았다.
⑤ 다른 아이들이 지나쳐 간 달걀을 주웠다.

**1**

(A)

Two sons worked for their father on the family's farm. The younger son had for some years been given more responsibility and rewards, and one day the older son asked (a) <u>his</u> father to explain why. The father said, "First, go to the Kelly's Farm and see if they have any geese for sale—we need to add to our stock." The older son didn't think this was the answer to his question, but (b) <u>he</u> decided to do as he was told. The older son soon returned with the answer, "Yes, they have five geese, which they are ready to sell to us."

(B)

Then the father turned to the older son, who nodded his head in appreciation. (c) <u>He</u> now realized why his younger brother was given more responsibility and rewards. As with this story, success comes to the person who performs with full responsibility and full potential. These two aspects are constantly observed by all and this is what ultimately leads to _____ of any individual.

(C)

The younger son soon returned with the answer, "Yes, they have five geese for $10 each, or ten geese for $8 each; and they can deliver them tomorrow—I asked them to deliver the five unless they heard otherwise from us in the next hour. And I agreed that if we want the extra five geese we could buy them at $6 each." The father listened to what (d) <u>he</u> was saying.

(D)

The father then said, "Good, please ask them the price." The older son returned with the answer, "The geese are $10 each." The father said, "Good, now ask if they can deliver the geese tomorrow." (e) <u>He</u> returned with the answer, "Yes, they can deliver the geese by tomorrow." The father asked the older son to wait and listen, and then he called his younger son working in a nearby field, "Go to the Davidson's Farm and see if they have any geese for sale—we need to add to our stock." The older son saw his younger brother go to the Davidson's Farm.

**Q1** 주어진 글 (A)에 이어질 내용을 순서에 맞게 배열한 것으로 가장 적절한 것은?

① (B)-(C)-(D)
② (C)-(B)-(D)
③ (C)-(D)-(B)
④ (D)-(B)-(C)
⑤ (D)-(C)-(B)

**Q2** 밑줄 친 (a)~(e) 중에서 가리키는 대상이 나머지 넷과 다른 것은?

① (a)　　　② (b)　　　③ (c)　　　④ (d)　　　⑤ (e)

**Q3** 윗글의 내용과 일치하지 않는 것은?

① 몇 년 동안 작은 아들이 더 많은 책임과 보상을 받았다.
② 큰 아들은 아버지에게 들은 대로 하기로 했다.
③ 큰 아들은 아버지가 의도한 바를 결국 이해하지 못했다.
④ 작은 아들은 큰 아들이 몇 번에 걸쳐 한 일을 한 번에 했다.
⑤ 아버지는 근처 들판에서 일하고 있는 작은 아들을 불렀다.

내신형+
• 밑줄 친 빈칸에 들어갈 말을 (B) 단락에서 찾아 한 단어로 쓰시오.

---

Words & Phrases

• responsibility 책임　• reward 보상　• explain 설명하다　• goose 거위(pl. geese)　• add to ~을 늘리다
• stock 가축, (농장) 동물　• nod 고개를 끄덕이다　• appreciation 이해　• potential 잠재력　• aspect 측면
• constantly 끊임없이　• observe 관찰하다　• ultimately 궁극적으로　• unless ~하지 않는 한
• otherwise 그렇지 않으면　• nearby 근처의

2

From the moment instant baking mixes of all kinds were introduced in the late 1940s, **(a) they** had a strong presence in American grocery carts, and ultimately at the dinner table. However, not all mixes were greeted with equal enthusiasm. Housewives were peculiarly reluctant to use instant cake mixes, which required simply adding water. Some marketers wondered whether the cake mixes were too sweet or artificial-tasting. But no one could explain why the mixes used to make biscuits, having pretty much the same basic ingredients, were so popular, while cake mixes didn't sell.

One explanation was that the cake mixes simplified the process to such an extent that the women did not feel as though the cakes **(b) they** made were "theirs." Normally, biscuits are not a dish by themselves. A housewife could happily receive a compliment on a dish that included a purchased component without feeling that it was inappropriately earned. A cake, on the other hand, is often served by itself and represents a complete dish. On top of that, cakes often carry great _____ significance, symbolizing special occasions. A would-be baker would hardly be willing to consider herself someone who makes birthday cakes from "just a mix." Not only would she feel humiliated or guilty but she might also disappoint her guests. They would feel that **(c) they** were not being treated to something special.

**Q1** 윗글의 제목으로 가장 적절한 것은?

① What Makes Cake Mixes Unpopular?
② Thrilling Moments of Making Biscuits
③ Enjoy the Convenience of Cake Mixes!
④ Biscuits and Cakes: Ill-Matched Friends
⑤ Make Better Biscuits, Respect Your Guests

**Q2** 윗글의 빈칸에 들어갈 말로 가장 적절한 것은?

① emotional
② regional
③ commercial
④ statistical
⑤ educational

내신형⁺

• 밑줄 친 (a), (b), (c)가 각각 가리키는 것을 본문에서 찾아 쓰시오.

(a) they:               (b) they:          (c) they:

Words & Phrases

• instant 즉석의 • introduce 도입하다 • presence 존재 • ultimately 궁극적으로 • greet 환영하다
• enthusiasm 열의, 열광 • peculiarly 특히 • reluctant 꺼리는, 주저하는 • add 첨가하다 • artificial 인공적인
• ingredient 재료 • explanation 설명 • simplify 단순화하다 • process 과정 • extent 정도
• compliment 칭찬 • component 구성 요소, 재료 • inappropriately 부적절하게 • represent 나타내다
• on top of that 더욱이 • significance 의의, 의미 • symbolize 상징하다 • occasion 행사, 때
• humiliated 창피함을 느끼는 • disappoint 실망시키다

01 다음 글의 목적으로 가장 적절한 것은?

Dear Mr. North,

Believe it or not, I'm off to college in the fall. And I wanted you to be one of the first to know that I have decided to major in mathematics in preparation for a career in teaching. Math has always been my favorite subject in high school, and your eleventh-grade trigonometry course was one of the most challenging and enjoyable classes I took. You motivated me to work very hard until trigonometry became so easy! I have applied to The University of Kansas. I would be honored if you would write a letter of recommendation on my behalf. The deadline for my application is January 1. Thanks again.

Sincerely,
Walter Rogers

*trigonometry: 삼각법

① 면접 요령을 안내하려고
② 추천서 작성을 부탁하려고
③ 교직 이수 정보를 문의하려고
④ 원고 마감일 연기를 요청하려고
⑤ 전공 선택에 대한 조언을 구하려고

**02** Heraclitus Ephesus에 관한 다음 글의 내용과 일치하지 <u>않는</u> 것은?

Heraclitus Ephesus(535-475 B.C.) is a Greek philosopher known as 'the Obscure.' His ideas influenced Socrates, Plato, and Aristotle. He seems to have written only one work, which consisted of disconnected aphorisms. About 135 fragments have survived. He is popularly associated with the ideas that the only unchanging feature of the universe is its changefulness and that the basic material of which everything is composed is fire. Individual opinions diverge and sense impressions are relative. His notion that universal reason is accessible to men may have inspired Socrates. The Doctrine of the Logos was further developed among the Stoics, Neoplatonists, and Christians.

*aphorism: 경구

① 소크라테스, 플라톤, 아리스토텔레스에게 영향을 끼쳤다.
② 단 한 작품만 썼던 것으로 보인다.
③ 약 135개의 경구가 남아 있다.
④ 모든 것을 구성하는 기본 물질이 물이라는 생각을 가지고 있었다.
⑤ 인간은 보편적인 이성에 접근할 수 있다고 생각했다.

**03** 다음 글의 밑줄 친 부분 중, 어법상 <u>틀린</u> 것은?

Sometimes, the positive factors favoring the change are weighed much more heavily than the negative ① <u>ones</u>. In these cases, the workers' acceptance of the change is likely. For example, instead of asking workers to wear regular plastic earmuffs, the management has a set of earmuffs specially ② <u>designed</u> for each person. Music can be sent through the set ③ <u>so that</u> workers can listen to music and do their jobs at the same time. Changes such as this ④ <u>has</u> been widely accepted in many industrial settings. Printing companies, especially large newspaper firms, often give these earmuffs to their press operators, who, according to research, ⑤ <u>like</u> the changed environment.

## 04 다음 글의 빈칸에 들어갈 말로 가장 적절한 것은?

Conformity is a good way to benefit from the sharing of information. One person has limited knowledge, but thirty people can rely on the knowledge and experience of thirty. So when everyone else is convinced there are lions in the tall grass, it's reasonable to set aside your doubts and take another route back to camp. The group may be wrong, of course. The collective opinion may have been influenced by one person's irrational opinion or by bad or irrelevant information. But still, other things being equal, it's often best to _____.

① say nothing
② doubt anything
③ follow the herd
④ treat others fairly
⑤ know lots of things

## 05 다음 글에서 전체 흐름과 관계 <u>없는</u> 문장은?

Sensing is a factual way of perceiving the world. ① Strong perceptions trust the literal details perceived by their eyes, ears, and sense of touch more than the vague impressions that come from intuition. ② Rather than giving their attention to guessing about possible futures, sensors love to jump in and get the job done. ③ They are able to pay close attention to the details in the world around them. ④ In addition, they are good at coming up with new ideas in the arts in which intuition is very important. ⑤ Police officers use this ability as rigorous observers of the physical world.

## 06 빈칸 (A), (B)에 들어갈 말로 가장 적절한 것은?

Some inventions allow us to do what we could not do before, or to do old things better, faster, and more cheaply. Most of the time, this is good, but innovation and technology can have negative effects as well. _____(A)_____, what if you loved to slice bread? Would you do it as frequently as you did before sliced bread became available? Probably not. If we had much time to do what we want, we could derive so much pleasure from slicing it ourselves. _____(B)_____, each of us has a fixed amount of time. Doing something new means doing less of something old. If this something old was not enjoyable, that is good. If the something old was enjoyable, that is not so good.

|  | (A) |  | (B) |
|---|---|---|---|
| ① | By contrast | ······ | However |
| ② | By contrast | ······ | Similarly |
| ③ | In addition | ······ | Therefore |
| ④ | For example | ······ | However |
| ⑤ | For example | ······ | Therefore |

글의 흐름으로 보아, 주어진 문장이 들어가기에 가장 적절한 곳은?

> The best estimate of normal brain cell loss is put at nine thousand per day.

Brain cells are the most important cells in our bodies. It is the brain that defines who we are. ( ① ) Brain cells in children under five do have the ability to reproduce, to some extent. ( ② ) However, we are naturally losing brain cells all the time. ( ③ ) That may seem like a large number, but remember that the brain has 100 billion cells, so a nine-thousand-cell loss per day is not that great. ( ④ ) Inhalants, such as glue, gasoline, and paint thinner, cause brain cell loss at thirty times the normal rate. ( ⑤ ) Excessive alcohol use is a big contributor to brain cell damage.

*inhalant: 흡입제

**08** 다음 글의 내용을 한 문장으로 요약하고자 한다. 빈칸 (A)와 (B)에 들어갈 말로 가장 적절한 것은?

A thirsty stag came to a spring to drink. After having a drink, he saw the figure of himself in the water. He much admired his fine antlers, their grandeur and size. But he was discontented with his legs, which he thought looked thin and weak. He remained there deep in thought when suddenly a lion sprang out at him and chased him. The stag fled rapidly and ran a great distance, for the stag's advantage is his legs, whereas a lion's is his heart. As long as they were in open ground, the stag easily outdistanced the lion. But they entered a wooded area, and the stag's antlers became entangled in the branches, bringing him to a halt so that he was caught by the lion.

*antler: (사슴의) 가지진 뿔

→ One's strengths and weaknesses can _____(A)_____ depending upon the ____(B)____ one is in.

| | (A) | | (B) |
|---|---|---|---|
| ① | last | ⋯⋯ | situation |
| ② | last | ⋯⋯ | mood |
| ③ | change | ⋯⋯ | mood |
| ④ | change | ⋯⋯ | situation |
| ⑤ | return | ⋯⋯ | state |

## 01 다음 글에서 필자가 주장하는 바로 가장 적절한 것은?

There's a big difference between the need for love and being needy for love. When you're needy for love, it means that you're missing love and approval from the most important person you know—yourself. The first relationship to improve is the one you have with yourself. When you're happy with yourself, then all of your other relationships improve, too. A happy person is very attractive to others. If you're looking for more love, then you need to love yourself more. This means no criticism, no complaining, no blaming, no whining, and no choosing to feel lonely. It means being very content with yourself in the present moment and choosing to think thoughts that make you feel good now.

① 어떤 사람을 사랑하더라도 건설적인 비판을 멈추지 마라.
② 사랑받고 싶다면 사랑을 구걸하지 말고 먼저 사랑을 주라.
③ 사랑에 대한 어떤 보상도 기대하지 말고 조건 없이 사랑하라.
④ 어떤 사람을 사랑하고 싶다면 먼저 그 사람의 장점을 찾아라.
⑤ 사랑에 궁핍해 있다면 먼저 자기 자신을 사랑하는 법을 배우라.

## 02 다음 글의 주제로 가장 적절한 것은?

In today's world, kids may need something magical, like Santa, to believe in. However, experts suggest that parents explain that Santa is not physically real, but that his story represents the true spirit of the Christmas season. Parents could tell their children that Santa Claus may arrive as many others, including moms or dads and even complete strangers who are participating in the Christmas spirit of love and generosity. They also may suggest that the children save up their allowances and consider helping out or being Santa Claus themselves by sending small gifts to older people in nursing homes. That would be a beautiful way to transition from the mystical Santa Claus of childhood to the real kind of Santa Claus that we all need to be like.

① several magics that Santa Claus does
② the origin of Santa Claus and Christmas
③ understanding the true meaning of Santa Claus
④ conflicts at Christmas between parents and children
⑤ making children cherish the memories of Santa Claus

## 03 밑줄 친 부분이 가리키는 대상이 나머지 넷과 <u>다른</u> 것은?

Famous philosopher and writer George Santayana was a generous man. He lived frugally, and ① <u>he</u> gave away some of the money he saved by living frugally. Once, ② <u>he</u> sent an old man $100 after the old man wrote Mr. Santayana. He also sent the old man more money because the old man, like ③ <u>him</u>, was a poet. Mr. Santayana also sent money to help family and friends. In the late 1930s, ④ <u>he</u> learned that philosopher Bertrand Russell needed money because he could not get a job teaching. Mr. Santayana wanted money to be sent to ⑤ <u>him</u> anonymously.

## 04 (A), (B), (C)의 각 네모 안에서 문맥에 맞는 낱말로 가장 적절한 것은?

We tend to go after things that appear to be in high demand. If everyone wants it, it must be (A) bad / good . How many advertisers use the scarcity appeal by telling us that their offers are good "only while supplies last"? This phrase gives the impression that people are going to be beating down the door to (B) return / obtain the product. If the product is in such high demand and will soon be gone, it must be worth whatever price is being charged. Right? Well, maybe. The (C) benefit / danger of relying exclusively on the scarcity of a product to determine its worth is that you might soon discover that the true merits of the product weren't worth the price you paid.

|   | (A) | (B) | (C) |
|---|-----|-----|-----|
| ① | bad | return | benefit |
| ② | bad | obtain | danger |
| ③ | good | obtain | danger |
| ④ | good | return | benefit |
| ⑤ | good | obtain | benefit |

## 05 다음 글의 빈칸에 들어갈 말로 가장 적절한 것은?

It is part of human nature to develop attachments to inanimate objects. Old shoes, furniture, books, jewelry, the list is endless. That's normal. Objects carry memories for people. They are souvenirs of their lives. But when these objects take over one's decision-making, when their existence begins to interfere with what, in good common sense, ought to be the right decision, when things become more important than people and when these objects, in effect, dictate how people run their lives, it is perhaps time to take stock by disposing of them. In other words, it is time to _____.

① throw things out
② making things up
③ feel sorry for things
④ recall what happened
⑤ adapt to the environment

06 주어진 글 다음에 이어질 글의 순서로 가장 적절한 것은?

A year ago, a friend of mine from back home called me up to ask for a loan. I said, "Sure," and asked what was up.

(A) Then, I took it over and left it at his house without any note and without saying anything. He didn't have to ask for help, and I didn't have to say anything.

(B) I figured he also couldn't pay for lights, rent and everything else. So I talked with several of his friends, and we collected some money to help him.

(C) He told me his hours had been cut back and he couldn't buy groceries for his family. I knew the problem was more than paying for groceries.

① (A)−(B)−(C)
② (B)−(A)−(C)
③ (B)−(C)−(A)
④ (C)−(A)−(B)
⑤ (C)−(B)−(A)

### (A)

In an experiment, (a) a monkey was subjected to a mild but uncomfortable electric shock every twenty seconds. If (b) the monkey was to avoid the shock, he had to push a red button to reset the clock. The twenty-second period would begin again.

### (B)

How could he survive? For the second monkey, there was no stress. No decision had to be made. It was as if (c) the monkey thought, "I might as well accept the shock and get on with life."

### (C)

A second monkey became a subject of another experiment to compare with the first one. The only difference was that his button did not allow him to stop the shock. The monkey survived, and remained healthy and even happy, except for the shock.

### (D)

Thus, (d) the monkey could stop the electrical shocks if he could locate the button and press it before the twenty-second period had passed. If he pushed the button at the correct time, the monkey could avoid all the shocks. The experiment continued for six hours a day. After a period of six weeks, (e) the monkey died from a terrible ulcer.

**07** 주어진 글 (A)에 이어질 내용을 순서에 맞게 배열한 것으로 가장 적절한 것은?

① (B) − (C) − (D)
② (B) − (D) − (C)
③ (C) − (D) − (B)
④ (D) − (B) − (C)
⑤ (D) − (C) − (B)

**08** 밑줄 친 (a)~(e) 중에서 가리키는 대상이 나머지 넷과 <u>다른</u> 것은?

① (a)          ② (b)          ③ (c)
④ (d)          ⑤ (e)

**09** 윗글의 제목으로 가장 적절한 것은?

① Comparison Leads to Ill Health
② Stress from Controlling Kills Us
③ A Sense of Control Reduces Pain
④ No More Experiment with Animals!
⑤ A Little Bit Stress Makes Us Awake

# SUMMA CUM LAUDE
# INTRODUCTION TO ENGLISH MANUAL

What we have to do is to be
forever curiously testing new opinions
and courting new impressions.

*- Walter Pater*

PART II

수능 문법편

숨마쿰라우데®
[영어 입문 매뉴얼]

문법 01
~
문법 15

## 1 주어를 구성하는 요소

문장에서 주어로 쓰일 수 있는 것은 명사(구), 대명사, 동명사(구), to부정사(구), 명사절 등이 있다.

- **Listening to music** makes us feel so good.
  음악을 듣는 것은 우리로 하여금 기분을 매우 좋게 만든다.

- **To live a peaceful life** is not difficult.
  평화로운 삶을 사는 것은 어렵지 않다.

- **That my father quit his job** proved to be false.
  나의 아버지가 직장을 그만두었다는 것은 거짓으로 드러났다.

## 2 목적어를 구성하는 요소

동사에 따라 동사가 나타내는 행위의 대상이 되는 목적어가 필요하기도 하다. 목적어로 쓰일 수 있는 것은 주어와 마찬가지로, 명사(구), 대명사, 동명사(구), to부정사(구), 명사절 등이 있다.

- She finished **reading** the novel right now.
  그녀는 지금 막 소설 읽기를 끝냈다.

- I decided **to call** her sister Liz instead.
  나는 대신 그녀의 여동생인 Liz에게 전화를 걸기로 했다.

- I asked **him if he wanted to marry my sister**.
  나는 그에게 그가 내 여동생과 결혼하기를 원하는지 물었다.

- They believe **that it is the mind that matters**.
  그들은 중요한 것은 마음이라고 믿는다.

## 3 동사의 다양한 형태

동사는 주어의 수와 태, 그리고 시제에 따라 그 형태가 달라진다.

- My teacher usually **gets off** work at 5 p.m.
  나의 선생님은 보통 오후 5시에 퇴근한다.

- The books on the table **are** his, not mine.
  책상 위에 있는 그 책들은 내 것이 아니라, 그의 것이다.

- I **was sent** to school when I was seven years old.
  나는 7살 때 학교에 보내졌다.

- She **has** never **been to** Africa.
  그녀는 아프리카에 가본 적이 없다.

# 문법 연습문제

**A** 다음 네모 안에서 어법상 옳은 것을 고르시오.

1. The limited edition T-shirts cost / costs $20.
2. That / What the elevator didn't work was based on hard facts.
3. She enjoyed to walk / walking , watching for wildlife.
4. The animals saved / were saved by the Eskimos.

**B** 다음 빈칸에 들어갈 말로 가장 적절한 것을 고르시오.

1. _____ down what's on your mind is a great way to organize your thoughts and feelings.

   ① Write  ② Wrote  ③ Writing  ④ To writing

2. The Korean man has denied _____ about his condition to health officers when he arrived at Hong Kong International Airport last week.

   ① lied  ② lying  ③ to lie  ④ to lying

3. As soon as I stepped into her office, she asked me _____ I was married or had any kids.

   ① if  ② that  ③ what  ④ which

4. Some researchers _____ that a messy desk can lead to greater creativity.

   ① finds  ② found  ③ finding  ④ to find

**C** 다음 글의 밑줄 친 부분 중, 어법상 틀린 것을 고르시오.

Ancient people believed that a man ① is born with certain mental powers. They also thought man must be content with these until the day of his death. But modern psychology ② has rejected this idea. We all know ③ that if the muscles of our arms are weak, we can develop them by exercise; if our touch on the typewriter is slow, we can speed it up. ④ Develop any other personal qualities is equally possible. Most people just don't know ⑤ where to start.

## 문법 01 문장의 구성 (2)

### 1 동사와 분사의 구별

문장에서 동사는 주어를 서술하는 역할을 하는데, 명사를 수식하거나 동시동작이나 상태를 나타내는 분사(~ing)와 구별해야 한다.

- The girl **sitting** on the bench **wants** to be a model.
  벤치에 앉아 있는 그 소녀는 모델이 되고 싶어 한다.

- To have confidence in front of many people **is** very difficult.
  많은 사람들 앞에서 자신감을 가지는 것은 매우 어렵다.

- Team sports such as baseball **require** a considerable amount of equipment.
  야구와 같은 팀 스포츠는 상당히 많은 양의 장비를 필요로 한다.

- The girl **kept** her temper, **waiting** for the anger to pass.
  그 소녀는 분노가 지나가기를 기다리면서 화를 참았다.

### 2 보어나 목적어를 취하는 동사

동사의 성격에 따라 보어나 목적어를 취하는 동사가 있는데, 보어를 취하는 동사로는 **be, become, seem, appear, look, sound, feel, taste** 등이 있고, 목적어를 취하는 동사로는 **like, learn, make, have, follow, finish** 등이 있다.

- The *Talmud* **became** a best-seller in South Korea.   '탈무드'는 대한민국에서 베스트셀러가 되었다.

- My mother **looked** happy when I gave her my report card.
  내가 어머니께 내 성적표를 드렸을 때 그녀는 행복해 보였다.

- My wife **makes** a cup of coffee for me when I wake up.
  내가 깨어날 때 내 아내는 날 위해 커피 한 잔을 만들어 준다.

- Lisa **learned** how to dance from her boyfriend.   Lisa는 그녀의 남자친구에게서 춤추는 법을 배웠다.

### 3 목적 보어를 취하는 동사

목적어와 그 목적어를 보충 설명하는 목적 보어를 동시에 취하는 동사가 있는데, **let, make, have** 등의 사역동사, **see, hear, watch** 등의 지각동사, 그리고 **find, keep, consider, leave, encourage, allow** 등이 이에 속한다.

- Academic pressure **made** him leave school.   학업에 대한 압박이 그가 학교를 떠나게 만들었다.

- I **have** my hair cut every second month.   나는 두 달에 한 번씩 머리를 깎는다.

- My girlfriend always **keeps** me waiting for her.   내 여자 친구는 항상 내가 그녀를 기다리게 한다.

- Liz **allowed** her brother to stay at home.   Liz는 그녀의 남동생을 집에 머무르도록 허락했다.

# 문법 연습문제

**A** 다음 네모 안에서 어법상 옳은 것을 고르시오.

**1.** The teacher talking to the boy ⌈ wants / wanting ⌉ to become a writer.

**2.** She looks ⌈ glad / gladly ⌉ to have something to do with her hands.

**3.** Every player ⌈ finding / found ⌉ a way to motivate himself to perform better.

**4.** My mom always makes me ⌈ eat / to eat ⌉ vegetables.

**B** 다음 문장에서 어법상 <u>틀린</u> 부분을 찾아 바르게 고치시오.

**1.** The nurses leaving me in the waiting room because my surgery was going to be the last one.

**2.** Many pet owners have watched their dogs to play among themselves or with other pets.

**3.** There are many factors in why a coffee tastes bitterly or not, but the largest contributing factors are dose, grind, and water temperature.

**4.** I encourage the students raising their hands if they want to participate in the class.

**C** 다음 글의 밑줄 친 부분 중, 어법상 <u>틀린</u> 것을 고르시오.

> When I started third grade, my first assignment was ① <u>to learn</u> to count to a hundred. I was really excited to think ② <u>that</u> I would be able to count to a hundred, all by myself. My dad made sure of it. He made me ③ <u>to stay</u> up the night until I counted perfectly. Every time I messed up, he would yell at me, ④ <u>telling</u> me how stupid I was. Each time I made a mistake, I was forced to start over. I felt tired and ⑤ <u>hungry</u>. I felt like I couldn't breathe.

# 주어와 동사의 수 일치 (1)

## 1 명사구 주어의 수 일치

명사구가 주어일 때는 명사의 수에 동사를 일치시키고, 동명사구나 to부정사구가 주어일 때는 '~하는 것'으로 해석하고 동사를 단수 형태로 쓴다. 「의문사+to부정사」의 의문사구 역시 동사를 단수 형태로 쓴다.

- **The two boys** on the playground **are** friends.   운동장에 있는 두 소년은 친구이다.
- **To build a house is** not an easy matter.   집을 짓는 것은 쉬운 문제가 아니다.
- **Making friends requires** an investment of time.
  친구를 사귀는 것은 시간의 투자가 필요하다.
- **Which university to apply for depends** on what to major in.
  어느 대학교에 지원해야 하는가는 무엇을 전공해야 하는가에 달려 있다.

## 2 수식어구로 주어가 길어진 문장의 수 일치

전치사구, 형용사구, 분사구, 관계사절, 동격절 등이 주어를 수식하여 주어가 길어지는 경우는 수식어구가 아닌 주어에 동사를 일치시켜야 한다. 수식어구 뒤에 나오는 동사가 문장의 전체 동사임에 주의해야 한다.

- **The perfume** of roses **fills** the air.   장미 향이 공기를 채운다.
- **The actor** waiting for his turn behind the stage **feels** nervous.
  무대 뒤에서 그의 차례를 기다리고 있는 그 배우는 초조함을 느낀다.
- **The number** of students who want to go abroad **is decreasing** each year.
  유학을 가고 싶어 하는 학생들의 수가 매년 줄고 있다.
- **The rumor** that he got straight A's **was** a big lie.
  그가 전과목 A를 받았다는 소문은 새빨간 거짓말이었다.

## 3 명사절 주어의 수 일치

명사절을 이끌어 주어로 쓰이는 표현으로는 접속사 that과 whether, 관계대명사 what, 의문사절(의문사(구)+(주어)+동사) 등이 있는데, 이때 동사는 단수 형태로 쓴다.

- **That I received a letter from her made** me happy.
  내가 그녀에게서 편지를 받았다는 것이 나를 행복하게 만들었다.
- **Whether she leaves or not is** up to him.   그녀가 떠나느냐 아니냐는 그에게 달려 있다.
- **What he said to her was** true.   그가 그녀에게 말한 것은 사실이었다.
- **How she succeeded was** one of the few things she did not tell.
  그녀가 어떻게 성공했느냐는 그녀가 말하지 않은 몇 가지 중 하나였다.

## 문법 연습문제

**A** 다음 네모 안에서 어법상 옳은 것을 고르시오.

**1.** The boy over there with sunglasses is / are my son.

**2.** Keeping a promise is / are something that's important to him.

**3.** A garden full of flowers give / gives us the chance to relax.

**4.** Where she came from is / are still a mystery.

**B** 다음 빈칸에 들어갈 말로 가장 적절한 것을 고르시오.

**1.** Trying to succeed without studying _____ like trying to build a house without a hammer.

① is ② be ③ are ④ to be

**2.** Whether we succeed _____ on what we do with the knowledge we obtain.

① depend ② depending ③ depends ④ to depend

**3.** To be creative _____ to imagine something that didn't exist before and to look for new solutions and forms.

① mean ② means ③ meaning ④ to mean

**4.** What we now call education _____ a matter of accumulating information and knowledge from books.

① is ② are ③ to be ④ be

**C** 다음 글의 밑줄 친 부분 중, 어법상 <u>틀린</u> 것을 고르시오.

Public transportation plays an important role in ① <u>most</u> cities. Especially in large cities, public transportation systems are ② <u>widely</u> used. But unfortunately, public transportation is often a subject of complaints. Customers are ③ <u>annoyed</u> about unfair prices, bad service or frequent delays. Such complaints are understandable, but for the public transportation companies it is often impossible ④ <u>to provide</u> a better service without increasing the costs. The reason for these difficulties ⑤ <u>are</u> the complexity and the size of the planning problems.

## **1** 「부분 표현+of+명사」의 수 일치

부분을 나타내는 표현(all, some, most, half, 분수, 퍼센트 등) 다음에 「of+명사(구)」가 올 때, 동사의 수는 부분을 나타내는 어구가 아니라, of 다음의 명사에 수를 일치시킨다.

- **All of the information** given by him **is** very valuable.  그로부터 받은 모든 정보는 매우 가치가 있다.
- **Some of the students** in the classroom **like** their math teacher.
  교실에 있는 학생들 중 몇몇은 그들의 수학 선생님을 좋아한다.
- **Half of the participants were asked** to write down how they felt.
  참가자들 중 절반은 그들이 어떻게 느꼈는지를 쓰라는 요청을 받았다.
- About **two thirds of our planet is covered** with water.  우리 행성의 약 2/3는 물로 뒤덮여 있다.

## **2** 상관접속사의 수 일치

「not A but B」(A가 아니라 B), 「not only A but (also) B」(A뿐만 아니라 B도 역시), 「either A or B」(A와 B 둘 중 하나), 「neither A nor B」(A와 B 둘 다 아닌)가 주어 역할을 할 때 동사의 수는 B에 일치시킨다. 「both A and B」(A와 B 둘 다)는 동사를 복수 형태로 쓰고, 「B as well as A」(A뿐만 아니라 B도 역시)는 A가 아니라 B에 동사의 수를 일치시키는 것에 주의한다.

- **Not only you but also Sylvia feels** sorry for the boy.
  너뿐만 아니라 Sylvia도 그 소년에게 미안한 마음이 든다.
- **Neither Jane nor I am** ready to admit the fact.
  Jane과 나 둘 다 그 사실을 받아들일 준비가 되어 있지 않다.
- **Both the camera and the eye use** light to create an image.
  카메라와 눈 둘 다 이미지를 만들기 위해 빛을 이용한다.
- **I as well as you was** late for school yesterday.  너뿐만 아니라 나도 역시 어제 학교에 늦었다.

## **3** 유의해야 할 수 일치

few/a few는 복수 명사와 복수 동사를 취하고, little/a little은 단수 명사와 단수 동사를 취한다. 또 「a number of+복수 명사」는 '많은 ~'라는 뜻으로 복수 동사를 취하고, 「the number of+복수 명사」는 '~의 수'라는 뜻으로 단수 동사를 취한다.

- **Few doctors know** how to treat this rare disease.  이 희귀 질병을 치료할 방법을 아는 의사는 거의 없다.
- **A little sugar is** so helpful in making healthful foods delicious.
  약간의 설탕은 건강한 음식들을 맛있게 만드는 데 매우 도움이 된다.
- **A number of the participants were** very disappointed.  많은 참가자들이 매우 실망했다.
- **The number of the participants is** lower than that of the prizes.  참가자들의 수가 상품들의 수보다 적다.

# 문법 연습문제

**A** 다음 네모 안에서 어법상 옳은 것을 고르시오.

**1.** Neither you nor I am / are responsible for the car accident.

**2.** Few / Little teachers want to work in tough schools.

**3.** About half of Benson Park is / are filled with trees.

**4.** All of the equipment used in the laboratory has / have been donated to us.

**B** 다음 문장에서 어법상 틀린 부분을 찾아 바르게 고치시오.

**1.** All cereals are richer if a few milk is added to the water in which they are cooked.

**2.** Either my wife or I has to leave work early to pick our daughter up from school and take her to ballet practice.

**3.** This year, the number of bank customers who prefer to bank online have jumped sharply.

**4.** An island, where a quarter of the income come from tourism, has suffered from the destruction of its ecosystem.

**C** 다음 글의 밑줄 친 부분 중, 어법상 틀린 것을 고르시오.

Business meetings usually last from thirty minutes to three hours. Your goal is ① to achieve all your objectives in the shortest time possible. Effective and powerful meetings use time efficiently. As a general rule, it will take at least thirty minutes ② to cover one topic. For the best results, ③ plan your meeting to address no more than four related topics. Most of the participants ④ gets so tired in meetings that cover more than four topics. With too many topics, your chances for a successful meeting ⑤ are very low.

# 문법 **03** 문장의 시제 (1)

## **1** 기본 시제 (현재 / 과거 / 미래)

영어의 기본 시제에는 현재, 과거, 미래 시제가 있다. 현재의 반복적인 동작, 상태, 습관을 나타낼 때는 현재 시제를 쓰며, 시간과 조건의 부사절에서는 현재 시제가 미래 시제를 대신한다. 과거에 일어난 사건과 역사적 사실을 나타낼 때는 과거 시제를 쓴다. 미래의 사실이나 미래의 예측을 나타낼 때는 미래 시제를 쓴다.

- My son **is** in class 3, grade 1.   내 아들은 1학년 3반이다.
- If it **snows** tomorrow, the match will have to be cancelled.
  내일 눈이 내린다면, 그 경기는 취소되어야만 할 것이다.
- Bill **borrowed** some money from his close friend yesterday.
  Bill은 어제 친한 친구에게 돈을 좀 빌렸다.
- Children **will sing** in the school concert on December 2.
  아이들이 12월 2일에 학교 공연에서 노래를 부를 것이다.
- I'm **going to play** baseball with my son this afternoon.
  나는 오늘 오후에 나의 아들과 야구를 할 것이다.

## **2** 진행 시제

진행 시제는 동작이 계속 진행 중인 상태를 나타내며, 「be+~ing」 형태로 쓴다. 현재진행형은 최근에 일어나고 있는 일이나 가까운 미래를 나타내기도 한다.

- My mother **is washing** the dishes now.   우리 엄마는 지금 설거지를 하고 있다.
- He **is coming** in an hour.   그가 한 시간 후에 올 것이다.
- My son **was watching** TV when I came home.   내가 집에 왔을 때 나의 아들은 TV를 보고 있었다.

## **3** 현재완료 시제

과거에 일어난 일이 현재까지 영향을 미치는 동작이나 상태의 경험, 완료, 계속, 결과를 나타낸다. 「have(has)+p.p.」 형태를 쓴다.

- Nancy **has met** Brad Pitt in person.   Nancy는 Brad Pitt를 직접 만나 본 적이 있다.
- I **have** just **finished** reading your great article.   나는 너의 훌륭한 기사를 막 다 읽었다.
- My wife Mary and I **have been married** for fifty years.
  내 아내 Mary와 나는 50년 동안 결혼 생활을 해오고 있다.
- Amy **has gone** to Ireland with her son.
  Amy는 그녀의 아들과 함께 Ireland에 갔다.

# 문법 연습문제

**A** 다음 네모 안에서 어법상 옳은 것을 고르시오.

**1.** Mr. Simpson is / was a different person when he was alone.

**2.** My daughter go / is going abroad to study in Paris tomorrow.

**3.** I'll get angry at my husband if he comes / will come back home empty-handed.

**4.** Astronomers made / have made shocking discoveries about Pluto in 2014.

**B** 다음 문장에서 어법상 틀린 부분을 찾아 바르게 고치시오.

**1.** My son gets into school when he was just seven.

**2.** Tomorrow Rachel and I was preparing for the birthday party.

**3.** Most people are needing at least eight hours of sleep a night.

**4.** I have bought these sunglasses while I was in Canada.

**C** 다음 글의 밑줄 친 부분 중, 어법상 틀린 것을 고르시오.

My family went on a trip to Paris last month. Isabelle ① has made a huge difference in the quality of our trip. She provided lessons that ② were fun and informative for the entire family. Her lessons provided so ③ many levels of understanding of not only the language, ④ but the culture and its subtle nuances. Imagine having a private lesson in the comfort of your apartment or hotel room, then heading out with your instructor, and ⑤ using everything you have learned. We really loved it!

# 문장의 시제 (2)

## 1 과거완료 시제 / 미래완료 시제 / 완료진행 시제

과거완료 시제 「had+p.p.」는 과거를 기준으로 하여 그 이전부터 과거 특정 시점까지의 동작이나 상태의 경험, 완료, 계속, 결과를 나타낸다. 미래완료 시제 「will+have+p.p.」는 미래의 어느 시점까지의 동작이나 상태의 경험, 완료, 계속, 결과를 나타낸다. 완료진행 시제는 「have(has/had/will have)+been+~ing」의 형태로 쓰고 기준 시점 이전에 시작된 일이 기준 시점까지 계속 진행 중임을 나타낸다.

- The woman **was** more beautiful than anyone I **had** ever **met**.
  그 여성은 지금까지 내가 만났던 어떤 여성보다 더 아름다웠다.
- The man told me that he **had known** the girl for a long, long time.
  그 남자는 내게 그 소녀를 아주 오랫동안 알고 있었다고 말했다.
- By then, I **will have collected** a lot of books, all of which I've read.
  그때까지, 나는 내가 다 읽은 많은 책을 모으게 될 것이다.
- For a few years, he **has been thinking** of writing a novel.
  몇 년 동안, 그는 소설을 쓸 생각을 해오고 있었다.

## 2 대과거

과거에 일어난 두 사건 중에서 먼저 일어난 사건을 「had+p.p.」 형태로 나타낸다. 이를 대과거라고 하는데, 두 사건이 일어난 순서를 알 수 있다.

- I *told* my friend that I **had lied** to my mother that I needed some money.
  나는 내가 돈이 좀 필요했다고 엄마에게 거짓말한 것을 내 친구에게 말했다.
- Harry *found* that his mother **had been diagnosed** with cancer.
  Harry는 그의 어머니가 암 진단을 받았다는 것을 알았다.
- Jessie *decided* to read the magazine her father **had bought** for her.
  Jessie는 아빠가 그녀를 위해 사준 잡지를 읽기로 결심했다.

## 3 시제 일치와 시제 일치의 예외

주절의 시제가 현재면 종속절에는 모든 시제가 올 수 있지만, 주절의 시제가 과거면 종속절은 과거(완료) 시제만 쓴다. 주절의 시제와 관련 없이, 현재 반복되는 습관, 불변의 진리, 속담, 과학적 법칙은 현재 시제로 쓰며, 역사적인 사실은 과거 시제로 쓴다. 가정법은 주절의 시제에 영향을 받지 않는다.

- The Olympic Committee **knew** that the event **would be** a success.
  올림픽 위원회는 그 행사가 성공할 것을 알고 있었다.
- Miso knew her teacher **doesn't have** lunch every day.
  Miso는 그녀의 선생님이 매일 점심을 드시지 않는다는 것을 알고 있었다.
- My friend said if he **were** me, he **would go** see the doctor.
  그가 나라면 그는 의사를 보러 갈 것이라고 내 친구가 말했다.

# 문법 연습문제

**A** 다음 네모 안에서 어법상 옳은 것을 고르시오.

1. He regretted that he | ignored / had ignored | his father's advice.
2. Mr. Ford said if he | became / had become | president, he would fight crime.
3. By the year 2020, we | have destroyed / will have destroyed | all our tropical rainforests.
4. Sally learned at school that the moon | has / had | less gravity than the earth.

**B** 다음 문장의 밑줄 친 부분에서 어법상 **틀린** 부분을 찾아 바르게 고치시오.

1. The little boy didn't know the fact that <u>the Sun had a strong and complex magnetic field</u>.

2. I left my car unlocked last night and upon return found <u>that someone stole my sunglasses</u>.

3. Londoners are markedly happier and less stressed <u>than they have been</u> three years ago.

4. Scientists <u>are talking about the effects</u> of burning fossil fuel on the global climate for more than a century.

**C** 다음 글의 밑줄 친 부분 중, 어법상 **틀린** 것을 고르시오.

The thirteen American colonies wanted to be ① <u>free</u> from rule by Great Britain. Freedom would make it possible ② <u>to create</u> a new kind of government without a king. In the democracy ③ <u>imagined</u> by the country's earliest leaders, Americans would govern ④ <u>themselves</u> based on certain principles or ideals. But few people at the time thought that the American Revolution would succeed because Great Britain ⑤ <u>is</u> the world's greatest empire back then.

## 1 조동사 1 (can / may)

조동사 **can**은 능력(~할 수 있다), 허가(~해도 된다)의 의미를 가지며, 조동사 **may**는 추측(~일 수도 있다, ~일지도 모른다), 허가(~해도 된다)의 의미이다.

• We **can improve** our brains' ability to solve problems.  우리는 문제를 해결하는 뇌의 능력을 향상시킬 수 있다.

• You **can park** your vehicle in our parking lot.  당신은 우리 주차장에 차량을 주차해도 된다.

• The rich person **may decide** to give up all of his material possessions.
부자인 그 사람은 그의 물질적인 재산 모두를 포기하기로 결심할지도 모른다.

## 2 조동사 2 (must / should)

조동사 **must**는 의무(~해야만 한다), 강한 확신(~임에 틀림이 없다)의 의미로 쓰이고, **should**(ought to)는 **must**처럼 의무(~해야만 한다)의 뜻이 있지만, 권고나 권유 정도의 의미이다.

• A company **must have** the purpose of creating general public benefit.
회사는 보편적인 공공 이익을 창조하는 목적을 가지고 있어야만 한다.

• He **must be** disappointed with the result.  그는 그 결과에 실망한 게 틀림없다.

• Children **should obey** the rules their parents and teachers set.
아이들은 자신들의 부모님과 선생님이 정한 규칙을 지켜야만 한다.

• She **ought to apologize** instantly for her rude comments and behavior.
그녀는 자신의 무례한 말과 행동에 대해 즉시 사과해야만 한다.

## 3 조동사 should의 생략

요구(require), 요청(ask), 주장(insist), 제안(suggest), 명령(order) 등의 동사가 주절에 쓰이면 목적어로 쓰인 **that**절 안의 조동사 **should**(~해야 한다)가 오는데, 보통 생략한다. **that**절의 내용이 '당위'가 아니라, 단순 사실에 관한 내용일 경우, **should**를 쓰지 않고 시제 일치에 따른다는 것에 유의해야 한다.

• Jessie's teacher **suggested** that she (should) **make up** the story.
Jessie의 선생님은 그녀가 그 줄거리를 만들어내야 한다고 제안했다.

• Many residents **asked** that a high school for girls (should) **be built**.
많은 주민들은 여자 고등학교가 지어져야 한다고 요청했다.

• The doctor **ordered** that an X-ray (should) **be taken** of her chest.
의사는 그녀의 흉부 엑스레이를 찍어야 한다고 명령(지시)했다.

• Many witnesses **insisted** that the accident **had taken place** on the crosswalk.
많은 목격자들은 그 사고가 횡단보도에서 일어났다고 주장했다.

# 문법 연습문제

**A** 다음 네모 안에서 어법상 옳은 것을 고르시오.

1. You can has / have the courage to overcome all obstacles in life.
2. Harry must / have to be pleased to have an employee who never makes mistakes.
3. My boss suggested that I contact / contacted you to get a better idea of my plans.
4. Sometimes we mistakenly may / ought to believe that happiness is the absence of a load.

**B** 다음 문장에서 어법상 틀린 부분을 찾아 바르게 고치시오.

1. The conductor should to be responsible for every action on stage.

2. To live a successful life, we ought know where we come from and where we are going to.

3. My friend suggested that I sent resumes to companies in Texas for potential jobs.

4. A study has suggested that walking be as good as running at reducing the risk of health issues.

**C** 다음 글의 밑줄 친 부분 중, 어법상 틀린 것을 고르시오.

Is your doubt a big part of your life ① that holds you back? Keep in mind that doubt is nothing more than an opinion. You ② may have good reasons for doubt, but that doesn't necessarily make it true. When you fill your mind with doubt, you give up the positive possibilities. Certainly, it pays ③ to be careful and realistic. But that doesn't mean you ④ must be doubtful about your own abilities. Instead of hiding behind your doubts, ⑤ making the effort to prove them wrong.

## 1 주의해야 할 조동사

「**used to**＋동사원형」은 '~하곤 했다'는 뜻의 과거의 규칙적인 습관을 나타내며, 또한 '예전에 ~이었다'는 뜻으로도 쓰인다. 「**had better**＋동사원형」은 '~하는 편이 좋겠다'는 뜻으로, '조언을 따르지 않으면 심각하게 나쁜 결과가 생길 것이다'라는 의미를 지니고 있으므로, **should**(**ought to**)보다 강한 조언을 할 때 쓰인다.

- When young, I **used to hate** eating vegetables.    어렸을 때, 나는 채소 먹는 것을 싫어하곤 했다.
- There **used to be** a cinema in the town but now there isn't.   예전에는 마을에 극장이 있었지만, 지금은 없다.
- You **had better ask** in advance for permission from the principal.
  교장 선생님으로부터 미리 허락을 구하는 편이 좋을 것이다.

## 2 조동사＋have p.p.

「조동사＋**have p.p.**」는 과거에 일어났던 일에 대한 추측이나 유감, 또는 후회를 나타낼 때 쓰이는데, 각 조동사와 함께 쓰이는 표현의 의미를 암기할 필요가 있다. 「**cannot have p.p.**」(~했을 리가 없다), 「**may**(**might**) **have p.p.**」(~했을지도 모른다), 「**must have p.p.**」(~했음에 틀림없다), 「**should**(**ought to**) **have p.p.**」(~했어야 했는데 (~하지 않았다)), 「**need not have p.p.**」(~할 필요가 없었는데 (~했다))

- He **cannot have been** in London for more than five days.    그는 5일 이상 런던에 있었을 리가 없다.
- The guitarist **must have loved** every minute of playing his guitar.
  그 기타 연주자는 자신이 기타를 연주하는 모든 순간을 사랑했음에 틀림없다.
- He **should have rejected** Hawthorne's offer.    그는 Hawthorne의 제안을 거절했어야 했다.
- We **need not have brought** many clothes with us.    우리는 많은 옷을 가지고 올 필요가 없었다.

## 3 조동사의 관용적 표현

조동사를 이용한 관용적 표현은 숙어처럼 암기해야 한다. 「**would like to**＋동사원형」(~하고 싶다), 「**may well**＋동사원형」(~하는 것이 당연하다), 「**may**(**might**) **as well**＋동사원형」(~하는 편이 낫다), 「**would rather A than B**」(B하기보다는 차라리 A하겠다), 「**cannot help** ~**ing**」, 「**cannot but**＋동사원형」(~하지 않을 수 없다), 「**cannot ~ too**」(아무리 ~해도 지나치지 않는다)

- I **would like to invite** John to my birthday party.    나는 John을 내 생일파티에 초대하고 싶다.
- You **may as well forget** about what happened last night.
  지난밤에 일어난 일에 대해서는 잊어버리는 편이 낫다.
- We **could not help accepting** her request.    우리는 그녀의 요청을 수락하지 않을 수 없었다.
- The value of friendship **cannot** be stressed **too** much.    우정의 가치는 아무리 많이 강조해도 지나치지 않는다.

## 문법 연습문제

**A** 다음 네모 안에서 어법상 옳은 것을 고르시오.

1. People used / are used to believe that grains made them fat.

2. You can / may well get angry with him, because he always lies to you.

3. It seems that you have a cold. You had better go / going home and stay in bed.

4. Her way of speaking was very persuasive, so we couldn't but to believe / believe what she said.

**B** 다음 빈칸에 알맞은 말을 〈보기〉에서 골라 쓰시오.

| 보기 |       must       need not       should       cannot

1. He's not diligent. He _____ have had someone else do the work for him.

2. Tom _____ have apologized to his boss for the rude remarks he made in the meeting. He is still angry at Tom.

3. The woman _____ have visited Tom's house, as she hated him.

4. He _____ have brought his umbrella; it didn't rain after all.

**C** 다음 글의 밑줄 친 부분 중, 어법상 틀린 것을 고르시오.

① Once the door was unlocked, my mother entered first, moving through the dark to the kitchen. I heard her ② fill a glass of water while my younger sister went up the stairs. My father followed, ③ holding a letter in his hand. His face looked nervous, and I couldn't help ④ ask if something was wrong. "Huh?" "I'm wondering if something is wrong. You look worried." "Things are fine, Jack." I felt really tired, so I didn't ask who had sent him the letter. But when I woke up next morning, I regretted it. I ⑤ should have asked him about it.

# 문법 **05**　가정법 (1)

## 1　가정법 과거

가정법 과거는 현재 사실과 반대인 상황을 가정하여 '만약 ~라면, …일 텐데'의 뜻을 가진다. 「If+주어+동사의 과거형 ~, 주어+would(should/could/might)+동사원형 …」의 형태로 쓰인다.

- **If** I **were** you, I **would marry** the girl.　내가 너라면, 나는 그 소녀와 결혼할 텐데.
- **If** I **had** a good job, I **would be** much happier.　나에게 좋은 직업이 있다면, 나는 훨씬 더 행복할 텐데.
- **If** everyone **heard** everyone else's feedback, they **could learn** from each other.
  모든 사람들이 다른 사람들의 피드백을 듣는다면, 서로에게서 배울 수 있을 텐데.
- **If** he **quit** working, he **might regret** it for the rest of his life.
  그가 하고 있는 일을 그만둔다면, 그는 평생 그것을 후회할지도 모를 텐데.

## 2　가정법 과거완료

가정법 과거완료는 과거 사실과 반대인 상황을 가정하여 '만약 ~였더라면, …였을 텐데'의 뜻을 가진다. 「If+주어+had p.p. ~, 주어+would(should/could/might)+have p.p. …」의 형태로 쓰인다.

- **If** you **had kept** your promise, you **would have been** trusted more.
  네가 약속을 지켰더라면, 너는 더 신뢰를 받았을 텐데.
- **If** he **had waited** some more, he **could have seen** the movie star in person.
  그가 조금 더 기다렸다면, 그는 직접 그 영화배우를 봤을 텐데.
- **If** I **had had** enough money, I **could have bought** the house.
  내가 충분한 돈을 가지고 있었더라면, 나는 그 집을 살 수 있었을 텐데.
- **If** my son **had** not **made** mistakes, he **might have won** first prize.
  내 아들이 실수하지 않았더라면, 그가 1등을 했을 텐데.

## 3　혼합 가정법

과거 사실에 대한 가정이 현재 사실에 영향을 미칠 경우로 if절은 가정법 과거완료, 주절은 가정법 과거의 형태로 주로 쓰인다. 「If+주어+had p.p. ~, 주어+would(should/could/might)+동사원형 …」의 형태이다. 주절에 현재 시제를 나타내는 표현인 now, this year, today 등이 꼭 쓰인다는 점에 유의해야 한다.

- **If** he **had taken** care of his health, he **would be** healthy now.
  그가 건강을 돌보았더라면, 그는 지금 건강할 텐데.
- **If** he **had taken** my advice, he **would**n't **be** in such a trouble now.
  그가 내 충고를 따랐더라면, 그는 지금 그러한 어려움에 처해 있지 않을 텐데.
- **If** my mother **had** not **sacrificed** everything for me, I **could** not **lead** a happy life today.
  내 어머니가 나를 위해 모든 것을 희생하지 않았더라면, 오늘날 나는 행복한 삶을 살 수 없을 텐데.

# 문법 연습문제

**A** 다음 네모 안에서 어법상 옳은 것을 고르시오.

**1.** If I were / had been a president, I would make the world a better place.

**2.** If I had / had had one more day to live, I would tell my mother I love her.

**3.** If I had brought an umbrella with me, I could use / have used it now.

**4.** If they were in my shoes, they would understand / have understood why I stopped trying.

**B** 다음 문장의 밑줄 친 부분에서 어법상 틀린 부분을 찾아 바르게 고치시오.

**1.** If Aimee hadn't given another chance for Paul then, <u>he would give up becoming an actor.</u>

**2.** If my father had listened to me, <u>I would have been with him today.</u>

**3.** <u>If he be more careful last night</u>, he would have been aware of the danger.

**4.** <u>If I met Kent later in my life</u>, I probably would have looked at our friendship differently.

**C** 다음 글의 밑줄 친 부분 중, 어법상 틀린 것을 고르시오.

My father was born in 1950, and he went to London as a little boy of 11 ① <u>to work</u> for a butcher's shop. He was a very intelligent man. If my father ② <u>had</u> any education, he would have been more successful. He thought that he would have to start his own business, so he rented a shop and ③ <u>started</u> selling vegetables. He ④ <u>used to take</u> them around the villages. He treated every person ⑤ <u>with whom</u> he came in contact with respect and never refused an order.

## 1 「주어＋wish」 가정법과 「as if」 가정법

「주어＋**wish**」 가정법은 현재 또는 과거 시점의 소망을 나타내며 '~라면/였더라면 좋을 텐데'라는 뜻이다. 「**as if**」 가정법은 현재 또는 과거 사실을 반대로 가정하며 '마치 ~ 인/였던 것처럼'이라는 뜻이다.

- I **wish** I **could** wake up tomorrow and forget everything.
  내일 일어나서 모든 것을 잊을 수 있으면 좋을 텐데.
- I **wish** I **had been** able to read your mind.　네 마음을 읽을 수 있었더라면 좋을 텐데.
- The man tends to behave **as if** he **were** a teacher.　그 남자는 마치 선생님인 것처럼 행동하는 경향이 있다.
- My father always talks **as if** he **had earned** a lot of money when young.
  내 아버지는 젊었을 때 많은 돈을 벌었던 것처럼 항상 말씀하신다.

## 2 if를 대신하는 다른 형태의 가정법

if절을 전치사 **without**을 이용하여 쓸 수 있는데 '~이 없다면/없었다면'의 뜻이며, 「**but for**」로 고칠 수 있다. 가정법 과거인 경우 「**If it were not for**」, 「**Were it not for**」로, 가정법 과거완료인 경우 「**If it had not been for**」, 「**Had it not been for**」로 고쳐 쓸 수 있다. **otherwise**는 '그렇지 않으면'의 뜻으로 「**if ~ not**」으로 고쳐 쓸 수 있다.

- **Without** trees, the world **would be** a very different place.
  = If it were not for trees, the world would be a very different place.
  나무가 없다면, 세상은 매우 다른 곳일 것이다.
- **Without** his help, she **couldn**'t **have won** the gold medal.
  = If it had not been for his help, she couldn't have won the gold medal.
  그의 도움이 없었더라면, 그녀는 금메달을 딸 수 없었을 것이다.
- **But for** money, he **would have parked** his car a short distance away.
  돈이 없었다면, 그는 약간 떨어진 곳에 차를 주차했을 것이다.
- A man jumped onto the railway tracks to save her; **otherwise**, she **would have died**.
  = ~; if he had not jumped onto the railway tracks to save her, she would have died.
  한 남자가 그녀를 구하기 위해 철로에 뛰어들었다. 그렇지 않았다면, 그녀는 죽었을 것이다.

## 3 가정법에서 if의 생략

조건절에서 **if**가 생략되면, 주어와 (조)동사가 도치되어 「(조)동사＋주어」의 어순이 된다.

- **Were the students** aware of the evaluation method, they **would try** more to learn.
  학생들이 평가 방법을 알고 있다면, 배우려고 더 많이 노력할 텐데.
- **Had he learned** how to speak Spanish, he **would have had** more job opportunities.
  그가 스페인어를 말하는 법을 배웠더라면, 그는 더 많은 일자리 기회를 얻었을 것이다.

**A** 다음 네모 안에서 어법상 옳은 것을 고르시오.

**1.** He had not / Had he not forgiven me, I would be nothing today.

**2.** She was staring at him as / even if he were a complete stranger.

**3.** If it had not been for his wise wife, he might never know / have known success.

**4.** He wishes he could control / have controlled his life the way I control mine.

**B** 다음 두 문장의 뜻이 같도록, 빈칸을 알맞게 채우시오.

**1.** You might have won first prize, had you been a little more patient.

   = You might have won first prize, if _____.

**2.** If I had known the answer, I would have honestly shared it.

   = Had _____, I would have honestly shared it.

**3.** The director gave me one more opportunity; otherwise I could not have lived as a movie actor.

   = The director gave me one more opportunity; if he _____
   I could not have lived as a movie actor.

**4.** If it had not been for my father's sacrifice, I would not be the strong and confident person I am today.

   = _____ my father's sacrifice, I would not be the strong and confident person I am today.

**C** 다음 글의 밑줄 친 부분 중, 어법상 틀린 것을 고르시오.

I think the right teacher can make a ① huge difference in the life of a child. As for me, I couldn't ② write books if it hadn't been for a teacher I had in college. She liked my writing and noticed that I loved to draw, so she encouraged me ③ to make children's books. I wrote my first children's book that year, and it got published. ④ Without that teacher's encouragement, *Captain Underpants* would not exist today. So I'd like to say that the right teachers can not only influence children's lives, but also ⑤ change the whole world!

# 문법 06 수동태 (1)

## 1 수동태의 형태와 의미

수동태는 「be+p.p.」의 기본 형태를 가지며, 「by+목적격」으로 행위자를 나타낸다. 행위자가 일반인(we, they, people)이거나 명확하지 않을 경우 「by+목적격」을 생략하기도 한다.

- The most beautiful music **is created by nature**.
  가장 아름다운 음악은 자연에 의해 창조된다.

- Polonius **was called** a fool **by Hamlet**.
  Polonius는 Hamlet에 의해 바보라고 불렸다.

- The new library will **be completed** in April.
  새 도서관은 4월에 완공될 것이다.

- I **was offered** a job with very good pay.
  나는 급여가 매우 좋은 일자리를 제안받았다.

## 2 진행형/완료형/조동사의 수동태

진행형의 수동태는 「be being+p.p.」로, 완료형의 수동태는 「have/has/had been+p.p.」로, 그리고 조동사가 있는 문장의 수동태는 「조동사+be+p.p.」로 나타낸다.

- His painting **is being used** without his permission.
  그의 그림은 그의 허락 없이 이용되고 있다.

- He doesn't seem to know that a video game **has been installed** on his computer.
  그는 그의 컴퓨터에 비디오 게임이 설치되어 있다는 것을 알지 못하는 것 같다.

- Your new project **must be completed** on time.
  너의 새 프로젝트는 정시에 완성되어야 한다.

## 3 구동사의 수동태

두 개 이상의 단어가 모여 동사구를 이루는 구동사는 하나의 동사로 취급하여 수동태를 만든다.

- My dog **was looked after** with love and affection.
  내 개는 사랑과 애정으로 돌봄을 받았다.

- The kitten **was taken** good **care of** last night.
  새끼 고양이는 지난밤에 보살핌을 잘 받았다.

- The field trip **was put off** for a week due to heavy rain.
  현장학습은 폭우 때문에 일주일 동안 연기되었다.

- No one likes **being laughed at** by friends.
  친구에게 비웃음을 당하는 것을 좋아하는 사람은 아무도 없다.

# 문법 연습문제

**A** 다음 네모 안에서 어법상 옳은 것을 고르시오.

1. Many comets can see / be seen with small telescopes.
2. Alastair Cook forced / was forced to leave the field after lunch.
3. All children must be taken care / taken care of regardless of their financial status.
4. The ozone layer is be / being destroyed by chemicals released into the atmosphere.

**B** 다음 문장에서 어법상 **틀린** 부분을 찾아 바르게 고치시오.

1. A postal worker is recovering from serious injuries after he was run over a truck.

2. This pudding recipe was given to me with my father and I have had great success with it.

3. Robinson's video shared more than 1.8 million times since being posted last week.

4. A new airport will build at Texcoco, which is 30 km away from the International Airport.

**C** 다음 글의 밑줄 친 부분 중, 어법상 **틀린** 것을 고르시오.

Slide Rock State Park, ① <u>located</u> just outside of Sedona, Arizona, is a 43-acre park in Oak Creek Canyon. This site gets its name after the slippery rocks that ② <u>form</u> a natural water chute. Visitors have been coming to this park to swim and get a tan for generations. Dogs are allowed in the park and on the ③ <u>surrounding</u> trails if they are on a leash. However, dogs are not ④ <u>permitting</u> to go into the swimming areas. Coming from out of town? You can get a discounted rate on ⑤ <u>pet-friendly</u> hotels in Sedona.

*water chute: 물 미끄럼틀

## 문법 06  수동태 (2)

### 1 that 명사절의 수동태

say, report, believe, think, consider, regard 등의 목적어로 that절이 나올 때, 수동태는 두 가지 형태로 나타낼 수 있다. 첫 번째는 「It is said(believed/thought) that S+V」이고, 두 번째는 「S+be said(believed/thought)+to부정사」이다.

- **It is said that** the woman is from Johnson, Iowa.
  = The woman is said to be from Johnson, Iowa.   그 여성은 Iowa 주의 Johnson 출신이라고 말해진다.

- **Pretzels are believed to be** the world's oldest snack, dating back to 610 AD.
  = It is believed that pretzels are the world's oldest snack, dating back to 610 AD.
  프레첼은 세상에서 가장 오래된 간식으로 여겨지는데, 기원이 서기 610년까지 거슬러 올라간다.

- **The two young princes were thought to have disappeared**.
  = It was thought that the two young princes had disappeared.   그 두 젊은 왕자들은 사라졌던 것으로 생각되었다.

### 2 지각동사와 사역동사의 수동태

지각동사(see, watch, hear 등)와 사역동사(make)가 있는 문장을 수동태로 쓸 때는 목적 보어로 to부정사를 쓴다.

- They **saw** a little girl **being carried** on the back of her sister.
  → A little girl **was seen to be carried** on the back of her sister.
  그들은 한 어린 소녀가 언니의 등에 업혀 옮겨지고 있는 것을 보았다.

- My mom **makes** me **clean** the bathroom every week.
  → I **am made to clean** the bathroom every week by my mom.
  나는 내 어머니에 의해 매주 화장실 청소를 한다.

### 3 수동태의 관용적 표현

수동태의 행위자는 「by+목적격」으로 나타내는데, by 이외의 전치사를 쓰는 관용적 표현들은 암기하는 것이 좋다.

- My teacher **is satisfied with** his career and job.   내 선생님은 자신의 직업과 일에 만족한다.

- Jack has **been married to** Jessica for almost thirty years.   Jack은 거의 30년 동안 Jessica와 결혼생활을 해왔다.

- I **was surprised at** the shocking news that many cars collided in the fog.
  나는 안갯속에서 많은 차들이 충돌했다는 충격적인 소식을 듣고 깜짝 놀랐다.

- Park Ji Sung **is known as** a famous soccer player in Korea.
  박지성은 한국에서 유명한 축구선수로 알려져 있다.

- Rachel **is absorbed in** her work.   Rachel은 자신의 일에 열중해 있다.

# 문법 연습문제

**A** 다음 네모 안에서 어법상 옳은 것을 고르시오.

**1.** The boy is saying / said to be in a critical condition.

**2.** The man was seen to enter / entered the bank around one o'clock.

**3.** I am satisfied by / with the test result.

**4.** It is thought to / that people use about 10-15% of the potential of their brains.

**B** 다음 빈칸에 들어갈 말로 가장 적절한 것을 고르시오.

**1.** Sylvia was heard _____ very unfavorably of her university.
 ① spoke          ② to speak          ③ to speaking          ④ spoken

**2.** Until recently, Neanderthals _____ to have been incapable of creating artistic works.
 ① think          ② thought          ③ are thinking          ④ were thought

**3.** I was absorbed _____ reading an interesting book when one of my friends opened the door.
 ① in          ② by          ③ with          ④ of

**4.** The new mother is given chicken soup, rice, and milk as it is believed _____ watery foods promote more breast milk.
 ① to          ② what          ③ that          ④ which

**C** 다음 글의 밑줄 친 부분 중, 어법상 틀린 것을 고르시오.

Birds are believed to ① have descended from dinosaurs. Birds share ② hundreds of unique skeletal features with dinosaurs. A study published in a July 2005 issue of the journal *Nature* ③ suggests that dinosaurs had a larger and more complex system of air sacs similar to that found in today's birds. And it ④ thinks that the empty space in dinosaur skulls, making the head lighter, may have contributed to an evolution toward the ability ⑤ to fly.          *air sac: 공기주머니

# 문법 07 부정사 (1)

## 1 to부정사의 명사적 용법

to부정사는 문장에서 주어, 목적어, 보어의 역할을 할 수 있고, '~하는 것', '~하기' 등으로 해석한다. 「의문사+to부정사」의 형태로도 쓰일 수 있다.

- **To have a happy life** is **to live** with love.　행복한 삶을 사는 것은 사랑을 가지고 사는 것이다.

- My younger sister wants **to go shopping** now.　내 여동생은 지금 쇼핑을 하러 가기를 원한다.

- His only aim in life is **to write a novel**.　삶에서 그의 유일한 목표는 소설을 한 권 쓰는 것이다.

- Knowing **how to swim** is an important life skill.　수영하는 법을 알고 있는 것은 중요한 삶의 기술이다.

## 2 가주어와 진주어 / 가목적어와 진목적어

주어로 쓰인 to부정사구가 길면 주어 자리에 가주어 It을 사용하여 「It is(was)+(for/of+의미상 주어)+to부정사」의 형태로 나타낸다. 5형식 문장에서 목적어로 to부정사가 쓰이면 to부정사를 목적 보어 뒤로 보내고, 목적어가 있던 자리에 가목적어 it을 써야 한다.

- **To teach yoga to students** is an amazing experience.
  = It is an amazing experience to teach yoga to students.
  학생들에게 요가를 가르치는 것은 놀라운 경험이다.

- **It** is very important **to listen politely to someone**.　누군가의 말을 공손하게 듣는 것은 매우 중요하다.

- Heavy fog made **it** impossible *for me* **to see ahead**.　짙은 안개는 내가 앞을 보는 것을 불가능하게 만들었다.

- I have found **it** useful **to spend time** on my own personal development.
  나 자신의 개인 발전에 시간을 쓰는 것이 유용하다는 것을 알았다.

## 3 to부정사의 형용사적 용법

to부정사는 앞에 나온 명사(구)를 수식한다. 또한 「be+to부정사」의 형태로 쓰여 주어의 상태를 서술하는 보어 역할을 하는데, 예정, 의무, 가능, 의도, 운명의 의미로 해석한다.

- *The best way* **to learn a foreign language** is to live abroad.
  외국어를 배우는 가장 좋은 방법은 해외에서 사는 것이다.

- I will give you *one more opportunity* **to answer the question truthfully**.
  너에게 그 질문에 대해 진실하게 대답할 기회를 한 번 더 주겠다.

- **You're to finish** your homework before you turn on the computer.
  너는 컴퓨터를 켜기 전에 숙제를 끝내야 한다. (의무)

- If you **are to succeed**, you must do your best.
  만약 당신이 성공하고자 한다면, 당신은 최선을 다해야 한다. (의도)

# 문법 연습문제

**A** 다음 네모 안에서 어법상 옳은 것을 고르시오.

**1.** I think all we have to do is controls / to control our feelings.

**2.** My family makes it / that a rule to have dinner at seven o'clock.

**3.** Live / To live for a cause is a natural course for men to live a noble life.

**4.** A public meeting is to be / be held on Sunday to debate the controversial plan.

**B** 다음 문장에서 어법상 <u>틀린</u> 부분을 찾아 바르게 고치시오.

**1.** That is almost impossible to find unconditional love in this world.

**2.** Learning how listening to others is one of the most important skills for a leader.

**3.** Many of my patients have found useful to take a look at how they can manage themselves.

**4.** One of the surest ways gained a competitive advantage is by making the most of your time.

**C** 다음 글의 밑줄 친 부분 중, 어법상 <u>틀린</u> 것을 고르시오.

We need many friends to help us in the work we are doing ① <u>to take</u> Africa out of poverty. There has never been a better time than now ② <u>help</u> Africa. The continent is experiencing a tremendous revival. Economic growth in the past five years has been above five percentage points. And the number of armed conflicts ③ <u>has</u> fallen significantly. These are remarkable achievements when ④ <u>viewed</u> from where the continent was only a few years ago. The good news is ⑤ <u>that</u> Africa's new leaders have decided to accept the best practices in economic management as well as the very favorable external environment.

# 문법 07 부정사 (2)

## 1 to부정사의 부사적 용법

to부정사는 동사, 형용사, 부사 또는 문장 전체를 수식하며, 감정의 원인, 판단의 근거, 목적, 조건, 결과, 정도(형용사/부사 수식) 등의 의미로 쓰인다.

- She felt very sad **to leave** her wonderful students.  그녀는 자신의 훌륭한 학생들을 떠나게 되어 매우 슬펐다.
- He visited the camp **to meet** the young people from 16 countries.
  그는 16개 나라에서 온 젊은이들을 만나기 위해 캠프를 방문했다.
- **To hear** her talk, you would think she was their mother.
  그녀가 말하는 것을 들으면, 그녀가 그들의 엄마라고 생각할 것이다.
- My grandfather lived **to be** 110 years old.  내 할아버지는 110세까지 사셨다.
- My younger brother is smart enough **to join** Mensa.  내 남동생은 Mensa에 가입할 정도로 똑똑하다.
- The officer is too honest **to take** a bribe.  그 관리는 뇌물을 받기에는 너무 정직하다.

## 2 to부정사의 의미상 주어와 to부정사의 부정

to부정사의 의미상의 주어는 「for+목적격」으로 나타낸다. 하지만 사람의 성격을 나타내는 형용사(**kind, stupid, nice, clever, polite, wise, careful, foolish, cruel** 등)와 함께 쓰일 경우에는 「**of**+목적격」으로 나타낸다. to부정사를 부정할 때는 **not, never** 등의 부정어를 to부정사 앞에 둔다.

- It is natural **for him** *to try* to be the best.  그가 최고가 되기 위해 노력하는 것은 당연하다.
- It was very *kind* **of you** *to give* me a ride.  나를 태워주다니 너는 정말로 친절하다.
- The teacher advised Susan **not to break** her promise.  선생님은 Susan에게 약속을 깨지 말라고 조언했다.

## 3 to부정사의 관용적 표현

관용적으로 쓰이는 to부정사구는 숙어처럼 암기하는 것이 좋다.

- I **was about to turn on** the TV when the door bell rang.
  현관의 초인종이 울렸을 때 나는 막 TV를 켜려던 참이었다.
- Jenny **was eager to give** her patient what he wanted.
  Jenny는 그녀의 환자에게 그가 원하는 것을 주려고 열심이었다.
- **To tell the truth**, she made him tell a lie about the accident.
  사실대로 말하면, 그녀는 그가 그 사고에 관해서 거짓말을 하도록 했다.
- **To make matters worse**, my son failed the exam.  설상가상으로, 내 아들은 시험을 망쳤다.

# 문법 연습문제

**A** 다음 네모 안에서 어법상 옳은 것을 고르시오.

1. I was about [getting / to get] out of bed when he stopped me.
2. [To / With] make matters worse, he lost his bag.
3. It was very stupid [for / of] her not to accept the job offered by him.
4. John did everything [to save / saved] his daughter from the men who held her captive.

**B** 다음 문장의 괄호 안에 있는 어구들을 어법과 문맥에 맞게 배열하시오.

1. I walked outside and sat on the bench, [to / for / waiting / parents / my / arrive].

2. No person [enough / back / is / to / rich / buy] his or her past.

3. The backpack is still [to / heavy / home / too / take].

4. Everyone else in the group [the reader / to / was / criticize / not / told] at all.

**C** 다음 글의 밑줄 친 부분 중, 어법상 틀린 것을 고르시오.

Agoraphobia is a condition ① in which a person avoids a number of otherwise ordinary activities and places, including some that the person ② used to enjoy before the trouble started. This avoidance usually develops in response to panic attacks. Because a panic attack can be ③ such an upsetting and scary experience, people are naturally motivated to do whatever they can ④ avoid additional attacks. But a person's efforts ⑤ to protect himself from panic can actually make the problem worse.

*agoraphobia: 광장 공포증

## **1** 동명사의 형태와 역할

동명사는 「동사+~ing」의 형태이며, '~하는 것'으로 해석한다. 동명사는 동사의 특성과 명사의 특성을 함께 지니며 문장에서 주어, 목적어, 보어의 역할을 한다.

- **Reading** comic books *is* interesting and fun.  만화책을 읽는 것은 흥미롭고 재미있다.
- She *enjoys* **hanging** out with family and friends.  그녀는 가족 그리고 친구들과 어울리는 것을 즐긴다.
- Susie is satisfied *with* **making** others happy.  Susie는 다른 사람들을 행복하게 만드는 것에 만족한다.
- My father's only wish *is* **visiting** his hometown.  내 아버지의 유일한 소원은 그의 고향을 방문하는 것이다.

## **2** 동명사를 목적어로 취하는 동사

동명사를 목적어로 취하는 동사에는 finish, avoid, mind, enjoy, give up, consider, deny, postpone, suggest, practice 등이 있다. begin, start, like, continue 등의 동사는 동명사와 to부정사를 모두 목적어로 취할 수 있다.

- I've *finished* **writing** my first novel.  나는 내 첫 소설을 쓰는 것을 끝냈다.
- It is advised to *avoid* **adopting** stray cats, especially kittens.
  길 잃은 고양이들, 특히 새끼 고양이들을 입양하는 것은 피하는 것이 좋다.
- The officer *postponed* **meeting** with me for no reason.  그 관리는 아무 이유 없이 나와 만나는 것을 연기했다.
- Jessica looked at Tom and *started* **bursting**(to burst) into tears.
  Jessica는 Tom을 보고 눈물을 흘리기 시작했다.

## **3** 목적어에 따라 의미가 달라지는 동사

remember, forget, regret 등의 동사가 목적어로 동명사를 취할 때는 과거의 일을 나타내고, to부정사를 취할 때는 미래의 일을 나타낸다. 동명사와 to부정사를 목적어로 취할 때 의미가 달라지는 표현으로는 「**try**+**to**부정사」 (~하려고 노력하다), 「**try**+~**ing**」 (시험삼아 ~해보다), 그리고 「**stop**+**to**부정사」 (~하기 위해 멈추다), 「**stop**+~**ing**」 (~하는 것을 그만두다) 등이 있다.

- They **remembered using** the telescope last year with their teacher.
  그들은 작년에 그들의 선생님과 함께 망원경을 사용했던 것을 기억했다.
- I **forgot to mix** the dry ingredients before adding the water.
  나는 물을 넣기 전에 마른 재료들을 섞는 것을 잊어버렸다.
- Be patient and don't **try to force** your child to do anything.
  인내심을 가지면서 자녀가 어떤 것을 하도록 강요하지 않도록 하라.
- My smartphone has **stopped working** for no apparent reason.
  내 스마트폰이 분명한 이유 없이 작동하는 것을 멈추었다.

# 문법 연습문제

**A** 다음 네모 안에서 어법상 옳은 것을 고르시오.

1. I'm considering studying / to study linguistics in graduate school.
2. There is no possibility of giving / to give him a chance to prove himself.
3. Just don't give up creating / to create new ice cream flavors for kids.
4. The food looked so delicious that I forgot taking / to take pictures before starting to eat.

**B** 다음 문장에서 어법상 **틀린** 부분을 찾아 바르게 고치시오.

1. Most dogs don't mind to go out in the rain.

2. James was not interested in learned to play the guitar until he heard that song.

3. Don Smith remembers to meet his grandfather, who had passed away from a heart attack.

4. Mr. Lee always tried bringing out the best in each of his students, without imposing his views.

**C** 다음 글의 밑줄 친 부분 중, 어법상 **틀린** 것을 고르시오.

If your cat has stopped ① to eat his dry food, the problem might not be the food at all — it could be the water. Dry food makes your cat ② feel thirsty. However, if your cat's water isn't fresh and clean, he may not want to drink ③ it. Even if he is drinking enough, he may just be over dry food. Cats in the wild ④ change up their diets all the time, so a little variety here and there isn't the worst thing. Try ⑤ mixing a little bit of wet food with dry food, and you can appeal to your cat's senses of smell and taste with it.

# 문법 08 동명사 (2)

## 1 동명사의 의미상 주어

동명사의 의미상 주어란 동명사의 행위를 하는 주체를 나타낸다. 문장의 주어 또는 목적어와 일치하거나, 일반인일 경우는 의미상 주어를 사용하지 않으며, 의미상 주어를 표시할 때 사람은 소유격이나 목적격으로 하고, 무생물은 목적격으로 표시한다.

- Amy likes **going** shopping every Sunday.  Amy는 매주 일요일에 쇼핑하러 가는 것을 좋아한다.
- He always criticized his friends for **buying** foreign cars.
  그는 외제차를 사는 것 때문에 그의 친구들을 항상 비난했다.
- My parents don't mind *my* **getting up** late.  내 부모님은 내가 늦게 일어나는 것에 개의치 않는다.
- I took photos of *him* **playing** in the sand with a beach ball.
  나는 그가 비치 볼을 가지고 모래밭에서 놀고 있는 사진을 찍었다.

## 2 동명사의 수동태와 부정

동명사의 수동태는 「being+p.p.」의 형태로 나타내고, 보통 '~되는 것'으로 해석한다. need, want 등의 동사가 동명사를 목적어로 취할 때, 그 동명사는 수동의 의미를 가지게 된다. 이때의 want는 need의 뜻이다. 동명사의 부정은 not, never 등의 부정어를 동명사 바로 앞에 둔다.

- No one likes **being called** by their brother's name.  동생의 이름으로 불리는 것을 좋아하는 사람은 아무도 없다.
- I think that old house **needs repairing**.  나는 저 오래된 집이 수리될 필요가 있다고 생각한다.
- The writing contest **wants delaying**.  글쓰기 대회는 연기될 필요가 있다.
- Punishing your child for **not eating** can reinforce poor behavior.
  먹지 않는다고 자녀를 벌하는 것은 나쁜 행동을 강화시킬 수 있다.

## 3 동명사의 관용적 표현

동명사를 이용한 관용적 표현은 암기하는 것이 좋다.

- **On seeing** the sick man, she felt sorry for him.  아픈 남자를 보자마자, 그녀는 그를 안쓰럽게 생각했다.
- My son **spends** most of his time **watching** films.  내 아들은 그의 시간 대부분을 영화를 보는 데 쓴다.
- The novel **is not worth reading** again.  그 소설은 다시 읽을 가치가 없다.
- **It is no use worrying** about unfortunate events which have already happened.
  이미 일어났던 불행한 일에 대해서 걱정하는 것은 아무 소용이 없다.
- She **felt like going** for a movie, but she couldn't go.  그녀는 영화를 보러 가고 싶었지만, 갈 수 없었다.
- She **is busy preparing** for the exam.  그녀는 시험 준비에 바쁘다.
- I **can't help falling** in love with you.  나는 당신과 사랑에 빠지지 않을 수 없다.

**A** 다음 네모 안에서 어법상 옳은 것을 고르시오.

1. The leak in the roof needs fixing / to fix .
2. He found a video of she / her making a speech on equality.
3. Judges are busy reviewing / to review all the wonderful submissions.
4. The girls couldn't help to laugh / laughing when they looked at each other.

**B** 다음 문장에서 어법상 틀린 부분을 찾아 바르게 고치시오.

1. I considered myself lucky for was allowed to eat in the fancy restaurant.

2. My father spent his whole life to tell what he believed to be the truth.

3. Your manuscript needs to polish before being sent to a publisher.

4. I'm really sorry for having not answered your recent message.

**C** 다음 글의 밑줄 친 부분 중, 어법상 틀린 것을 고르시오.

I am a firm believer in ① teaching with music. Memorization of facts and numbers ② is a lot more fun for early learners when there's a song to accompany each lesson. I have learned that using music ③ helps students make better connections to prior knowledge and it helps with memory. The possibility of my students ④ sang songs that I had taught them while they were completing a test was very high. Music ⑤ does work!

## 1 　분사의 형태와 의미 (현재분사/과거분사)

분사는 형용사처럼 명사를 수식하거나, 명사의 상태를 서술하는 보어 역할을 한다. 현재분사(~ing)는 능동이나 진행의 의미이고, 과거분사(p.p.)는 수동이나 완료의 의미이다.

- A **smiling** *face* has the power to change the energy in a room.
  웃는 얼굴은 방 안의 에너지를 변화시키는 힘을 가지고 있다.

- *The essay* **written** by John Talbot is worth reading again.　John Talbot이 쓴 그 수필은 다시 읽을 가치가 있다.

- Smith's lecture on journalism is very **boring**.　언론에 관한 Smith의 강의는 매우 지루하다.

- The terrible news left her **shocked** and **confused**.
  그 끔찍한 소식은 그녀를 충격과 혼란 속에 빠뜨렸다.

## 2 　분사구문의 형태/단축/완료/부정

분사구문은 부사절을 현재분사/과거분사를 이용하여 분사구로 만든 것이다. 분사구문은 부사절의 주어와 주절의 주어가 같을 때 부사절의 접속사와 주어를 생략하고 동사를 분사형으로 바꿔 만든다. 「Being」이나 「Having been」은 생략이 가능하고, 「Having p.p.」는 완료형으로 분사구문의 시제가 주절보다 앞선다. 분사구문의 부정은 분사 바로 앞에 not, never 등의 부정어를 붙인다.

- **Having** lunch, I took the subway to meet up with some friends.
  = After I had lunch, I took the subway to meet up with some friends.
  점심을 먹은 후에, 나는 몇몇 친구들을 만나기 위해 지하철을 탔다.

- (Being) **Tired**, my father went directly to bed without saying anything.
  = Because he was tired, my father went directly to bed without saying anything.
  피곤했기 때문에, 내 아버지는 아무 말도 없이 곧장 주무시러 가셨다.

- **Not knowing** which class to take, I decided to ask for advice.
  = As I didn't know which class to take, I decided to ask for advice.
  어떤 수업을 택해야 할지 알 수 없었기 때문에, 나는 조언을 구하기로 결심했다.

## 3 　접속사가 있는 분사구문

부사절 접속사의 의미를 강조하거나 뜻을 명확하게 하려고 부사절의 접속사를 생략하지 않고 분사구문을 만들기도 한다.

- **When involved** in an accident, you need to call the police.
  = When you are involved in an accident, you need to call the police.
  어떤 사고에 연루되었을 때, 당신은 경찰에게 전화할 필요가 있다.

- **After turning off** the computer, I realized I hadn't sent her an email.
  = After I turned off the computer, I realized I hadn't sent her an email.
  컴퓨터를 끈 후에, 나는 내가 그녀에게 이메일을 보내지 않았다는 것을 깨달았다.

# 문법 연습문제

**A** 다음 네모 안에서 어법상 옳은 것을 고르시오.

1. The shopkeeper had the  broken / breaking  window replaced.
2. We provided snacks for those students  studied / studying  overnight.
3.  Not having / Having not  read the book, she couldn't answer the question.
4.  Surprising / Surprised  at the results, she was pleased with what she had done.

**B** 다음 문장에서 어법상 <u>틀린</u> 부분을 찾아 바르게 고치시오.

1. Seeing from space at night, the Earth is really like a round ball.

2. If not controlling properly, some pests can cause significant damage to your home.

3. She has a very rare disorder knowing as progeria, which causes rapid aging.

4. Interesting in world history, he made up his mind to visit famous historic sites.

**C** 다음 글의 밑줄 친 부분 중, 어법상 <u>틀린</u> 것을 고르시오.

① <u>Raised</u> in a lower middle class family, Linda Fox was always taken good care of. When she was 24 years old, she had one turning point in her life. She got a job at the War on Poverty initiative. ② <u>Worked</u> as an administrative assistant, she was moved into a bigger job, ③ <u>where</u> she was exposed to a lot of things that were so ④ <u>different</u> from her upbringing. She worked her whole life and raised a son and two daughters. Before the financial crisis happened in 2008, she stopped ⑤ <u>working</u>.

### **1** 분사구문의 의미(시간/이유/조건/양보)

분사구문은 부사절을 현재분사/과거분사를 이용해 분사구로 만든 것으로, 시간, 이유, 조건, 양보의 의미를 가진다.

- **Finishing** the project, I took a trip to Hawaii with my family.
  = After I finished the project, I took a trip to Hawaii with my family.
  프로젝트를 끝낸 후에, 나는 가족과 함께 하와이로 여행을 갔다.

- **Having** no money at all, I couldn't help walking home.
  = Because I had no money at all, I couldn't help walking home.
  돈이 하나도 없었기 때문에, 나는 집에 걸어가지 않을 수 없었다.

- **Not able** to sleep well for over a month, you had better go see a doctor.
  = If you have been not able to sleep well for over a month, you had better go see a doctor.
  한 달 이상 동안 잠을 잘 잘 수 없었다면, 병원에 가보는 게 좋다.

- **Though (being)** interested in science, I don't want to make a career out of it.
  = Though I am interested in science, I don't want to make a career out of it.
  과학에 관심이 있을지라도, 나는 과학을 직업으로 삼고 싶지 않다.

### **2** 동시 동작과 연속 동작의 분사구문

두 가지 상황이 동시에 일어나거나 연속해서 일어날 때, 또는 앞의 내용 전체가 의미상 주어 역할을 할 때 분사구문으로 표현할 수 있다. 「with+목적어+현재분사/과거분사」는 '~가 …하면서/한 채로'의 뜻으로 해석한다.

- Tim met one of his old friends on the street, **embracing** him.
  Tim은 길에서 오랜 친구 중 한 명을 만나서, 그를 포옹했다.

- It rained all day long, totally **ruining** the party.   하루 종일 비가 와서, 그 파티를 완전히 망쳤다.

- He took a walk **with his dog following him**.   그는 그의 개가 자신을 따라오게 하면서 산책을 했다.

- The judges watched him singing and dancing **with their arms folded**.
  심사위원들은 팔짱을 낀 채 그가 노래하고 춤추고 있는 것을 지켜보았다.

### **3** 독립분사구문

분사구문의 의미상 주어와 주절의 주어가 다를 때는 분사 앞에 의미상 주어를 표시하는데, 이것을 독립분사구문이라고 한다.

- **There being** no agendas to discuss, the meeting ended.
  = As there were no agendas to discuss, the meeting ended.   토론할 의제가 없었기 때문에 회의는 끝났다.

- **It being** so cold, we decided not to go outside.
  = As it was so cold, we decided not to go outside.   너무 추워서 우리는 밖에 나가지 않기로 했다.

## 문법 연습문제

**A** 다음 네모 안에서 어법상 옳은 것을 고르시오.

1. Michael Jordan once shot a free throw with his eyes closed / closing .

2. Lost / Losing in the crowded subway station, the pretty girl burst into tears.

3. Christine and Sally joined the audition, wearing / to wear the same outfit.

4. Exciting / Excited by his speech, the audience cheered and clapped.

**B** 다음 문장의 밑줄 친 부분을 분사구문으로 바꾸시오.

1. As she didn't know anyone in town, she decided to stay at home with her children.

= _____, she decided to stay at home with her children.

2. If you turn right at that corner, you'll see a big department store.

= _____, you'll see a big department store.

3. After our lunch was over, we moved into the living room.

= _____, we moved into the living room.

4. The boy, while he was smiling at me, was carefully transferring the beetle from his small hand into my large hand.

= The boy, _____, was carefully transferring the beetle from his small hand into my large hand.

**C** 다음 글의 밑줄 친 부분 중, 어법상 틀린 것을 고르시오.

The Sultanate of Oman is the pearl of the Middle East, ① where Arab culture mixes up with the strong influences of Indian and East African ones. More than half of Oman's area ② is covered with different deserts. Its huge sand dunes, ③ to stretch for hundreds of kilometers, make an overwhelming impression. It is one of the natural environments ④ that haven't been destroyed by humans. I recommend you ⑤ to visit this place, which hides its secrets behind its harsh climate and enormous territory.

# 문 법 10   관계대명사 (1)

## 1   관계대명사의 역할과 종류

관계대명사는 접속사 역할과 함께 앞에 나온 명사를 대신하는 대명사 역할을 동시에 한다. 이때 관계대명사가 이끄는 절은 형용사절로서 선행사를 수식하며, 선행사와 격에 따라 **who, whose, whom, which, that** 등의 형태로 쓰인다.

- A hero is *someone* **who** has given his or her life to something bigger than oneself.
  영웅이란 자기 자신보다 더 큰 무엇인가에 자신의 삶을 바친 사람이다.

- Pablo Neruda is *a poet* **whose** works are powerful enough to move hearts.
  Pablo Neruda는 작품이 마음을 감동시키기에 충분히 강력한 시인이다.

- My mom is *the woman* **whom** I admire most in the world.
  내 어머니는 내가 세상에서 가장 존경하는 여성이다.

- The room keys were left on *the table* **which** was painted yellow.
  방 열쇠들은 노란색으로 칠해진 탁자 위에 놓여 있었다.

- *All* **that** matters is constant happiness.   중요한 것은 지속적인 행복이다.

## 2   계속적 용법의 관계대명사

선행사에 대한 부연 설명이 필요할 때, 콤마(,) 뒤에 관계대명사가 쓰이며, 「접속사＋대명사」로 고쳐 쓸 수 있다. 관계대명사 **that**은 계속적 용법으로 쓰일 수 없다.

- My family raises *a cat*, **which**(= and he) looks very cute.
  내 가족은 고양이 한 마리를 키우는데, 그 녀석은 매우 귀여워 보인다.

- Sejin has been married to *a Canadian*, **who**(= and he) speaks Korean very well.
  세진은 캐나다 사람하고 결혼을 했는데, 그는 한국말을 매우 잘한다.

- *John sometimes yells and cries*, **which**(= and it) makes me angry.
  John은 가끔 소리를 지르고 우는데, 그것이 나를 화나게 만든다.

## 3   수량 표현＋관계대명사

계속적 용법의 관계대명사 앞에 수량을 나타내는 표현(**all, both, some, half, most,** 분수, 퍼센트 등)이 올 수 있으며, 「접속사＋수량 표현＋대명사」로 고쳐 쓸 수 있다.

- I interviewed *two American women*, **both of whom**(= and both of them) were married.
  나는 두 명의 미국 여성을 인터뷰했는데, 그들 둘 다 결혼을 했다.

- San Francisco Bay has *abundant wildlife*, **some of which**(= and some of it) lives there year round.   San Francisco Bay에는 풍부한 야생동물이 있는데, 그것 중 일부는 연중 내내 거기서 산다.

- A box contains *10 light bulbs*, **half of which**(= and half of them) are defective.
  한 상자에는 전구가 10개 있는데, 그중 절반이 결함이 있다.

# 문법 연습문제

**A** 다음 네모 안에서 어법상 옳은 것을 고르시오.

1. Someone | who / whose | job is to cut hair is called a barber.

2. She is wearing her beautiful pink dress | which / of which | her grandmother bought for her.

3. The Tiktaalik could move its neck independently of its body, | that / which | was not common in other fish.

4. There are 668 million Internet users in China, almost all of | whom / them | are using smartphones.

**B** 다음 두 문장의 뜻이 같도록 빈칸에 알맞은 관계대명사를 쓰시오.

1. The dog was rewarded for performing the right behaviors. This made him happy.
= The dog was rewarded for performing the right behaviors, _____ made him happy.

2. Jorge Luis Borges is an Argentine writer. His works have become classics of 20th century world literature.
= Jorge Luis Borges is an Argentine writer _____ works have become classics of 20th century world literature.

3. Tourists are flocking to Rome. Most of them are Americans.
= Tourists are flocking to Rome, most of _____ are Americans.

4. The city of Norwich is honoring a tree. That tree played an important role in saving lives during a 1963 flood.
= The city of Norwich is honoring a tree _____ played an important role in saving lives during a 1963 flood.

**C** 다음 글의 밑줄 친 부분 중, 어법상 틀린 것을 고르시오.

Young people are attracted to things ① that they like. They love hip-hop, fashion, computers, the Internet etc. But there are no safe places ② for them to gather and learn together. For this reason, Divine Bradley wanted to create a safe and constructive environment ③ where kids could spend time after school and where they could learn and share. He also wanted to serve ④ as a role model for the youth, most of ⑤ them, like himself, had never had that type of figure in their lives.

## 1 전치사＋관계대명사

관계대명사가 전치사의 목적어인 경우 전치사는 관계대명사 앞에 올 수도 있고, 관계절 뒤에 남을 수도 있다. 관계대명사 앞에 전치사가 오고 선행사가 시간, 장소, 이유, 방법을 의미하는 경우 관계부사로 바꾸어 쓸 수 있다. 전치사 다음에는 관계대명사 **that**이 올 수 없다.

- Fusion is *the process* **through which** the sun produces heat and light.
  융합은 태양이 열과 빛을 생산하는 과정이다.

- Mathematics is *the subject* **at which** Judy is very good.  수학은 Judy가 매우 잘하는 과목이다.

- She has *two handsome sons* **whom** she's very proud **of**.  그녀는 매우 자랑스러워하는 잘생긴 두 아들이 있다.

- I still don't know *the reason* **for which**(= **why**) he got so angry.
  나는 아직도 그가 그토록 화를 낸 이유를 모르겠다.

## 2 관계절 내의 삽입절

관계절 내에 「주어＋동사」가 삽입될 수 있는데, **know, believe, think, guess** 등의 동사가 주로 쓰인다. 삽입절은 관계대명사와 관계절 내의 동사에 영향을 주지 않는다는 점에 유의해야 한다.

- Harry is reading *a book that* **I know** *is* difficult to understand.
  Harry는 내가 알기로 이해하기 어려운 책을 읽고 있다.

- *The girl who* **I thought** *was* modest and kind behaved rudely.
  내가 생각하기에 겸손하고 친절한 그 소녀가 무례하게 행동했다.

- I feel sorry for *Jennifer who* **I believe** *has* been deceived by her friend.
  내가 믿기로 친구에게 속은 Jennifer에게 측은함을 느꼈다.

## 3 관계대명사의 생략

관계대명사는 크게 두 가지 경우에 생략할 수 있다. 첫째는 목적격 관계대명사의 경우이고, 둘째는 「주격 관계대명사＋be동사」의 경우이다. 그러나 전치사 뒤에 나오는 목적격 관계대명사와 주격 관계대명사는 생략할 수 없다.

- Her speech offers *the answer* **(which)** I have been looking **for** since childhood. ( ○ )
  → Her speech offers the answer **for which** I have been looking since childhood. ( ○ )
  → Her speech offers the answer **for** I have been looking since childhood. ( × )
  그녀의 연설은 내가 어린 시절부터 찾아온 대답을 제공한다.

- I met *my biological mother* **(whom)** I haven't seen for thirty years. ( ○ )
  나는 30년 동안 만나지 못했던 내 생모를 만났다.

- *J. S. Bach*, **(who is)** now called the father of music, was born several hundred years ago.
  현재 음악의 아버지로 불리는 J. S. Bach는 몇백 년 전에 태어났다.

- There are about *300 fans* **(who are)** waiting for the Korean star at the airport.
  공항에서 한국인 스타를 기다리고 있는 팬들이 약 300명은 된다.

## 문법 연습문제

**A** 다음 네모 안에서 어법상 옳은 것을 고르시오.

1. The girl who / whom I thought sang well failed to advance to the final.
2. Bill forgot to close the windows, which / for which he was punished by his teacher.
3. A conversation about something which / in which I am not interested is difficult to sustain.
4. Research conducted / conducting at Stanford University found that multitasking is actually inefficient.

**B** 다음 문장에서 어법상 틀린 부분을 찾아 바르게 고치시오.

1. The person whom I'm doing the project should arrive here soon.

2. In many countries, eighteen is the age which a person becomes an adult.

3. Through curiosity, we discover more about ourselves as well as about the topic about that we are curious.

4. Everything that I know taught to me by great teachers was included in his book.

**C** 다음 글의 밑줄 친 부분 중, 어법상 틀린 것을 고르시오.

Each culture has various ways to avoid pain and ① gain pleasure. For example, Western people tend to believe that if we only ② had more money, we would definitely be happier. Surprisingly, studies show that once a person achieves middle-class status, additional money has ③ little effect on their level of happiness. Yet many people struggle for years to make more money, only ④ to find that they aren't any happier. By the time most people have realized ⑤ which they thought would make them satisfied hasn't really worked, it's too late for them to seek another way.

# 문법 10  관계대명사 (3)

## 1  관계대명사 that의 특별 용법

사람과 사물이 동시에 선행사인 경우, 그리고 -thing으로 끝나는 명사, 최상급, 서수, all, the only 등과 함께 쓰이는 명사
(구) 등이 선행사일 때는 관계대명사 that을 쓴다.

- All my childhood memories were full of *people and buildings* **that** were no longer here.
  모든 나의 어릴 적 기억은 더 이상은 여기에 없는 사람들과 건물들로 가득 차 있었다.

- I threw away *everything* **that** my ex-girlfriend had given me.
  나는 전 여자 친구가 내게 주었던 모든 것을 갖다 버렸다.

- Ketchup is one of *the best inventions* **that** man has been able to create.
  케첩은 인간이 만들 수 있었던 최고의 발명품 중 하나이다.

- *The only thing* **that** saves us from the hard life is our sense of humor.
  우리를 힘든 삶으로부터 구해주는 유일한 것은 우리의 유머 감각이다.

## 2  관계대명사 what

관계대명사 what은 선행사를 포함하는 관계대명사로 the thing which, that which, all that 등으로 고쳐 쓸 수 있다.
관계대명사 what이 이끄는 절은 보통 단수 취급하여 단수동사를 취하고, 해석은 '~하는 것/일'로 한다.

- **What** you think is not always **what** you get.
  여러분이 생각하는 것이 늘 여러분이 얻는 것은 아니다.

- Do not give up trying to find **what** makes you happy.
  여러분을 행복하게 만드는 것을 찾으려고 노력하는 것을 포기하지 마라.

- You are greatly influenced by **what** you eat.
  여러분은 여러분이 먹는 것에 크게 영향을 받는다.

- Gold was **what** they were looking for.
  금은 그들이 찾고 있던 것이었다.

## 3  관계대명사 what의 관용적 표현

관계대명사 what과 함께 관용적으로 쓰이는 표현은 암기하는 것이 좋다.

- **What I am** is more important than **what I have**.    나의 인격은 나의 재산보다 더 중요하다.

- She's smart and, **what is more**, she is pretty.    그녀는 똑똑하고, 게다가, 그녀는 예쁘다.

- My Latin teacher is, **what is called**, a walking dictionary.
  내 라틴어 선생님은 소위 걸어 다니는 사전이다.

- Music *is to* man **what** water *is to* the fish.    음악과 인간과의 관계는 물과 물고기와의 관계와 같다.

# 문법 연습문제

**A** 다음 네모 안에서 어법상 옳은 것을 고르시오.

1. There is nothing what / that cannot be resolved in the world.

2. That / What I saw on the street today was really heartbreaking.

3. I think Gandhi is the greatest man that / what ever lived.

4. A value is a belief about that / what is important in life.

**B** 다음 빈칸에 들어갈 말로 가장 적절한 것을 고르시오.

1. Without my mother, I would not be _____ I am now.
   ① which        ② that        ③ whom        ④ what

2. I felt so touched with _____ you did to help children from Africa, India, and Cambodia.
   ① what        ② that        ③ which        ④ whom

3. Teaching children to be happy with _____ they have is an important gift parents can give their children.
   ① that        ② what        ③ which        ④ whose

4. Franklin Roosevelt warned us that the only thing _____ we have to fear is fear itself.
   ① what        ② which        ③ whose        ④ that

**C** 다음 글의 밑줄 친 부분 중, 어법상 틀린 것을 고르시오.

The foods that are healthy for people with diabetes ① are also good choices for the rest of your family. So there's usually no need ② to prepare special diabetic meals. The difference between a diabetes diet and your family's typical diet is that with diabetes, you need to monitor ③ that you eat a little more closely. This ④ includes the total amount of calories and the amounts and types of carbohydrates, fats, and protein that you eat. A diabetes educator or dietitian can help you learn how ⑤ to do this.

*diabetes: 당뇨병

## 1 관계부사

관계부사는 「전치사＋관계대명사」로 바꾸어 쓸 수 있으며, 문장에서 부사의 역할을 한다. 관계부사가 이끄는 절은 관계대명사 절과 달리 문장 성분이 다 갖춰진 완전한 문장이 온다. 관계부사로는 **when**(= at, in, on＋which), **where**(= in, at, on, to＋which), **why**(= for which), **how**(= in which)가 있는데, 선행사가 각각 시간, 장소, 이유, 방법을 나타낼 때 쓰인다. 관계부사 **how**는 「the way＋how」로 쓰이지 않고 「the way＋S＋V」나 「how＋S＋V」의 형태로 쓰이는 것이 일반적이다.

- I'd like to go back to *the time* **when** we were in love.   나는 우리가 사랑에 빠져 있던 그때로 돌아가고 싶다.

- Los Angeles is *the place* **where** artists want to live and work.
  Los Angeles는 예술가들이 살면서 일하고 싶어 하는 곳이다.

- I still don't know *the reason* **why** she changed her mind.   나는 아직도 그녀가 마음을 바꾼 이유를 모르겠다.

- No one told me *the way* my father died till I was older. (how 생략)
  내가 나이가 들 때까지 어느 누구도 내 아버지가 어떻게 돌아가셨는지 나에게 말해주지 않았다.

## 2 관계부사의 계속적 용법과 관계부사의 생략

관계부사 **when**과 **where**는 콤마(,) 다음에 계속적 용법으로 사용될 수 있다. 이때 관계부사는 접속사(and/but)를 포함하여 「접속사＋부사」로 바꿔 쓸 수 있는데 **when**은 and(but) then, **where**는 and(but) there이다. 관계부사 **when, where, why**는 생략할 수 있다.

- I went to Busan, **where**(= and there) I spent my summer vacation for a week.
  나는 부산에 갔는데, 거기서 내 여름 휴가를 일주일 동안 보냈다.

- There was *a special reason* (**why**) he came back home so early.
  그가 집에 그렇게 일찍 돌아간 특별한 이유가 있었다.

- You need to find *a place* (**where**) you can be alone with your thoughts.
  여러분은 자기 생각만 하면서 있을 수 있는 곳을 찾아야 한다.

## 3 복합관계사

복합관계사는 「관계사＋ever」의 형태이고, 복합관계부사는 「관계부사＋ever」의 형태로 선행사를 포함하고 있다. 해석은 명사 절은 '～든지'로, 양보의 부사절은 '～할지라도'로 한다. 해석에 따라 「anything(anyone)＋that」이나 「no matter＋관계 사」 또는 「at any＋선행사＋관계부사」로 고쳐 쓸 수 있다. **however**는 '아무리 ～할지라도'의 의미로 쓰인다.

- **Whatever**(= No matter what) I do, my mother is always on my side.
  내가 무엇을 하더라도, 내 어머니는 항상 내 편이다.

- You can count on me **whenever**(= at any time when) you need help.
  도움이 필요할 때마다, 너는 내게 의지할 수 있다.

- **However**(= No matter how) humble it may be, there's no place like home.
  아무리 누추하다 할지라도, 집과 같은 곳은 없다.

# 문법 연습문제

**A** 다음 네모 안에서 어법상 옳은 것을 고르시오.

1. She has a right to marry whom / whomever she loves.
2. I'm sure you will succeed in whatever / however you choose to do.
3. However / Whatever hard I may try, Chinese is very difficult to learn.
4. The reason why / which English is so widely used in India has to do with its colonial history.

**B** 다음 문장에서 어법상 틀린 부분을 찾아 바르게 고치시오.

1. Whatever sad you feel, just remember you are not alone.

2. Violence in television and movies does influence the way how children behave.

3. A large part of the population in Kenya live in areas which there is no access to electricity.

4. Twilight is the time between sunset and complete darkness in the evening, then there is light outside.

**C** 다음 글의 밑줄 친 부분 중, 어법상 틀린 것을 고르시오.

More than ten years ago, Gary Douglas had an idea ① that it was necessary to create a school where kids learn how to learn for the fun of learning. He knew that it would be amazing if ② it were possible to gain knowledge with fun at an early age. So Gary decided to set the project into motion by ③ raising funds. The people interested in Gary's idea were willing to do ④ however it took to make it a reality. They were all totally ⑤ different.

# 문법 12  형용사 · 부사 (1)

## 1  형용사의 역할

형용사는 명사를 수식하거나 주어나 목적어를 서술하는 보어 역할을 한다. **asleep, alive, alike, awake, ashamed, alone, afraid** 등과 같이 **a**로 시작하는 형용사나 **unable, sorry, worth, content** 같은 단어는 보어 역할로만 쓰인다. **-thing/-one**으로 끝나는 명사는 형용사가 뒤에서 수식한다. 「**the**＋형용사」는 '~한 사람들'이라는 뜻을 나타낸다.

- The song is about a **pretty** *girl* the singer met by chance.
  이 노래는 가수가 우연히 만났던 어느 예쁜 소녀에 관한 것이다.
- The shark was very **large** and **aggressive**.   그 상어는 매우 크고 공격적이었다.
- I wish my father were **alive**.   내 아버지가 살아 계시면 좋을 텐데.
- As an automobile owner, we've all done *something* **stupid** from time to time.
  자동차 운전자로서 우리는 모두 때때로 어리석은 짓을 해왔다.
- **The young** should treat **the old** with the respect that they deserve.
  젊은이들은 어르신들이 받을 가치가 있는 존경심으로 그들을 대해야 한다.

## 2  형용사의 역할을 하는 「of＋추상명사」

「**of**＋추상명사」는 형용사의 역할을 하며, 명사를 수식하기도 하고 보어 역할을 하기도 한다. 예로 **of ability**(= able), **of help**(= helpful), **of use**(= useful), **of value**(= valuable), **of importance**(= important), **of interest** (= interesting) 등이 있다.

- A man **of ability** is able to do what an ordinary man is unable to do.
  능력 있는 사람은 평범한 사람이 할 수 없는 것을 할 수 있다.
- Trying to lose weight without exercise is **of no use**.   운동 없이 살을 빼려고 하는 것은 소용이 없다.
- Well-written textbooks are **of great importance** to our students' education.
  잘 쓰여진 교과서가 우리 학생들의 교육에 매우 중요하다.

## 3  의미가 두 가지인 형용사

명사를 수식할 때와 보어 역할을 할 때 의미가 달라지는 형용사들이 있다. **late**(고(故), 늦은), **present**(현재의, 참석한), **ill**(나쁜, 아픈) 등이 그 예에 속한다.

- The **late** Dr. J. M. Juran is a national hero who worked for animal welfare movements.
  고(故) J. M. Juran 박사는 동물 복지 운동을 위해 일했던 국가적인 영웅이다.
- Julian would be **late** for school because his house was very far.
  Julian은 집이 매우 멀었기 때문에 학교에 늦곤 했다.
- Adam Wood is the **present** principal of St. Stephen's College.
  Adam Wood는 St. Stephen 대학의 현재 총장이다.
- The number of people **present** was slightly disappointing.   참석한 사람들의 수는 다소 실망스러웠다.

# 문법 연습문제

**A** 다음 네모 안에서 어법상 옳은 것을 고르시오.

1. A live / living Big Bang concert was aired on August 4.
2. Sick / The sick were taken to the city hospital, where they were treated.
3. We have prepared special something / something special for all our customers.
4. Men use words like pretty, beautiful, and attractive to describe a woman of interest / interesting .

**B** 다음 문장에서 어법상 틀린 부분을 찾아 바르게 고치시오.

1. Hilary was with great help when I was looking for a house.

2. The wounding were carried to a nearby hospital for treatment.

3. Whatever the situation, a hero always does brave something before becoming great.

4. There were about 30 participants presently, two of whom brought their young children with them.

**C** 다음 글의 밑줄 친 부분 중, 어법상 틀린 것을 고르시오.

When ① completing the application form to the Department of Linguistics at the University of Chicago, it is beneficial to the applicant to be as ② specifically as possible in describing your research interests. General comments are ③ of relatively little use. Applicants are encouraged to discuss specific linguistic subject matters ④ in which they are interested. If an applicant knows faculty members with whom they might work, their names should ⑤ be given as well.

# 문법 12  형용사·부사 (2)

## 1  부사의 역할

부사는 동사(구), 형용사, 다른 부사(구), 구나 절 그리고 문장 전체를 수식하는 역할을 한다. 빈도 부사는 be동사 뒤, 조동사 뒤, 일반동사 앞에 온다.

- An old man was lying **quietly** on the bench.  노인 한 분이 벤치에 조용히 누워 있었다.
- We arrived **too late** for the dinner party, but the host greeted us **warmly**.
  우리는 저녁 파티에 너무 늦게 도착했지만, 주인이 우리를 따뜻하게 환영했다.
- **Surprisingly**, the door opened by itself.  놀랍게도, 문이 저절로 열렸다.
- People **seldom** talk about their own failures.  사람들은 그들 자신의 실패에 관해서는 좀처럼 말하지 않는다.

## 2  부사의 역할을 하는 「전치사＋추상명사」

「전치사＋추상명사」가 부사의 역할을 하기도 하는데, 숙어처럼 암기해두는 것이 좋다. 예로 with ease(＝easily), with care(＝carefully), with fluency(＝fluently), with patience(＝patiently), by accident(＝accidentally), on occasion(＝occasionally), on purpose(＝purposely), in reality(＝really), in haste(＝hastily) 등이 있다.

- If you read the book **with patience**, you will be able to understand it.
  그 책을 참을성 있게 읽는다면, 그것을 이해할 수 있을 것이다.
- The women of Lakeshore meet **on occasion** for Sunday morning breakfast.
  Lakeshore의 여성들은 일요일 아침 식사를 위해 가끔 만난다.
- Whatever is done **in haste** is done imperfectly.
  성급하게 이루어진 것은 무엇이든 불완전하게 이루어진다.

## 3  의미가 달라지는 형용사와 부사

형용사에 접미사 '-ly'가 붙으면 대체로 부사가 되는데, 그 경우 의미가 달라지는 단어들에 주의해야 한다. late - lately (a. 늦은 – ad. 최근에), high - highly(a. 높은 – ad. 매우), hard - hardly(a. 단단한 – ad. 거의 ～않는), short - shortly (a. 짧은; 부족한 – ad. 곧), near - nearly(a. 가까운 – ad. 거의), close - closely(a. 가까운 – ad. 밀접하게, 면밀하게) 등이 그 예이다.

- Haley hasn't seen that customer **lately**.  Haley는 그 고객을 최근에 보지 못했다.
- The man was **highly** criticized for not cooperating with the police.
  그 남성은 경찰에 협조하지 않는 것 때문에 매우 비판을 받았다.
- You can **hardly** believe how time flies when you're having fun.
  재미있게 놀고 있을 때는 시간이 얼마나 빨리 가는가를 거의 믿을 수 없다.
- You are **closely** related to the problem.  당신은 그 문제와 밀접하게 관련되어 있다.

# 문법 연습문제

**A** 다음 네모 안에서 어법상 옳은 것을 고르시오.

1. Some high / highly sensitive people tend to feel lonely.
2. Unfortunate / Unfortunately , my camera has stopped working.
3. My son often makes / makes often noises and sounds while he is thinking.
4. Dashan is a foreigner who speaks Chinese with / in fluency and has married a Chinese girl.

**B** 다음 문장에서 어법상 틀린 부분을 찾아 바르게 고치시오.

1. Late, I've received a lot of questions about my pink hair.

2. Matthew complains rarely about exercising 5 hours a day.

3. People who work out at the gym regular earn more money than couch potatoes.

4. Agatha Christie would deceive her readers with purpose to present more plentiful probabilities for a conclusion.

**C** 다음 글의 밑줄 친 부분 중, 어법상 틀린 것을 고르시오.

One day, our professor was discussing a particularly complicated concept ① related to physics. A pre-med student rudely interrupted and ② asked, "Why do we have to learn this stuff?" "To save lives," the professor responded quickly and continued the lecture. The student ③ hard understood the professor's answer. ④ A few minutes later, the same student spoke up again. "So how does physics save lives?" he persisted. "It keeps ⑤ the ignorant out of medical school," replied the professor.

*pre-med: 의예과 학생(의)

## **1** 원급 표현

형용사 또는 부사의 원급을 이용하여 비교를 나타내는 표현으로, 「as+형용사/부사+as」의 형태로 해석은 '~만큼 …한/하게' 로 한다. 「not as(so)+형용사/부사+as」의 형태는 '~만큼 …하지 않은/않게'로 해석한다.

• No state in the U.S. is **as large as** Alaska.
  미국의 어떤 주도 Alaska만큼 크지 않다.

• I want you to come to the meeting **as early as possible**.
  나는 네가 회의에 가능한 한 일찍 오기를 바란다.

• It is said that men are **not so sentimental as** women.
  남성이 여성만큼 감성적이지 않다고 말해진다.

• Dress your baby **as warmly as** you dress yourself.
  여러분 자신이 옷을 입는 것만큼 따뜻하게 아기의 옷을 입혀라.

## **2** 비교급 표현

형용사 또는 부사의 비교급을 이용하여 비교를 나타내는 표현으로, 「비교급+than」과 「more+형용사/부사+than」으로 쓰고 '~보다 더 …한/하게'로 해석한다. 「less+형용사/부사+than」은 '~보다 덜 …한/하게'의 의미를 가진다. 하지만 라틴어에서 온 표현들(superior, inferior, senior, junior, prior)은 than 대신에 to를 써서 비교급을 표현한다.

• Some animals might be **smarter than** some people.
  어떤 동물들은 어떤 사람들보다 더 똑똑할 수도 있다.

• Imagination is **more important than** knowledge.
  상상력은 지식보다 더 중요하다.

• Diesel fuel was traditionally **less expensive than** gasoline.
  디젤 연료는 가솔린보다 전통적으로 덜 비쌌다.

• I don't think yoga is **superior to** other forms of exercise.
  나는 요가가 다른 형태의 운동보다 뛰어나다고 생각하지 않는다.

## **3** 비교급 강조 표현

비교급을 강조하는 표현으로는 even, much, still, far, a lot 등이 있고, '훨씬'이라는 뜻으로 해석한다.

• Waste prevention is **even better** than recycling.
  쓰레기 예방이 재활용보다 훨씬 더 낫다.

• He has lived **much longer** than the average man.
  그는 보통 사람보다 훨씬 더 오래 살아왔다.

• Your kid will make you **a lot happier** than your friend.
  여러분의 아이가 친구보다 여러분을 훨씬 더 행복하게 만들 것이다.

# 문법 연습문제

**A** 다음 네모 안에서 어법상 옳은 것을 고르시오.

**1.** Hip-hop is not inferior to / than classical music.

**2.** The problem is very / even greater than it first appeared.

**3.** Children might behave more wise / wisely than adults.

**4.** Women today are more like / likely than men to attend graduate school.

**B** 다음 문장에서 어법상 틀린 부분을 찾아 바르게 고치시오.

**1.** Completing the building would cost a lot more to originally expected.

**2.** I am not so interested in linguistics than you are.

**3.** Society and employers need to make sure new technology benefits as many people to possible.

**4.** There is no evidence that demonstrates western culture is objectively superior than other cultures.

**C** 다음 글의 밑줄 친 부분 중, 어법상 틀린 것을 고르시오.

Social media is more important for the job search ① as you think. In fact, 92% of companies ② are using social media sites for to hire their employees. After I started my job at The Muse, I found out that our CEO ③ had discovered my Instagram account during the interview process. She liked my creativity, ④ which helped me get the job. So, I want you to use your social media profiles to show off your skills, and give employers the opportunity ⑤ to peep into your personality and offer you a job.

## 문법 13  비교 구문 (2)

### 1  원급과 비교급을 이용한 배수사 표현

원급을 이용한 배수사 표현은 「half/twice/배수사(~ times)+as+형용사/부사의 원급+as」로 나타내고, 비교급을 이용한 배수사 표현은 「half/twice/배수사(~ times)+형용사/부사의 비교급+than」으로 나타낸다. 해석은 '…보다 몇 배로 ~한 (하게)'로 한다.

- Bangladesh is **half as rich as** India.  방글라데시는 인도보다 절반 정도 부유하다.

- Joe can run **twice as fast as** Peter.  Joe는 Peter보다 두 배 더 빨리 달릴 수 있다.

- These days, elementary kids get **three times more** homework **than** they should.
  요즘 초등학교 아이들은 그들이 받아야 하는 것보다 세 배 더 많은 숙제를 받는다.

### 2  최상급 표현

최상급은 「the+형용사/부사의 최상급」의 형태로 쓰며, 원급과 비교급을 이용해 표현할 수도 있다. 「부정표현(no, nothing 등)+as(so)+원급+as」, 「부정표현(no, nothing 등)+비교급+than」 또는 「비교급+than+any other+단수명사」로 나타낼 수 있다.

- To forgive is **the highest, most beautiful** form of love.  용서하는 것은 가장 높고, 가장 아름다운 형태의 사랑이다.

- The Mississippi in the U.S. is **the widest** river in the world.
  = **No** river in the world is **as wide as** the Mississippi in the U.S.
  = **No** river in the world is **wider than** the Mississippi in the U.S.
  미국의 미시시피 강은 세상에서 가장 넓은 강이다.

- Gold is **more valuable than any other** metal.  금은 다른 어떤 금속보다 더 가치가 크다.

### 3  원급, 비교급, 최상급을 이용한 관용적 표현

원급, 비교급, 최상급을 이용한 관용적 표현은 숙어처럼 암기하는 것이 좋다. 또한, 주의해야 할 비교급 구문으로는 「not so much A as B」(A라기보다는 오히려 B), 「the+비교급 ~, the+비교급 …」(~하면 할수록 더 …하다), 「no more than」(겨우 ~밖에), no less than(~만큼이나), 「not more than」(기껏해야), 「not less than」(적어도), 「no more ~ than …」(…가 아닌 것과 같이 ~도 아니다), 「no less ~ than …」(…못지 않게 ~하다), 「the last ~ to …」(결코 …하지 않을) 등이 있다.

- His lecture is **not so much** demanding **as** boring.  그의 강의는 힘들다기보다는 지루하다.

- **The more** you study, **the more** you learn.  더 많이 공부하면 할수록, 더 많이 배운다.

- Science is **no more than** an investigation of a miracle we can never explain.
  과학은 우리가 결코 설명할 수 없는 기적에 대한 조사에 불과하다.

- My father loved me **no less** passionately **than** my mother.
  내 아버지는 내 어머니 못지 않게 나를 열정적으로 사랑하셨다.

- Max is **the last man to let** you down.  Max는 결코 너를 실망시킬 사람이 아니다.

**A** 다음 네모 안에서 어법상 옳은 것을 고르시오.

**1.** London is | most / the most | popular destination for tourists in the world.

**2.** The more you know, the | more / most | you can create.

**3.** I've thought of him to be the | last / latest | man to use a smartphone.

**4.** Canada's Beaufort Sea is becoming acidic more quickly than any other | ocean / oceans | in the world.

**B** 다음 문장의 괄호 안에 있는 어구들을 어법과 문맥에 맞게 배열하시오.

**1.** The cost of living in New York is [as / twice / as / high] that of living in Tokyo.

**2.** Krishna is [than / more / other / any / intelligent / student] in our class.

**3.** Nothing can be [the / precious / as / relationships / as] that we share with our parents.

**4.** What you're looking for is [a / not / much / idea / great / so] as an idea that could evolve into a great one.

**C** 다음 글의 밑줄 친 부분 중, 어법상 <u>틀린</u> 것을 고르시오.

According to a new study, the ① <u>least</u> a person sleeps, the more he or she eats. That's ② <u>because</u> lack of sleep changes hormones which control the appetite. Researchers explain that a range of factors come together to cause a person ③ <u>to overeat</u> when he or she is sleep-deprived. In a paper, they wrote about how these factors interact with one another. When you are tired, the hormones that raise your appetite ④ <u>are</u> reduced. So, they consume more food ⑤ <u>to compensate</u> for low energy levels.

# 문법 14 접속사·전치사구 (1)

## 1 등위접속사

단어와 단어, 구와 구, 절과 절을 대등하게 연결하는 접속사를 등위접속사라고 하며, **and, but, or, for, so, nor** 등이 있다. 등위접속사에 의해 연결된 요소들은 동일한 문법 형태와 기능을 갖는데, 이를 병렬구조라고 한다.

• Get up early **and** you will see one of the most beautiful sunrises in England.
일찍 일어나라. 그러면 영국에서 가장 아름다운 일출 중 하나를 볼 것이다.

• Yesterday was my birthday, **but** my mom forgot **and** thinks it's today.
어제가 내 생일이었지만 내 엄마는 깜빡했고, 오늘이 내 생일이라고 생각한다.

• I have no passion for math, **for** I don't like numbers.
나는 수학에 대한 열정이 없는데, 왜냐하면 내가 숫자를 좋아하지 않기 때문이다.

## 2 상관접속사

접속사와 한 개 이상의 부사가 함께 쓰여 일종의 숙어처럼 쓰이는 표현을 상관접속사라고 하며, 「not A but B」 (A가 아니라 B), 「not only A but (also) B」 또는 「B as well as A」 (A뿐만 아니라 B도 역시), 「both A and B」 (A와 B 둘 다), 「either A or B」 (A와 B 둘 중 하나), 「neither A nor B」 (A와 B 둘 다 아닌) 등이 있다.

• The man felt **not only** happy, **but also** lucky.  그 남자는 행복할 뿐만 아니라, 행운이라고도 느꼈다.

• **Both** men **and** women like to wear a ring as everyday jewelry.
남자와 여자는 둘 다 매일의 장신구로 반지 끼기를 좋아한다.

• When it rains, people **either** stay home **or** go to the shopping mall.
비가 내릴 때, 사람들은 집에 있거나 또는 쇼핑몰에 간다.

• **Neither** snow **nor** rain would stop me from making it there.
눈과 비 둘 다 내가 그곳에 가는 것을 막지 못할 것이다.

## 3 명사절을 이끄는 접속사

명사절을 이끄는 접속사에는 **that, whether(if)**가 있고, 문장에서 주어, 목적어, 보어의 역할을 한다. 주어, 목적어, 보어 역할을 하며 「or not」과 함께 쓸 수 있는 **whether**와 달리, **if**는 「or not」과 쓰이지 않으며 주어와 보어 역할은 하지 못한다는 점에 유의해야 한다. **that**이 목적어 역할을 할 때는 종종 생략한다. **that**은 확정된 사실을, **whether(if)**는 정해지지 않은 불확실한 내용을 이끌 때 쓰인다.

• Some classmates think **(that)** Laura is a very smart student.
어떤 급우들은 Laura가 매우 똑똑한 학생이라고 생각한다.

• The problem is **that** fossil fuels increase the amount of carbon dioxide in the air.
문제는 화석 연료가 공기 중에 이산화탄소의 양을 증가시킨다는 것이다.

• **Whether** you succeed or fail depends on how much you have tried.
네가 성공하느냐 또는 실패하느냐는 네가 얼마나 노력을 했느냐에 달려 있다.

• I'm not sure **if** I have access to that information.   나는 내가 그 정보에 접근할 수 있을지 잘 모르겠다.

# 문법 연습문제

**A** 다음 네모 안에서 어법상 옳은 것을 고르시오.

1. Art is not a notion `and / but` a motion.
2. `If / That` my son had lied to me disappointed me.
3. I have neither time `or / nor` will to educate you.
4. Gold is treasured `not / not only` for its beauty but also for its utility.

**B** 다음 문장에서 어법상 틀린 부분을 찾아 바르게 고치시오.

1. That the author of the book is a male or a female is unknown.

2. Think ahead to your future but you will become a man of great worth.

3. Scientists believed for a long time what brain cells slowly died off as we got older.

4. The art of predicting the future with cards has been practiced in both Asia or Europe for centuries.

**C** 다음 글의 밑줄 친 부분 중, 어법상 틀린 것을 고르시오.

As companies try ① to increase the security of their IT systems, the number of Internet sites which require a user-name and password combination ② is increasing. To cope with this, users employ similar or identical passwords for different purposes, ③ which reduces the security of the password to that of the weakest link. Another problem with passwords is ④ what they are easy to write down and to share with others. Some users don't hesitate to reveal their passwords to others; they don't view this ⑤ as a risk.

## 1 부사절을 이끄는 접속사

부사절을 이끄는 접속사는 시간(**when, while, before, after, as soon as, since**), 조건(**if, unless, once, in case**), 이유(**because, since, as**), 양보(**even if, even though, although**)의 의미를 지닌다. 결과 · 목적을 나타내는 부사절 표현으로는 「**so that**＋주어＋**can**〔**will**〕＋동사원형」 (～하기 위해서, ～할 수 있도록), 「**so**〔**such**〕 ～ **that** …」 (매우 ～해서 …하다), 「～, **so (that)** …」 (그래서 …하다) 등이 있다.

- **When** he arrived in the U.S., he spoke very little English.
  그가 미국에 도착했을 때, 그는 영어를 거의 하지 못했다.

- **As soon as** the thief heard the sound of the door, he ran away.
  도둑은 문소리를 듣자마자, 도망쳤다.

- **If** it snows tomorrow, the match will have to be cancelled. 내일 눈이 내리면, 경기는 취소되어야만 할 것이다.

- **Once** you start to admit being alone, something amazing will happen.
  일단 혼자라는 것을 받아들이기 시작하면, 놀라운 일이 일어날 것이다.

- The child felt so happy **because** his mother loved him so much.
  그의 엄마가 그를 매우 많이 사랑했기 때문에 그 아이는 매우 행복했다.

- **Although** he survived, the illness left him almost totally blind.
  그는 살아남았음에도 불구하고, 그 병이 그를 거의 앞을 볼 수 없게 만들었다.

- I requested an outdoor seat **so that** we **could see** the sunset.
  나는 우리가 일몰을 볼 수 있도록 야외 자리를 요청했다.

- It was **so** dark **that** we had to use the camera flash.
  너무 어두워서 우리는 카메라 플래시를 사용해야만 했다.

## 2 주의해야 할 전치사(구)

접속사는 뒤에 주어와 동사가 있는 절을 취하지만, 전치사(구)는 뒤에 명사(구)를 취한다. 뜻은 같지만 접속사와 다르게 쓰이는 전치사(구)에 유의해야 한다. 예를 들어, 시간(**during, for**), 조건(**in case of**), 이유(**due to, because of, owing to**), 양보(**despite, in spite of**) 등이 있다.

- **During** his stay in New York, the artist painted many landscapes.
  = While (he was) in New York, the artist painted many landscapes.
  뉴욕에 머무르는 동안, 그 화가는 많은 풍경화를 그렸다.

- **In case of** a sudden fire, fire or smoke could block the only exit.
  갑작스럽게 불이 날 경우에, 불이나 연기가 유일한 탈출구를 막을 수도 있다.

- John had to take time off from work **due to** sickness. John은 병 때문에 직장에서 휴가를 내야만 했다.

- **Despite** its small size, Costa Rica is blessed with diverse animals and flowers.
  작은 크기에도 불구하고, Costa Rica는 다양한 동식물의 축복을 받았다.

# 문법 연습문제

**A** 다음 네모 안에서 어법상 옳은 것을 고르시오.

**1.** Because / Owing to the shortage of food, his family had nothing to eat.

**2.** A person is not fully human if / unless he or she learns how to think.

**3.** He drew many funny cartoons during / while staying in London.

**4.** Even though / In case I was very exhausted, I didn't stop working until after midnight last night.

**B** 다음 빈칸에 알맞은 말을 〈보기〉에서 골라 쓰시오.

| 보기 |    due to    although    in spite of    since    while    during    so that

**1.** _____ its convenience and efficiency, I try to work by myself rather than to use the machine.

**2.** Almost twenty years had passed _____ he left their home.

**3.** I started volunteering _____ I could meet new people and be more active.

**4.** Most of the museums in Seoul remain open _____ the weekends.

**C** 다음 글의 밑줄 친 부분 중, 어법상 틀린 것을 고르시오.

Sicily is part of the Italian Republic, ① which means that it is technically part of Italy. However, it ② maintains a semi-independent status with its own president and parliament. For the ③ most part, it has its own legislative powers. However, Italy holds legislative power over certain sectors ④ such as tourism, transport, and the environment. Italian is the official language of Sicily, ⑤ despite about 70 percent of the people who live there also speak Sicilian.

## 1 도치

문장 맨 앞에 강조를 위해 장소나 방향의 부사(구), 부정어(구), **only**＋부사(구), 또는 보어가 올 때는 「(조)동사＋주어」의 어순으로 도치된다. 그 외에 문법적으로 도치하는 경우에는 '～도 역시 그렇다'를 표현할 때 「**so**＋(조)동사＋주어」로 도치시키고 앞 문장이 부정문일 때는 **so** 대신 **nor, neither**를 쓴다. '～에도 불구하고'를 나타내는 「형용사＋**as**＋주어＋동사」도 있다.

- **Behind the door** *was a little girl* in a white dress.   문 뒤에는 흰색 드레스를 입은 어린 소녀가 있었다.
- **Little** *did he dream* that his name would be known to all students.
  그는 자신의 이름이 모든 학생들에게 알려질 것을 전혀 꿈도 꾸지 못했다.
- **Only yesterday** *did I hear* about your mom.   어제가 되어서야 비로소 나는 너의 어머니에 관한 이야기를 들었다.
- **So great** *was his love* for the whole world.   전 세계에 대한 그의 사랑은 정말로 대단했다.
- Tom didn't like being treated as a child, and **neither did I**.
  Tom은 아이처럼 대해지는 것을 좋아하지 않았으며, 나 역시도 그렇지 않았다.
- **Poor as my father was**, he was willing to help others in need.
  내 아버지는 가난했음도 불구하고, 곤경에 처한 다른 사람들을 기꺼이 도와주었다.

## 2 강조

동사를 강조할 때는 「**do/does/did**＋동사원형」의 형태로 쓰며, 그 외의 경우에는 「**It is〔was〕** ～ **that** …」 강조구문을 쓴다.

- I **do believe** that everything happens for a reason.
  나는 모든 것이 어떤 이유 때문에 생긴다고 정말로 믿는다.
- **It is** *silence* **that** is a true friend who never betrays.
  절대 배신하지 않는 진정한 친구는 바로 침묵이다.
- **It was** *while growing up* **that** she fell in love with the world of Hollywood.
  할리우드의 세계와 사랑에 빠진 것은 바로 그녀가 자라는 동안이었다.

## 3 생략

앞에서 나온 반복적인 어구는 생략하며, 시간 · 조건 · 양보의 부사절에서 「주어＋be동사」를 생략하기도 한다.

- To some life is pleasure, to others (**life is**) suffering.
  어떤 이에게 삶은 즐거움이고, 다른 이에게 (삶은) 고통이다.
- I will take legal action if (**it is**) necessary.
  나는 (그것이) 필요하다면 법적인 조치를 취할 것이다.

# 문법 연습문제

**A** 다음 네모 안에서 어법상 옳은 것을 고르시오.

1. On the wooden table lay / laid a small gift for Susan.
2. Smart as / As smart she is, she thinks she always has to learn more.
3. I haven't heard anything and neither has / was her mother.
4. It was by chance that / what the old man took a serious interest in plant medicines.

**B** 다음 문장에서 밑줄 친 부분을 강조하여 문장을 다시 쓰시오.

1. His head was so <u>large</u> that he had to have his hats made to order.


2. People aboard the Titanic <u>hardly</u> knew that the ship had struck an iceberg.


3. One judge questioned whether his proposal <u>met</u> the standards.


4. The great scholar seriously began to think of religion <u>at Athens</u>.


**C** 다음 글의 밑줄 친 부분 중, 어법상 틀린 것을 고르시오.

Bella finally lived on in the home with the beast. Little ① <u>she dreamed</u> that she would have no fear for him. But she was waited on by invisible servants and had ② <u>whatever</u> she liked to eat and to drink. The next day, the beast came to her. Terrible ③ <u>as</u> he looked, she had been so well treated ④ <u>that</u> she had lost a great deal of her terror of him. Shortly afterwards, her father came to see her and found her ⑤ <u>quite happy,</u> and he felt much less dread of her fate at the hands of the beast.

## 1 부정

부정어구에는 전체를 부정하는 **no, not, never, nothing, none, little, few, hardly, seldom** 등과, 부분을 부정하는 「**not+all(every, both, each, always, necessarily, completely)**」이 있다. 이외에 부정어구의 관용적 표현으로는 「**fail to**」 (~하지 못하다), 「**far from**」 (결코 ~이 아닌), 「**free from**」 (~이 없는), 「**anything but**」 (결코 ~이 아닌), 「**nothing but**」 (~일 뿐인), 「**not ~ until ...**」 (…하고 나서야 비로소 ~하다) 등이 있다.

- She tried to speak, but **nothing** came out.   그녀는 말을 하려고 했지만, 어떤 말도 나오지 않았다.
- Communicating with Alex was **not always** easy and comfortable.
  Alex와 소통하는 것은 항상 쉽고 편안한 것은 아니었다.
- The campaign has **failed to achieve** its desired purpose.   그 캠페인은 그것이 바라던 목표를 달성하지 못했다.
- Allen West is **anything but** a hero.   Allen West는 결코 영웅이 아니다.
- They did**n't** begin to build temples in the town **until** the late 1650s.
  = It was not until the late 1650s that they began to build temples in the town.
  = Not until the late 1650s did they begin to build temples in the town.
  1650년대 후반이 되어서야 그들은 마을에 절을 짓기 시작했다.

## 2 병렬

문장에서 등위접속사나 상관접속사에 의해 연결되는 어구들은 같은 형태나 구조를 가져야 한다. 열거하는 단어가 셋 이상일 때는 마지막 표현 앞에 **and**나 **or**를 써야 한다.

- My younger sister is *smart, pretty,* **and** *attractive.*   내 여동생은 똑똑하고, 예쁘고, 그리고 매력적이다.
- This program will make your children **not only** *more creative,* **but** *more imaginative.*
  이 프로그램은 여러분의 자녀들을 더욱 창의적일 뿐만 아니라, 더욱 상상력이 풍부하게 만들 것이다.
- The most important thing is **not** *to win* the competition **but** *to take* part in it.
  가장 중요한 것은 대회에서 이기는 것이 아니라 거기에 참여하는 것이다.

## 3 동격

동격은 명사 상당어구를 이용하여 앞의 명사(구)나 대명사에 대해 부연설명을 하는 것을 말한다. 앞에 나온 명사(구)는 콤마(,), 전치사 **of**, 접속사 **or**, 그리고 접속사 **that**에 의해 동격을 이룰 수 있다.

- *Mr. Lee,* **the former principal**, is really optimistic.   이전 교장 선생님이신 Lee 선생님은 정말로 낙관적이다.
- *The idea* of helping school students learn about farming is not new.
  학교 학생들이 농업에 관해서 배우는 것을 돕겠다는 생각은 새로운 것이 아니다.
- There's *a common belief* **that** positive thinking leads to a happier life.
  긍정적인 생각이 더 행복한 삶으로 이어진다는 흔한 믿음이 있다.

**A** 다음 네모 안에서 어법상 옳은 것을 고르시오.

1. Inside each of us, there is the seed of both good / better and evil.
2. There's a false belief what / that depression is a normal part of aging.
3. Few / Little scientists believe that the theory of evolution explains everything about our creation.
4. Mental illness can cause people to think, act, and feel / feeling differently than they usually do.

**B** 밑줄 친 부분에 유의하여 다음 문장 전체를 우리말로 해석하시오.

1. Nothing but a miracle can save my son now.

2. Kevin is far from intelligent and often just stupid.

3. Not until then did she realize that she was mistaken.

4. He seldom offered an opinion, much less began a conversation.

**C** 다음 글의 밑줄 친 부분 중, 어법상 틀린 것을 고르시오.

　　Many writers, poets, and certainly journal writers have always ① intuitively known that writing can heal. What makes this fact important to us as clinicians ② is that beyond intuition, there is now scientific evidence ③ to support the healing power of writing. James W. Pennebaker is partially responsible for our ④ changed attitudes; his groundbreaking work on writing about previously undisclosed trauma led to the discovery ⑤ what writing actually does heal.

01 다음 글의 밑줄 친 부분 중, 어법상 틀린 것은?

One of the most powerful motivators for writers of any age is to see their work ① published. Electronic publishing allows students to compose a piece of written work and submit ② it for publication on any number of Web sites. Many Web sites allow writers to provide feedback to other writers and provide an interactive forum for students ③ work on their writing. After students spend some time ④ reading other students' stories and poems on these sites, teachers can take an opportunity to discuss ⑤ what makes good writing.

02 (A), (B), (C)의 각 네모 안에서 어법에 맞는 표현으로 가장 적절한 것은?

When I was in middle school, one of my best friends moved away (A) because / because of his father lost his job and they had to move in with relatives. It was a sad day for me. He wasn't very happy, either, but he put on a good face for his family. In those days, people didn't move around a lot, so moving was a big event. We promised (B) what / that we would keep in touch, and he did call me once. After that I never heard from him again. It was as if he disappeared off the face of the earth. I'm sure he had a hard time adjusting to a new school or new friends, and (C) to live / living with other relatives.

|  | (A) | (B) | (C) |
|---|---|---|---|
| ① | because | what | to live |
| ② | because | that | living |
| ③ | because | that | to live |
| ④ | because of | what | to live |
| ⑤ | because of | that | living |

## 03 다음 글의 밑줄 친 부분 중, 어법상 틀린 것은?

Around 245 million years ago, the first dinosaurs appeared. This was during ① what geologists call the Triassic Period. Dinosaurs were reptiles, and they had been preceded for millions of years by other reptiles on land. Conditions had allowed the survival of the larger reptiles, ② which size helped them survive. These first dinosaurs were divided into various species. Wikipedia, under the heading "Triassic dinosaurs," ③ lists more than fifty different species. Scientists describe them as having been as ④ much as 10 meters long, including tail. They look like big lizards with large and powerful hind legs and weaker front legs about half as large. On the end of a long neck, their heads were made ⑤ light in weight by large air spaces inside the skull.

*Triassic Period: (동물학) 트라이아스기

**(A), (B), (C)의 각 네모 안에서 어법에 맞는 표현으로 가장 적절한 것은?**

Natural talents and abilities testing is (A) so / such a powerful tool that we use it with all of our career decision-making clients. Time after time, clients express amazement that they can learn so much about themselves from a series of tests. People making a first-time career choice say that they finally understand (B) that / which careers would fit them best and why. This kind of testing is not cheap. A good testing program can cost $500 to $600, but considering what people spend (C) going / to go through college — and then to go *back* to college after their first career doesn't work out — it is well worth the cost.

|  | (A) |  | (B) |  | (C) |
|---|---|---|---|---|---|
| ① | so | ······ | that | ······ | going |
| ② | so | ······ | which | ······ | to go |
| ③ | such | ······ | which | ······ | going |
| ④ | such | ······ | which | ······ | to go |
| ⑤ | such | ······ | that | ······ | going |

05 **다음 글의 밑줄 친 부분 중, 어법상 틀린 것은?**

An elderly woman lived on a small farm in Canada, just yards away from the North Dakota border. Their land ① <u>had been</u> the subject of a minor dispute between the United States and Canada for years. The now widowed woman lived on the farm with her son and three grandchildren. One day, her son came into her room ② <u>to hold</u> a letter. "I just got some news, Mom," he said. "The government has come to an agreement with the people in North Dakota. They've decided ③ that our land is really part of the United States. We have the right ④ to approve or disapprove of the agreement. What do you think?" "What do I think?" his mother said. "Sign it! Call them right now and tell them we accept! I don't think I could stand another ⑤ one of those Canadian winters!"

## 06 (A), (B), (C)의 각 네모 안에서 어법에 맞는 표현으로 가장 적절한 것은?

Walt Disney, one of the greatest business leaders who created the global Disney empire of film studios, theme parks and consumer products, (A) $\boxed{\text{was / were}}$ not successful from the beginning. Before the great success came a number of failures. Believe it or not, Walt was fired from an early job at The Kansas City Star because he was not creative enough! In 1922, he started his first company (B) $\boxed{\text{calling / called}}$ Laugh-O-Gram. The Kansas-based business would produce cartoons and short advertising films. In 1923, the business went bankrupt. However, Walt didn't give up. Instead, he packed up, went to Hollywood and (C) $\boxed{\text{started / to start}}$ The Walt Disney Company.

|  | (A) |  | (B) |  | (C) |
|---|---|---|---|---|---|
| ① | was | ····· | calling | ····· | started |
| ② | was | ····· | called | ····· | started |
| ③ | was | ····· | called | ····· | to start |
| ④ | were | ····· | calling | ····· | to start |
| ⑤ | were | ····· | called | ····· | to start |

## 07 다음 밑줄 친 부분 중, 어법상 틀린 것은?

One friend of mine ① used to ride his bicycle only a few times a year, but now he uses it for errands several times a week. What made the difference? ② Using a kit, he added a rechargeable electric motor to his old bike. He still pedals for power, but now he gets motorized help ③ whenever he wants with the flick of a wrist. This enables him ④ to go farther and faster than he would without the power assist. He can easily keep up his speed and even accelerate when going up hills, ⑤ that feels safer. The extra power assist also enables him to easily pull a bike trailer, so he can even make large shopping trips.

**08** (A), (B), (C)의 각 네모 안에서 어법에 맞는 표현으로 가장 적절한 것은?

My wife and I met her on the corner of Rua Constante Ramos in Copacabana. She was about sixty years old, sitting in a wheelchair, lost in the crowd. My wife offered to help her and the woman accepted the offer, asking my wife to take (A) her / herself to Rua Santa Clara. There were a few plastic bags hanging from the back of the wheelchair. On the way, she told us that they contained all her belongings. She slept in shop doorways and lived off handouts. We reached the place (B) which / where she wanted to go to. Other beggars were gathered there. The woman took out one packet of long-life milk from one of the plastic bags and gave (C) it / them to the other members of the group. "People are charitable to me, and so I must be charitable to others."

| | (A) | | (B) | | (C) |
|---|---|---|---|---|---|
| ① | her | ⋯⋯ | where | ⋯⋯ | it |
| ② | her | ⋯⋯ | where | ⋯⋯ | them |
| ③ | her | ⋯⋯ | which | ⋯⋯ | it |
| ④ | herself | ⋯⋯ | where | ⋯⋯ | them |
| ⑤ | herself | ⋯⋯ | which | ⋯⋯ | it |

01 다음 글의 밑줄 친 부분 중, 어법상 틀린 것은?

   I was flying from New York to LA to attend the book fair ① held by the American Booksellers Association. Suddenly, a young man stood up in the aisle of the plane and spoke loudly: "I need eleven volunteers ② who are each willing to carry a single rose when we get off the plane." Several people raised their hands. I ③ did too but wasn't chosen. Even so, I decided to follow the group. We landed, and the young man ④ indicating a young woman in the arrivals hall at O'Hare Airport. One by one, the passengers gave their roses to her. At last, in front of everyone, the young man asked her ⑤ to marry him, and she accepted. All the people around applauded and congratulated them.

02 (A), (B), (C)의 각 네모 안에서 어법에 맞는 표현으로 가장 적절한 것은?

   Do you ever hear your ears (A) to pop / pop when you drive over a mountain or go up in a plane? That's because your middle ear reacts to changes in air pressure. When the air pressure inside your ear is different from that outside, it equalizes with a popping noise. Ears aren't the only things that go "pop." When you drive up a really tall mountain, you may notice signs on the road which (B) advise / advises you to let some air out of your tires. The difference between the high pressure inside your tires and the low pressure on top of a mountain (C) $\boxed{\text{is / are}}$ more than they can handle. If you don't deflate them, they could pop.

| | (A) | | (B) | | (C) |
|---|---|---|---|---|---|
| ① | to pop | ······ | advise | ······ | are |
| ② | to pop | ······ | advises | ······ | are |
| ③ | pop | ······ | advises | ······ | is |
| ④ | pop | ······ | advises | ······ | are |
| ⑤ | pop | ······ | advise | ······ | is |

## 03 다음 밑줄 친 부분 중, 어법상 틀린 것은?

One of the main benefits of writing ① is positive affect. A study by Schutte and his researchers explored the effects of expressive writing. In that study, groups of participants were ② given instructions on meaningful writing, and then were asked to write. The researchers found ③ that higher level meaning instructions led to higher personal meaningfulness of the pieces the participants were writing. ④ Find meaning in what they were writing led the participants to making more changes — cognitive, emotional, and behavioral changes. And, as a result, participants had a more positive affect ⑤ by the end of the session.

*affect: 정서, 감정

## 04 (A), (B), (C)의 각 네모 안에서 어법에 맞는 표현으로 가장 적절한 것은?

On a pleasant spring afternoon, a friend went to visit the painter El Greco. To his surprise, he found him in his atelier with all curtains (A) drawing / drawn . Greco was working on a painting which had the Virgin Mary as the central theme, using only a candle to illuminate the environment. Surprised, the friend said: "I have always heard (B) that / whose painters like the sun in order to choose well the colors they will use. Why don't you open the curtains?" "Not now," answered El Greco. "It would disturb the brilliant fire of inspiration that is burning in my soul and (C) fill / filling with light everything around me."

|  | (A) | (B) | (C) |
|---|---|---|---|
| ① | drawing | that | fill |
| ② | drawing | whose | fill |
| ③ | drawing | whose | filling |
| ④ | drawn | that | filling |
| ⑤ | drawn | that | fill |

## 05 다음 글의 밑줄 친 부분 중, 어법상 틀린 것은?

In Barcelona lives Rosa, a very special Brazilian lady. The Spanish call her 'the rocking grandma.' She is over sixty and works in various places, ① organizing promotions, parties, and concerts. Once when I was so tired that I could ② hardly stand, I asked Rosa where she got all her energy from. "I have a magic calendar," she said. "Let me show it to you." She picked up an old calendar ③ which small letters and numbers were written. "Right, today is the day ④ when they discovered a vaccine against polio," she said. "We must celebrate that, because life is wonderful." On each day of the year, Rosa had written down something good that had happened on that date. For her, life was always a reason ⑤ to be happy.

*polio: 소아마비

**(A), (B), (C)의 각 네모 안에서 어법에 맞는 표현으로 가장 적절한 것은?**

---

Tornadoes can be very powerful — even threatening lives and property. The most powerful tornadoes create the fastest winds on Earth, over 483 km/h(300 mph). Actually, scientists don't know for certain how fast the winds inside of a tornado get, because the instruments they (A) use / are used to measure it get destroyed. Tornadoes form when warm air rises from the ground as a column of violently (B) rotating / rotation air. In the U.S., favorable conditions for the formation of tornadoes occur when cool, dry air from the Rockies moves east on top of warm, moist air from the Gulf of Mexico. That's (C) why / because so many tornadoes happen in Texas, Oklahoma, and Kansas. That part of the country is sometimes called Tornado Alley.

---

| (A) | (B) | (C) |
|-----|-----|-----|
| ① use | rotating | because |
| ② use | rotation | why |
| ③ use | rotating | why |
| ④ are used | rotation | because |
| ⑤ are used | rotating | because |

다음 밑줄 친 부분 중, 어법상 틀린 것은?

Praise can be motivating and inspiring if it's specific. For example, pick one or two employees a day and tell them ① <u>something</u> specific you've valued about their work. And tell them how and why you found their actions so ② <u>beneficial</u>. The more details, the better. But the opposite may also be true. Sincere praise is extremely important, but ③ <u>so</u> is corrective feedback. Refusing to address an individual's major problems ④ <u>do</u> not help him or her to grow. And if a person's behavior adversely affects coworkers, refusal to take action will ⑤ <u>gradually</u> destroy your culture. Be constructive with your criticism.

**08** (A), (B), (C)의 각 네모 안에서 어법에 맞는 표현으로 가장 적절한 것은?

---

Commitment to an idea transforms it from a wish to a goal. It becomes an anticipated accomplishment. For example, consider all the freshmen in college (A) who / which enroll in the premedical program of study. Many enter the program thinking, 'Wouldn't it be nice to be a doctor?' After a few years of difficult study, the majority discover that they really aren't that committed to the idea of becoming a doctor and (B) find / finding another major. So it is with the other aspects of life. If we are to manifest our ideas, we must be completely committed to making them reality. In an age (C) where / which everything is done with the touch of a button or the click of a mouse, manifestation takes its own time and demands patience of those who engage it.

---

|  | (A) | (B) | (C) |
|---|---|---|---|
| ① | who | find | where |
| ② | who | find | which |
| ③ | who | finding | which |
| ④ | which | finding | where |
| ⑤ | which | find | which |

미래를 생각하는 (주)이룸이앤비

# 인터넷 서비스

## www.erumenb.com

**Internet Service**

- **이룸이앤비**의 모든 교재에 대한 자세한 정보
- 각 교재에 필요한 **듣기 MP3 파일**
- 교재 관련 내용 문의 및 오류에 대한 **수정 파일**

---

## 우편엽서

**보내는 사람**

주소

이름　　　　　　(남/여) 전화

학교　　　　　　고등학교　　　학년　　반 (인문/자연)

E-mail

*k more about your future.*

서의 내용을 정성껏
재하여 보내 주시는 분께는
첨을 통해 원하는 교재를
내드립니다.

**받는 사람**

서울시 강남구 논현로 16길 4-3 이룸빌딩
(주)이룸이앤비 기획팀

0 6 3 1 2

이룸이앤비
Education & Books

www.erumenb.com

# 이룸이앤비 교재는 수험생 여러분의 "부족한 2%"를 채워드립니다.

누구나 자신의 꿈에 대해 깊게 생각하고 그 꿈을 실현하기 위해서는 꾸준한 실천이 필요합니다.
이룸이앤비의 책은 여러분이 꿈을 이루어 나가는 데 힘이 되고자 합니다.

## 수능 영어 영역 고득점을 위한 영어 교재 시리즈

### 내신·수능 대비 기본서

▶ **숨마쿰라우데 MANUAL** 시리즈

누구나 이해하기 쉬운 개념 설명과 실전에 바로 적용 가능하며 다양한
유형의 문제로 구성된 고교 영어 학습의 기본서

**고교 전학년**

WORD MANUAL
READING MANUAL
독해 기본 MANUAL(출간예정)
독해 실전 MANUAL(출간예정)

영어 입문 MANUAL
어법 MANUAL(개정판)
구문 독해 MANUAL

### 수능 대비 기출문제집

▶ **美來路 수능 기출문제집** 시리즈

최근 5개년 수능, 평가원, 교육청
연도별 시험을 듣기 파트와 독해
파트로 나누어 구성한 기출문제집

**고2·3**

영어 듣기
영어 독해

▶ **美來路 실시간 기출모의고사** 시리즈

실제 기출 시험지를 그대로!
실전처럼 제한 시간 안에 문제를
풀고 등급컷을 확인해 보는 기출
문제집

**고1**

고1 영어

**고2·3**

고3 영어

---

영어 입문 MANUAL

■ 이 책을 구입한 곳은?

■ 이 책을 구입한 동기는?
○ 학교, 학원이 교재 ○ 선생님의 소개 ○ 선배나 친구들의 소개 ○ 광고를 보고
○ [ ○디자인이 ○내용이 ○전체적으로] 좋아서 스스로 선택 ○ 기타

■ 이 책으로 어떻게 공부하고 있습니까?
○ 독학 ○ 학교 수업 ○ 학원 수업

■ 이 책에 대한 의견 및 책에서 좋았던 점은?

■ 이 책에서 개선되었으면 하는 점은?

공부하면서 '이런 책이 있었으면 좋겠다' 하고 생각한 것이 있다면
자세하게 설명해 보세요.

앞으로 갖고 싶은 책은 무엇입니까?

여러분의 내용을 정성껏 기재하여 보내 주시는 분께는 추첨을 통해 원하는 교재를 보내드립니다.

숨마쿰라우데

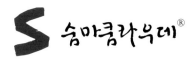

# 영어 입문

INTRODUCTION TO ENGLISH

# MANUAL

*秘* 서브노트 SUB NOTE

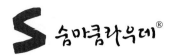

숨마쿰라우데®

# 영어 입문

INTRODUCTION TO ENGLISH

# MANUAL

秘 서브노트 SUB NOTE

이룸이앤비
Education & Books

## 유형 01 글의 목적
본문 14쪽

### | 기출 대표 유형 01 |
정답 ②

● 전문 해석

사랑하는 Harriet에게,

너의 편지를 받고 네가 Royal Holloway에 합격한 걸 알고서 무척 기뻤단다. 그곳은 좋은 대학이고 그곳의 역사학과가 특히 우수한 것으로 알고 있단다. 네가 왜 그곳을 제일 먼저 선택했는지 알 수 있고, 너에 대해 매우 기쁘단다. 넌 그 대학에 들어가기 위해 열심히 공부했으니 너의 성공을 받을 만하단다. 네가 아주 자랑스럽구나. 정말 잘했어, Harriet! 대학교에서 행복한 시간을 보내기를 진심으로 기원한단다.

사랑을 담아
Elaine

○ 문제 해설

필자는 Harriet이 Royal Holloway에 합격한 것을 알고 그것을 축하해주고 있으므로, 글의 목적으로 가장 적절한 것은 ②이다.

○ 구문 분석

【2행】 I was so delighted [**to receive** your letter] and [**to learn** that you have been accepted to Royal Holloway].

▶ [to receive ~]와 [to learn ~]는 to부정사의 부사적 용법으로 앞에 나온 감정 형용사(delighted)와 함께 쓰여 '감정의 원인'을 나타낸다.

【6행】 You worked hard [**to enter** that college], and you deserve your success.

▶ [to enter ~]는 to부정사의 부사적 용법으로 목적을 나타내며 '~하기 위해'의 의미를 가진다.

### Words & Phrases
· delighted 기쁜 · receive 받다
· accept 받아들이다 · college 대학
· history 역사 · department 학과, 부서
· particularly 특히 · choice 선택
· deserve ~을 받을 만하다 · success 성공
· be proud of ~을 자랑스러워 하다

---

### 1 | 유형 연습문제 |
[Q] ⑤ [내신형] formal

### 2 | 유형 연습문제 |
[Q] ② [내신형] 도서관, 회의실, 연회 장소, 결혼식장, 파티 장소 (이 중 3가지)

### 3 | 유형 연습문제 |
[Q] ① [내신형] 주문서에 서명한 날로부터 7일 이내

---

### 유형 연습문제 1
정답 ⑤

● 전문 해석

Greenwood Garden 클럽 회원님들께,

우리의 연간 저녁 식사 모임이 6월 18일, 토요일에 Sebastian's Restaurant에서 열릴 예정이라는 것을 다시 한 번 알려 드립니다. 지난 며칠 동안 저는 여러분 몇 분으로부터 우리의 연간 저녁 식사 모임에 입고 갈 적절한 복장에 관한 문의를 받았습니다. 위원회는 올해의 모임은 공식적인 행사로 정하였습니다. 그것은 숙녀들은 드레스나 칵테일 드레스를, 신사들은 턱시도나 검은색 신사복을 입으셔야 함을 의미합니다. 이번 모임은 즐거운 저녁이 될 것입니다. 거기서 뵙도록 하겠습니다.

Joshua Butler 드림

○ 문제 해설

【Q】 필자는 6월 18일에 있을 연간 저녁 식사 모임에 숙녀들은 드레스를, 신사들은 턱시도나 신사복을 입고 올 것을 알리고 있으므로, 글의 목적으로 가장 적절한 것은 ⑤이다.

【내신형】 숙녀와 신사들이 입고 올 복장이 드레스나 신사복이므로, 이 저녁 모임이 공식적인 행사임을 알 수 있다. 그러므로 빈칸에는 formal(공식적인)이 적절하다.

○ 구문 분석

【3행】 Over the last few days, I've received inquiries from several of you [**asking** about the appropriate dress for our annual dinner meeting].

▶ [asking ~]는 현재분사구로 inquiries를 수식한다.

정답 ②

● 전문 해석

Smalltown 주민들께,

열한 달의 오랜 작업 끝에, 저희 Smalltown 노인복지회관이 완공되었습니다. 멋진 이 새 공간은 우리 주민들과 공동체를 위한 도서관, 회의실, 그리고 연회 장소로서의 역할을 할 것입니다. 우리는 사랑스러운 이 공간이 또한 결혼식과 파티와 같은 기능을 위한 아름다운 장소가 될 것으로 생각합니다. 우리는 이 프로젝트를 위한 기금을 모으는 데 공동체로부터 엄청난 지원을 받아왔습니다. 우리의 감사함을 표현하기 위해 3월 21일 일요일 오후 1시부터 4시까지 공개일을 가질 것입니다. 저희와 함께하시기를 바랍니다.

Ron Miller 드림

○ 문제 해설

【Q】 필자는 노인복지회관이 완공되어 이를 주민들께 공개하는 일정을 가질 것임을 말하면서 주민들을 초대하고 있으므로, 글의 목적으로 가장 적절한 것은 ②이다.

【내신형】 본문에 나와 있는 대로 노인복지회관은 도서관, 회의실, 연회 장소, 결혼식장, 파티 장소 등의 역할과 기능을 할 수 있다고 했으므로, 이 중 3가지를 쓰면 된다.

○ 구문 분석

【5행】 We think this lovely space will also **make** a beautiful spot for functions [**such as** weddings and parties].

▶ 이 문장에서 make는 '~이 되다'는 뜻의 2형식 동사이다. [such as ~]는 '~와 같은'이라는 뜻이다.

【7행】 [**To show** our appreciation], we will have an open house on Sunday, March 21 from 1 to 4 p.m.

▶ [To show ~]는 to부정사의 부사적 용법으로 목적을 나타내며 '~하기 위해'라는 뜻을 가진다.

정답 ①

● 전문 해석

친애하는 귀하께,

귀하의 2014년 10월 20일 자 이메일에 관련하여 답변드립니다. 귀하의 요청과 관련하여 저희는 귀하의 주문을 확인했고 주문서가 2014년 9월 21일에 서명되었음을 발견

했습니다. 귀하의 광고 주문 계약 조건에 따르면, 신청자는 주문서에 서명한 날로부터 7일 이내에 주문을 철회할 수 있습니다. 그러나 귀하의 경우를 살펴본 결과 귀하의 취소 요구는 인가된 취소 기간 이후에 저희에게 보내진 것으로 보입니다. 이것이 의미하는 바는 지금 귀하가 주문을 취소하는 것은 불가능하다는 것입니다. 귀하께서 저희의 입장을 이해해주시기를 바랍니다.

X&Y ADVERTISING을 대표하여
John Mark 드림

○ 문제 해설

【Q】 필자는 주문 취소를 요구하는 고객에게 인가된 취소 기간인 7일이 지났기 때문에 주문 취소가 불가능하다는 것을 알리고 있으므로, 글의 목적으로 가장 적절한 것은 ①이다.

【내신형】 'the applicant can withdraw the order within seven days from the signing of the order form'에 따르면 주문서에 서명한 날로부터 7일 이내에 주문 취소를 할 수 있다.

○ 구문 분석

【7행】 Yet, [**having** studied your case], it seems that your cancellation request was sent to us after the authorized cancellation period.

▶ [having ~]는 분사구문이다.

【8행】 [**What** this means] is [**that it** is not possible {**to cancel** your order now}].

▶ [What ~]는 관계절이다. 여기서 What은 The thing which로 고칠 수 있다. [that ~]는 동사 is의 보어 역할을 하는 명사절이다. that절 안에서 it은 가주어이고 {to cancel ~}가 진주어이다.

---

유형 **02** 요지 · 주장 본문 18쪽

| 기출 대표 유형 02 | 정답 ⑤

● 전문 해석

어떤 사람들은 우리보다 돈을 더 필요로 한다. 예를 들어, 어떤 사람들은 자연재해나 전쟁 때문에 집을 잃은 반면에, 또 어떤 사람들은 음식이나 의복이 충분하지 않다. 그래서 올해 우리 생일을 위해 선물을 사는 대신에 자선단체에 돈을 기부하라고 친구와 가족에게 말하자. 어떤 아이들은 생일 선물을 포기하고 싶어 하지 않을지도 모른다는 것을 알며,

나는 (그것을) 이해한다. 그러나 누군가가 음식, 의복, 주거지 없이 살 수 있는 것보다 우리가 새 장난감이나 게임 없이 사는 것이 더 쉽다는 것을 기억해라. 그러니 올해 생일에는 우리가 다른 사람들에게 기부하고 싶다고 친구와 가족에게 말해야 한다.

○ 문제 해설
필자는 음식, 의복, 주거지 없이 사는 사람들이 있으니 그들을 위해 올해 생일 선물 대신 어려운 사람들에게 기부하자고 말하고 있으므로, 필자의 주장으로 가장 적절한 것은 ⑤이다.

○ 구문 분석
【7행】 However, remember [**that** we can live without new toys or games more easily than someone can live without food, clothing, or shelter].

▶ [that ~]는 명사절로 remember의 목적어 역할을 한다. more easily는 부사의 비교급으로 동사인 live를 수식한다.

【9행】 So, we should tell our friends and family [**that**, for our birthdays this year, we want to give to others].

▶ [that ~]는 명사절로 tell의 직접목적어 역할을 한다.

Words & Phrases
• due to ~ 때문에　• natural disaster 자연재해
• clothing 의복　• donate 기부하다　• charity 자선단체
• instead of ~ 대신에　• present 선물　• give up 포기하다
• live without ~ 없이 살다　• shelter 주거지, 집, 피난처

1 | 유형 연습문제 |
[Q] ①　[내신형] figures
2 | 유형 연습문제 |
[Q] ④　[내신형] 우리는 다르도록 되어 있다.
3 | 유형 연습문제 |
[Q] ①　[내신형] the sun

## 유형 연습문제 1 　　정답 ①

● 전문 해석
결정적인 수치를 잘못 계산하든, 마감일을 넘기든, 거래를 날리든, 자녀에 관해 선택을 잘못 내리든, 또는 공을 더듬거리든, 여러분이 실수할 때, 그 행동이 실패였는지를 무엇이 결정하는가? 여러분은 그것이 일으키는 문제의 크기를 보는가 아니면, 그것이 여러분이나 여러분의 조직에 끼치는 돈의 양을 보는가? 그것은 여러분의 상사로부터 또는

여러분의 동료로부터 받는 비판에 의해 여러분이 얼마나 많이 열을 받느냐에 의해 결정되는가? 아니다. 실패는 그런 식으로 결정되지 않는다. 진짜 대답은 '여러분'이 여러분이 하는 것을 실패라고 정말로 딱지 붙일 수 있는 유일한 사람이라는 것이다. 그것은 주관적이다. 여러분의 실수에 대한 지각과 반응이 여러분의 행동이 실패인지를 결정한다.

○ 문제 해설
【Q】실패는 외부적인 요인에 의해 결정되는 것이 아니라, 우리 자신에 의해 결정되는 주관적인 것이라는 것이 글의 주된 내용이므로, 글의 요지로는 ①이 가장 적절하다.
【내신형】 figure는 많은 뜻을 가진 단어로 '수치', '숫자', '형태' 등의 의미를 가지고 있다.
• 2013년까지 이 수치들은 많이 변하지 않았다.
• 미술 선생님께서 칠판에 사자와 호랑이의 형태들을 그렸다.

○ 구문 분석
【7행】 The real answer is that *you* are the only person [**who** can really label {**what you do**} a failure].
▶ [who ~]는 주격 관계절로 the only person을 수식한다. {what ~}는 선행사를 포함하는 관계절이다.
【9행】 Your perception of and response to **your mistakes** determine [**whether** your actions are failures].
▶ 전치사 of와 to는 your mistakes를 동시에 목적어로 취한다. [whether ~]는 '~인지'의 뜻을 나타내는 명사절로 determine의 목적어 역할을 한다.

## 유형 연습문제 2 　　정답 ④

● 전문 해석
흔히 우리가 우리에게 '잘못된' 것으로 생각하는 것은 우리 자신의 개성을 나타내는 우리의 표현일 뿐이다. 이것이 우리의 독특함이고 우리에게 특별한 것이다. 자연은 결코 그 자체를 반복하지 않는다. 이 행성에서 시간이 시작된 이후로, 비슷하게 생긴 두 개의 눈송이 또는 똑같이 생긴 두 개의 빗방울은 없었다. 그리고 모든 데이지 꽃은 다른 모든 데이지 꽃과 다르다. 우리의 지문은 다르다. 우리는 다르도록 되어 있다. 우리가 이것을 받아들일 때, 경쟁도 없고 비교도 없다. 다른 사람과 같아지려고 노력하는 것은 우리의 영혼을 축소하는 것이다. 우리는 우리가 누구인가를 표현하기 위해 이 행성에 온 것이다.

○ 문제 해설
【Q】우리가 이 행성에 태어난 것은 다른 사람과 똑같이 되기 위해

서가 아니라 우리 자신이 누구인가를 표현하기 위함이므로, 우리가 틀린 것이 아니라 다르다는 것을 받아들이라는 내용이다. 그러므로 필자의 주장으로 가장 적절한 것은 ④이다.

【내신형】 this가 가리키는 것은 바로 앞 문장의 We are meant to be different.이다.

○ 구문 분석

【1행】 Often [**what** we think of as the things "wrong" with us] are only our expressions of our own individuality.

▶ [what ~]는 선행사를 포함한 관계절로 what은 the things which로 고쳐 쓸 수 있다.

【3행】 **Since** time began on this planet, there **have** never **been** two snowflakes alike or two raindrops the same.

▶ Since가 '~이후로'라는 뜻의 접속사로 쓰일 때는 주절에 대개 현재완료(have been) 시제가 온다.

---

**유형 연습문제 3**　　　　　　　　정답 ①

● 전문 해석

거의 모든 내부 관계자들과 전문가들의 설명에 의하면, 우리는 지금부터 향후 5년 사이의 어떤 시점에 피크오일(석유생산정점)에 도달해 있거나 도달할 것이다. 비록 기후변화에 대해 심각한 우려를 하지 않는다 하더라도, 우리는 우리의 문명에 동력을 공급할 다른 방법들을 찾아야 할 필요가 있을 것이다. 우리가 단지 9,300만 마일 떨어진 거리에 안전한 핵 시설을 가지고 있다는 게 얼마나 행운인가. 나는 살면서 태양열 기술이 활짝 꽃 피우는 것을 보고 싶다. 증기를 과열시킬 집광형 태양열 발전, 전력 이동과 전기 저장은 이 새로운 연구의 일부분이다. 나는 건축가들이 사막에 아주 멋진 전지판과 태양에너지 탑을 설계하는 데 마음이 끌리기를 바란다. 20년 혹은 30년 후에 우리가 과거를 되돌아보며, 우리가 그런 달콤한 광양자의 비에 흠뻑 젖어 있으면서도 왜 이제껏 문제가 있다고 생각했는지 의아해하는 것이 과연 가능할까?

○ 문제 해설

【Q】 필자는 조만간 석유 생산이 정점에 이르는 상황에서 지구에 동력을 공급할 방법으로 태양열 이용을 언급하고 있으므로, 글의 요지로는 ①이 가장 적절하다.

【내신형】 안전한 핵 시설은 바로 '태양'을 나타낸다.

○ 구문 분석

【4행】 **How fortunate we are** to have a safe nuclear facility a mere ninety-three million miles away.

---

▶ 「how+형용사+주어+동사」의 어순을 가지는 감탄문이다.

【9행】 Could **it** be possible [**that** in two or three decades we will look back and wonder {**why** we ever thought we had a problem when we are bathed in **such** a sweet rain of photons}]?

▶ it은 가주어이고 [that ~]가 진주어이다. {why ~}는 의문사절로 wonder의 목적어 역할을 한다. such는 「such+a(n)+형용사+명사」의 어순을 취한다.

---

**유형 03　주제 · 제목**　　　　　본문 22쪽

| 기출 대표 유형 03 |　　　　　　　　정답 ①

● 전문 해석

여러분은 모든 자전거에는 브레이크가 있어야 한다고 생각할 것이다. 하지만 경륜에 사용되는 자전거는 브레이크 없이 만들어진다. 경륜용 자전거는 무게를 가볍게 유지하기 위해 필수적인 부분만으로 이루어져 있다. 그러면, 이 자전거를 어떻게 멈추게 하는가? 바로 이 부분에서 장갑이 등장한다. 경륜 선수는 페달을 뒤로 돌린 다음 앞바퀴를 힘껏 손으로 잡는다. 이것이 바퀴가 회전하지 못하게 하여, 자전거는 멈추게 된다. 경륜 선수들이 장갑을 끼는 것은 당연한 일이다! 그렇지 않다면, 그들이 매번 멈추려 할 때마다, 그들의 손은 심한 상처를 입을 것이다.

○ 문제 해설

경륜 선수들이 손으로 자전거를 멈추기 위해 장갑을 착용한다는 내용의 글이므로, 글의 제목으로는 ① '자전거를 멈추기 위한 장갑'이 가장 적절하다.

○ 오답 확인

② 경륜: 인기 있는 스포츠
③ 경륜 선수들을 위한 힘든 훈련
④ 자전거 브레이크의 기본적인 구조
⑤ 자전거 장갑: 부의 상징

○ 구문 분석

【4행】 The racer **backpedals**, and then **holds** the front wheel tight with his hands.

▶ backpedals와 holds는 and에 의해 병렬구조를 이루고 있다.

【7행】 **If they didn't, their hands would get** terribly hurt [**every time** they **tried to stop**].

▶ 「if+주어+과거동사 ~, 주어+would+동사원형 …」은 가정법 과거 구문으로 현재 사실의 반대를 나타내고 있다. [every time ~]는 '~할 때마다'의 뜻으로 whenever로 고쳐 쓸 수 있다. 「try to+동사원형」은 '~하려고 노력하다'의 뜻이다.

Words & Phrases
• brake 브레이크     • track racing 경륜, 자전거 경주
• essential 필수적인     • weight 무게     • hold 붙잡다
• tight 힘껏, 꽉     • stop A from ~ing A가 ~하는 것을 못하게 하다
• spin 회전하다     • come to a stop 멈추다
• no wonder 당연하다

---

**1** | 유형 연습문제 |
　[Q] ④　[내신형] 수면 유도를 돕는다.

**2** | 유형 연습문제 |
　[Q] ③　[내신형] sugar

**3** | 유형 연습문제 |
　[Q] ③　[내신형] (e) caused → prevented

---

### 유형 연습문제 1　　　　　　　정답 ④

● 전문 해석
도시 환경에서 사는 사람들의 문제 중 하나는 수면 부족이다. 온종일 시도 때도 없이 생기는 도시의 큰 자극 때문에, 정상보다 이르게 깨어나는 것과 잠드는 데 필요한 시간이 더 길어짐에 따라 수면 수준이 감소할 수 있다. 이 문제에 대한 좋은 해결책은 매일 운동을 하는 것이다. 연구에 따르면 유산소 운동을 증가시키면 수면 능력이 개선될 수 있다. 이것은 유산소 운동을 하고 있을 때 수면 유도를 돕는 데 이용되는 호르몬인 멜라토닌을 더 많이 생산하는 뇌에 의해 얻어진다. 운동 전후로 검사 환자들의 멜라토닌 수치에 관해 이루어진 연구에 따르면, 고된 운동 후에 혈류의 멜라토닌 수치가 증가했다.

○ 문제 해설
【Q】 수면 부족 때문에 고통 받는 현대인들은 운동을 통해 수면 부족의 문제를 해결할 수 있다는 것이 글의 주된 내용이므로, 글의 주제로는 ④ '운동이 수면에 미치는 긍정적인 영향'이 가장 적절하다.
【내신형】 'melatonin, a hormone used to help induce

sleep'에서 알 수 있듯이 멜라토닌은 수면 유도를 돕는다.

○ 오답 확인
① 운동을 너무 많이 하는 것의 위험성
② 건강을 개선시키는 다양한 방법들
③ 일찍 잠자리에 드는 것의 중요성
⑤ 잠과 지능 사이의 관계

○ 구문 분석
【1행】 One of the issues for people [**living** in an urban environment] is sleep deprivation.
▶ [living ~]는 현재분사구로 people을 수식하고, 주어는 One, 동사는 is이다.

【6행】 This is obtained by the brain [**producing** more melatonin, a hormone {**used to** help induce sleep}], when you are doing aerobic exercise.
▶ [producing ~]는 현재분사구로 the brain을 수식한다. melatonin과 a hormone ~ sleep은 콤마(,)에 의해 동격관계를 이룬다. {used to ~}는 과거분사구로 a hormone을 수식한다.

---

### 유형 연습문제 2　　　　　　　정답 ③

● 전문 해석
설탕은 북아메리카의 식료품점 선반에서 발견되는 거의 모든 '음식'에서 발견되는 가장 흔한 성분 중 하나이다. 미국 대중은 1950년대 이후로 설탕의 영향에 대해서 경고를 받아왔다. 이제 많은 의사들과 영양학자들은 사람들에게 설탕 소비를 줄이라고 주의를 주는 대신, 사람들에게 그들의 식단에서 이 '독소'를 제거할 것을 요청하고 있다. 그들은 정제 과정 동안, 설탕에서 비타민과 미네랄을 포함하여 그것의 모든 원 음식 가치를 빼앗기기 때문에, 그것은 더 이상 '음식'으로 분류될 수 없다고 지적한다. 그것은 순수 칼로리인 탄수화물을 제외하고 아무런 가치가 없다. 그것은 비타민, 미네랄, 지방, 단백질을 함유하고 있지 않아서, 어떤 것도 그것을 진정한 식품 집단에 속하는 것으로 분류하지 못할 것이다.

○ 문제 해설
【Q】 설탕은 순수 칼로리인 탄수화물 이외에 어떤 영양 가치도 포함하고 있지 않아 식품으로 분류될 수 없다는 내용이므로, 글의 제목으로는 ③ '설탕: 더는 식품이 아니다!'가 가장 적절하다.
【내신형】 독소는 문맥상 '설탕'을 가리킨다.

① 설탕이 상처를 치료한다
② 설탕은 정말로 나쁜가?
④ 설탕 없는 식품은 없다!
⑤ 적당량의 설탕을 먹어라

○ 구문 분석

[1행] Sugar is one of the most common ingredients [**found** in almost all of the "foods" {**found** on grocery shelves in North America}].

▶ [found ~]와 {found ~}는 모두 과거분사구로 각각 the most common ingredients와 the "foods"를 수식한다.

[6행] They point out [**that** during the refining process, {**since** sugar is stripped of all its original food value including its vitamins and minerals}, it can no longer be classified as "food."]

▶ [that ~]는 명사절로 point out의 목적어 역할을 하고, {since ~}는 '이유'를 나타내는 부사절이다.

---

**유형 연습문제 3**   정답 ③

● 전문 해석

석기 시대 열 살 된 그 어떤 아이도 현대의 감자칩, 햄버거, 파스타와 같이 부드러운 음식을 먹고 살지는 않았을 것이다. 그들의 식사는 현대의 아이에게 요구되는 것보다 훨씬 더 많은 씹기가 필요했을 것이다. 현대 생활에서 어린 시절의 불충분한 턱 근육의 사용이 턱 근육 발육의 부전과 더 약하고 작은 뼈 구조를 생기게 하는 결과를 초래할지도 모른다. 인간 치아의 발육은 일정한 크기와 모양의 턱 구조가 필요한데 그것은 발육 기간에 사용이 부적절하면 생성되지 않을지도 모른다. 몰려서 나고 잘못된 자리에 난 앞니와 불완전한 사랑니는 문명의 질병일지도 모른다. 아이들을 위해 더 많은 씹기가 권장된다면, 아마 많은 치아 문제들이 발생될(→ 예방될) 것이다.

○ 문제 해설

[Q] 더 많이 씹어야 하는 음식을 먹어야 했던 석기 시대 아이에 비해 현대 아이들은 음식을 많이 씹지 않아 치아 문제들이 발생하게 되었다는 것이 글의 주된 내용이므로, 글의 주제로는 ③ '충분히 씹지 않아서 생긴 현대의 치아 문제'가 가장 적절하다.

[내신형] 석기 시대의 아이들과 달리 현대의 아이들은 많이 씹지 않아 치아 문제가 발생했다는 내용이므로, 가정법으로 쓰인 문장의 (e) caused(발생될)는 prevented(예방될)로 고치는 것이 적절하다.

---

① 사랑니 통증에 대한 민간요법
② 씹기가 뇌 발달에 미치는 영향
④ 학교에서의 치아 관리 교육의 중요성
⑤ 치과 치료의 기술적 발전

○ 구문 분석

[2행] Their meals would have required **far** more chewing than is ever demanded of a modern child.

▶ far는 비교급을 강조하는 표현으로 '훨씬'으로 해석한다.

[6행] The growth of human teeth requires a jaw structure of a certain size and shape, **one** that might not be produced if usage during development is inadequate.

▶ one은 부정(不定) 대명사로 불특정한 명사를 지칭할 때 쓰인다. 여기서 one은 a jaw structure를 가리킨다.

[9행] Perhaps many dental problems would be prevented if more biting were encouraged for children.

▶ 현재 사실의 반대를 나타내는 가정법 과거 「if+주어+과거동사 ~, 주어+would+동사원형 …」 구문이 쓰였다.

---

**유형 04** 지칭 · 심경 · 분위기   본문 26쪽

**| 기출 대표 유형 04 |**   정답 ④

● 전문 해석

엄마가 아빠와 결혼하기로 마음먹었을 때, 그녀의 아버지는 그를 좋아하지 않았다. 아빠는 가난한 집안 출신의 화가였고 그에게는 언급할 만한 배경도 없었다. 엄마는 자신과 그가 서로에게 마음이 통하는 사람인 것을 안 것이 중요한 점이라고 내게 말했다. 그 어떤 것도 그녀가 그와 함께 여생을 보내는 것을 막지 못할 터였다. 그래서 그들은 결혼해서 Millerton에 정착했으며, 외할아버지는 아빠를 받아들이기로 했다. 아빠가 자신의 그림만으로 생계를 꾸려나가기가 힘들었을 때, 그와 엄마는 Grant Avenue에 있는 오래된 집을 사서 하숙집으로 개조하였다.

○ 문제 해설

④는 필자의 외할아버지를 가리키고, 나머지 ①, ②, ③, ⑤는 모두 필자의 아버지를 가리킨다.

○ 구문 분석

【2행】 Dad was a painter from a poor family and he had no background [**to speak of**].

▶ [to speak of]는 to부정사의 형용사적 용법으로 background 를 수식한다.

【7행】 When Dad couldn't quite make a living with his paintings, he and Mom **bought** an old house on Grant Avenue and **turned it** into a boarding house.

▶ bought와 turned는 and에 의해 병렬구조를 이루고 있고, 대명사 it은 an old house를 받는다.

---

**Words & Phrases**

• background 배경　　• soul mate 마음이 통하는 사람(친구)
• stop A from ~ing A가 ~하는 것을 먹다
• settle 정착하다
• put up with ~을 (참고) 받아들이다, ~을 참다
• make a living 생계를 꾸려 나가다
• turn A into B A를 B로 바꾸다(개조하다)

---

**1** | 유형 연습문제 |
[Q] ③　[내신형] aisle

**2** | 유형 연습문제 |
[Q] ①　[내신형] 그 침묵의 세상 어디에서도 자동차 소리는 나지 않았다.

**3** | 유형 연습문제 |
[Q] ⑤　[내신형] ST

---

### 유형 연습문제 1　　　　　　　　　　정답 ③

●전문 해석

첫 아이가 태어난 후에, 나는 출산에서 오는 합병증 때문에 잠시 침대에 누워 있어야만 했다. 며칠 동안 어머니가 나를 위해 쇼핑, 요리, 청소를 모두 하셨다. 그러나 어머니가 집으로 돌아가신 후, 나는 처음으로 근처의 슈퍼마켓에 가야 했다. 나는 아직 내 아들과 공공장소에 나가본 적이 없었기 때문에, (아기에게서) 무엇을 기대해야 할지를 알지 못했다. 내가 저녁용 찬을 고르려고 하는 동안, 내 아들이 통제할 수 없을 정도로 우는 상상을 했다. 그러나 우리가 슈퍼마켓에 들어갔을 때, 그는 완전한 천사였다. 사람들이 그를 보려고 계속해서 다가왔다. 우리는 통로 위아래를 구르듯 다니게 되었고, 나는 그 주에 먹을 충분한 음식

---

을 샀다.

○ 문제 해설

【Q】 이 글의 필자는 아기를 낳은 지 얼마 안 되는 엄마이다. 자신을 도와주던 어머니가 집에 가신 후 아기와 함께 장을 봐야 하는데, 아기가 통제할 수 없을 정도로 울면 어떡할까 걱정을 했지만, 막상 슈퍼마켓에서 아기는 울지 않아서, 무사히 장을 봤다는 내용이다. 그러므로 필자가 느꼈을 심경 변화로는 ③ '걱정하는 → 안심한'이 가장 적절하다.

【내신형】 영영사전에 나온 뜻은 '슈퍼마켓 선반 사이의 통로'로 aisle을 설명하는 표현이다.

○ 오답 확인

① 즐거운 → 슬픈
② 화난 → 부끄러운
④ 만족스러운 → 충격받은
⑤ 실망한 → 감사하는

○ 구문 분석

【4행】 As I hadn't been out in a public place with my son yet, I didn't know **what to expect**.

▶ 「what+to+동사원형」은 의문사구로 '무엇을 ~해야 하는지'로 해석한다.

【5행】 I had visions **of** *him* **crying** uncontrollably while I tried to pick out something for dinner.

▶ 동명사 crying은 전치사 of의 목적어이고, him은 동명사 crying의 의미상의 주어 역할을 한다.

---

### 유형 연습문제 2　　　　　　　　　　정답 ①

●전문 해석

어느 새해 전날 나는 작은 Vermont 마을 위 언덕의 농장에서 열리는 파티에 있었다. 자정 무렵 눈이 그치고 달이 떴다. 영하 1도였다. 파티에 있던 거의 모든 사람들이 그 새 눈을 보기 위해 밖으로 나갔다. 주위에 침묵이 가득하여 세계는 깨끗이 정화되었을 뿐만 아니라 새로 창조된 것 같았다. 그 침묵의 세상 어디에서도 자동차 소리는 나지 않았다. 밝은 달빛 역시 지저분한 그 어떤 것도 보여주지 않았다. 세상의 모든 것이 눈에 덮여 있었다. 세상이 막 다시 태어나는 것처럼 보였다.

○ 문제 해설

【Q】 새해 전날 Vermont 마을 위 언덕의 농장에서 열린 파티에 관한 서술로, 자정 무렵, 내리던 눈이 그치고 세상은 새로 창조된 듯 고요하고, 모든 것이 순백의 눈 속에 덮여 새로 태어난 듯하다고 했으므로, 글의 분위기로 적절한 것은 ① '고요하고 성스러운'이 적

---

절하다.

【내신형】 부정 표현인 Nowhere가 문장 앞에 나와 동사(was)가 there 앞에 위치한 문장구조에 유의하여 해석해야 한다.

○ 오답 확인

② 긴급하고 긴장된

③ 시끄럽고 흥분된

④ 황폐하고 적막한

⑤ 웃기고 재미있는

○ 구문 분석

【4행】 All around was a silence so total that the world
　　　　　부사구　V　　S
seemed not only cleansed but newly created.

▶ 부사구 all around가 문장 앞으로 나오면서 주어와 동사(was a silence)가 도치되었다. 여기에 「so ~ that ...」 구문 '매우 ~해서 …하다'가 덧붙여졌다.

---

**유형 연습문제 3**　　　　　　　　정답 ⑤

● 전문 해석

두 형제가 양을 훔친 죄로 유죄선고를 받았다. 그들은 각각 '양 도둑'을 뜻하는 'ST'라는 글자의 낙인이 이마에 찍혔다. 한 형제는 이렇게 낙인찍히는 것이 너무나 부끄러워서 도망쳤고, 다시는 그의 소식을 들을 수 없었다. 후회로 가득한 다른 형제는 그 마을에 머무르면서 자신의 잘못을 보상하고자 노력할 것을 선택하였다. 해야 할 일이 있을 때마다 그 양 도둑은 도움의 손길을 주러 왔다. 결코 선행에 대한 대가를 받지 않으며 그는 평생을 남을 위해 살았다. 수년 후에 한 여행자가 그 마을을 지나가게 되었다. 그 여행자는 길가에 있는 카페에 앉아, 이마에 이상한 낙인이 있는 한 노인이 근처에 앉아있는 것을 보았다. 그는 그 사람 곁을 지나가는 모든 마을 사람들이 덕담을 나누거나 경의를 표하고자 가던 길을 멈춘다는 것을 알아차렸다. 이를 궁금히 여긴 여행자는 마을의 한 주민에게 그 글자가 무엇을 뜻하는지 물어보았다. 그 마을 주민이 대답했다. "잘 모르겠습니다. 그 일이 너무 오래 전에 일어나서요. 하지만 제 생각에는 '성인'을 뜻하는 것 같습니다."

○ 문제 해설

【Q】 ⑤는 마을의 주민을 나타내고, 나머지 ①, ②, ③, ④는 모두 양을 훔쳐 유죄선고를 받은 두 형제 중 마을에 남아 평생을 자신의 잘못을 뉘우치며 남을 돕기 위해 산 남자를 가리킨다.

【내신형】 노인의 이마에 찍힌 이상한 낙인은 노인이 양을 훔쳐 유죄선고를 받고 나서 이마에 새겨진 'ST(= sheep thief)'라는 글자를 나타낸다.

○ 구문 분석

【2행】 One brother was **so** embarrassed by this branding **that** he ran away; he was never heard from again.

▶ 「so ~ that ...」 구문은 '매우 ~해서 …하다'의 의미로 쓰였다.

【7행】 [**Never accepting** pay for his good deeds], he lived his life for others.

▶ [Never accepting ~]는 분사구문으로 As he never accepted pay for his good deeds로 고쳐 쓸 수 있다.

【10행】 He noticed that all the villagers [**who** passed the man] **stopped to share** a kind word 「or」 **to pay** their respects.

▶ [who ~]는 주격 관계사절로 all the villagers를 수식한다. 「stop to+동사원형」은 '~하기 위해 멈추다'라는 뜻이다. to share와 to pay는 병렬구조를 이룬다.

---

**유형 05　도표 · 안내문 · 내용일치**　　본문 30쪽

**| 기출 대표 유형 05 |**　　　　　　정답 ⑤

● 전문 해석

(아프리카산) 흑멧돼지는 돼지과에 속한다. 이 동물은 아프리카에서만 볼 수 있다. 대부분의 동물과는 달리, 흑멧돼지는 물을 마시지 않고도 몇 달 동안 건조한 지역에서 살 수 있다. 흑멧돼지의 몸길이는 4피트에서 6피트에 달하고 무게는 110파운드에서 260파운드까지 나갈 수 있다. 수컷이 암컷보다 20파운드에서 50파운드 더 무겁다. 흑멧돼지는 달리고 있을 때 꼬리를 위로 세운 자세를 유지한다. 그 자세에서는 꼬리가 바람에 흔들리는 깃발처럼 보인다. 흑멧돼지는 시력은 좋지 않지만, 후각과 청각은 탁월하다.

○ 문제 해설

마지막 문장에서 흑멧돼지는 시력은 좋지 않지만, 청각과 후각은 탁월하다(Warthogs have poor eyesight, but excellent senses of smell and hearing.)고 했으므로, ⑤가 글의 내용과 일치하지 않는다.

○ 구문 분석

【2행】 **Unlike** most animals, warthogs can survive in dry areas without **drinking** water for several months.

▶ Unlike는 전치사로 '~와 달리'라는 뜻이다. drinking은 동명사로 전치사 without의 목적어 역할을 한다.

Words & Phrases

• warthog (아프리카산) 흑멧돼지  • upright (곧게) 선
• position 자세, 위치  • eyesight 시력, 시각
• sense of smell 후각  • sense of hearing 청각

**1** | 유형 연습문제 |
[Q] ⑤  [내신형] three times

**2** | 유형 연습문제 |
[Q] ②  [내신형] 1등은 30달러, 2등은 20달러, 3등은 10달러의 상금을 받는다.

**3** | 유형 연습문제 |
[Q] ③  [내신형] (c), the prominent merchant Robert King

## 유형 연습문제 1  정답 ⑤

● 전문 해석

위 도표는 2015년에 당뇨병 진단을 받은 영국 사람들의 비율을 연령과 성(性)별로 보여준다. 16~34세를 제외한 모든 연령 집단에서 남성이 여성보다 당뇨병 진단을 받은 비율이 더 높았다. 55세 이상의 세 연령 집단에서 당뇨병 진단을 받은 남성은 10퍼센트를 초과했다. 당뇨병 진단을 받은 55~64세 남성의 비율은 당뇨병 진단을 받은 65~74세 여성의 비율보다 더 높았다. 당뇨병 진단을 받은 75세 이상의 남성의 비율은 당뇨병 진단을 받은 35~54세 남성의 비율의 2배보다 적었다. 당뇨병 진단을 받은 남성과 여성의 비율 사이에 가장 큰 차이를 보여준 연령 집단은 75세 이상이었다.

○ 문제 해설

【Q】도표에 의하면 당뇨병 진단을 받은 남녀 비율에서 가장 큰 차이를 보이는 연령 집단은 75세 이상이 아니라 65~74세이다. 그러므로 ⑤는 도표의 내용과 일치하지 않는다.

【내신형】도표에 따르면 당뇨병 진단을 받은 75세 이상의 남성의 비율은 대략 17.5 정도이고, 당뇨병 진단을 받은 35~54세 여성의 비율은 5.8 정도이므로, 약 3배라고 할 수 있다. 그러므로 빈칸에는 배수사 'three times'가 들어가야 한다.

○ 구문 분석

【6행】The percentage of men aged 75 and over diagnosed with diabetes was less than **twice as high as** that of men aged 35-54 diagnosed with diabetes.

▶ 배수사 표현은 「배수사＋as＋형용사/부사＋as」의 어순을 취한다. that은 percentage를 대신 받는 지시대명사이다.

【8행】The age group [**that** showed the largest gap between the percentages of men and women diagnosed with diabetes] was 75 and over.

▶ [that ~]는 주격 관계사절로 주어 The age group을 수식하고 동사는 was이다.

## 유형 연습문제 2  정답 ②

● 전문 해석

**Barangka 초등학교 에세이 대회**

다음 두 가지 주제 중 한 가지를 다루는 에세이를 쓰시오.
1. 왜 쓰레기를 버리는 것이 환경에 나쁜가?
2. 왜 재활용 가능한 쇼핑백이 비닐봉지나 종이 봉지보다 환경에 더 좋은가?

규칙:
• 모든 학년의 학생들에게 열려 있습니다.
• 한 학생당 한 작품, 최대 1,000단어.
• 작품에 이름, 학년, 선생님의 이름을 명기하세요.
• 이메일로만 보내세요: coordinator@recyclemore.com.
• 완성된 에세이는 2016년 3월 11일 금요일 자정까지 도착해야 합니다. (늦게 제출된 원고는 받지 않습니다.)

상금:
• 1등은 30달러, 2등은 20달러, 3등은 10달러의 상금을 받게 됩니다.

더 많은 정보를 원하시면, Jennifer에게 (510) 215-3021로 전화하세요.

○ 문제 해설

【Q】원고 길이는 최대 1,000단어(1,000 word maximum)라고 했으므로, ②는 안내문의 내용과 일치하지 않는다.

【내신형】시상은 'First place will receive $30, second place $20, and third place $10.'에 언급되어 있다.

○ 구문 분석

【2행】Write an essay [**addressing** one of the two following topics]:

▶ [addressing ~]는 현재분사구로 an essay를 수식한다.

【11행】Completed essays must be received by midnight on Friday, March 11, 2016.

▶ 과거분사 completed는 명사 essays를 수식한다.

● 전문 해석

Olaudah Equiano는 지금의 남부 Nigeria인 곳에서 태어났다. 그는 열한 살 때 여동생과 함께 납치되었고, 현지 노예상에 의해 팔려 영국 식민지 Virginia로 보내졌다. 그는 영국 해군 장교 Michael Pascal에게 팔렸다. Equiano는 Pascal과 함께 8년 동안 바다를 항해했고, 그 기간 동안 읽고 쓰는 것을 배웠다. 나중에 Equiano는 유명한 상인인 Robert King에게 팔렸다. 그를 위해 일하는 동안, Equiano는 부업으로 무역을 하여 돈을 벌었다. 3년 후 Equiano는 주인의 허락을 받아 40파운드의 대가로 자신의 자유를 샀다. 그리고 나서 Equiano는 이후 20년 동안 전 세계를 여행하며 많은 시간을 보냈다. London으로 와서, 그는 노예제 폐지 운동에 참여하게 되었다. 1789년에 그는 자신의 자서전을 출판했고, 그것은 엄청난 인기를 끌어 Equiano를 부자로 만들어 주었다. 그 책은 노예생활의 잔혹함을 묘사하고 있으며, 1807년 노예매매법 제정에 영향을 주었다.

○ 문제 해설

【Q】 주인의 허락을 받고 돈을 지불한 다음 자유인이 되었다(In three years, with his master's permission, Equiano bought his freedom for the price of 40 pounds.)고 했으므로, ③은 글의 내용과 일치하지 않는다.

【내신형】 (c)는 바로 앞에 나온 유명한 상인 Robert King을 가리키고 나머지는 모두 Olaudah Equiano를 가리킨다.

○ 구문 분석

【4행】 Equiano traveled the oceans with Pascal for *eight years*, [**during which** time he learned to read and write].

▶ [during which ~]는 「전치사+관계사」로 이루어진 관계절로 which는 관계형용사이다. which는 eight years를 선행사로 한다.

【9행】 Equiano then **spent** much of the next 20 years **traveling** the world.

▶ 「spend+시간+~ing」는 '~하는 데 시간을 쓰다'의 뜻이다.

【11행】 In 1789 he published *his autobiography*, [**which** became immensely popular and made Equiano a wealthy man].

▶ [which ~]는 계속적 용법의 관계절로 which는 his autobiography를 선행사로 한다.

| 기출 대표 유형 06 |　　　정답 ③

● 전문 해석

좋은 결정을 내린다 해도 나쁜 결과가 올 수 있음을 기억하는 것은 중요하다. 여기 한 가지 사례가 있다. 내가 학교를 졸업하자마자 곧 일자리를 제안받았다. 그것이 나에게 아주 잘 맞는 것인지 확신이 없었다. 나는 그 기회에 대해 곰곰이 생각해 본 후, 그 제안을 거절하기로 마음먹었다. 나는 그보다 더 잘 맞는 다른 일자리를 찾을 수 있을 것이라고 생각했다. 유감스럽게도, 경제는 곧 빠르게 나빠졌고, 나는 다른 일자리를 찾기 위해 몇 개월을 보냈다. 나는 그 일자리를 선택하지 않은 것에 대해 자책했고, (거절한) 그 일자리는 점점 더 매력적으로 보이기 시작했다. 나는 그 당시에 가진 모든 정보에 기초하여 좋은 결정을 내렸지만, 단기적인 관점에서 보면 그것은 그다지 좋은 결과를 가져온 것은 아니었다.

○ 문제 해설

③ what은 선행사를 포함하는 관계사로, 선행사 another job이 있으므로, what은 주격 관계대명사 that이나 which로 고쳐야 한다.

○ 오답 확인

① 필자가 일자리 제안을 받은 것이므로, 수동태인 was offered는 적절하다.

② 「동사+부사」로 이루어진 이어동사의 목적어가 대명사일 경우, 「동사+대명사+부사」의 어순으로 쓰이므로, turn it down은 적절하다.

④ 「spend+시간/돈+~ing」 '~하는 데 시간/돈을 쓰다' 구문이므로, looking은 적절하다.

⑤ 동명사의 부정은 동명사 앞에 not을 쓰므로, not taking은 적절하다.

○ 구문 분석

【1행】 **It**'s important [**to remember** that good decisions can still lead to bad outcomes].

▶ It은 가주어이고, [to remember ~]가 진주어이다.

【9행】 I had made a good decision, based upon all the

information [**I had** at the time], but in the short run it didn't lead to a great outcome.

▶ [I had ~]는 그 앞에 관계대명사 that이 생략된 관계절로 all the information을 수식한다.

┌─ Words & Phrases ─┐

• lead to ~을 일으키다, 초래하다    • outcome 결과, 성과
• offer 제안하다    • fit 딱 맞는 것
• consider 곰곰이 생각하다    • turn down ~을 거절하다
• unfortunately 불행하게도    • economy 경제
• kick oneself 자책하다    • position 일자리, 지위
• appealing 매력적인, 흥미를 끄는    • based upon ~에 근거하여
• in the short run 단기적인 관점에서

**1** | 유형 연습문제 |
**[Q]** ①    [내신형] strategies

**2** | 유형 연습문제 |
**[Q]** ⑤    [내신형] Benefit

**3** | 유형 연습문제 |
**[Q]** ③    [내신형] (a) That is 또는 That is to say 또는 In other words
(b) For example(instance)

---

### 유형 연습문제 1                    정답 ①

● 전문 해석

현명한 판단은 우리의 행동을 개선할 뿐만 아니라, 우리 삶의 질을 개선시킬 수 있기 때문에, 지혜의 개발은 이로운 일이다. 지식은 지혜를 동반할 수 있고, 실제로 동반해야 한다. 사람들은 판단을 내리기 위해서 지식이 필요한데, 인간 본성에 대한, 삶의 상황에 대한, 또는 성공하는 전략과 실패하는 전략에 관한 지식이다. 지식이 지혜에 필요하지만, 그것(지식)이 그것(지혜)에 충분한 것은 아닌데, 단순히 지식을 가지는 것이 사람이 그것을 이용하여 건전하거나 정당한 판단을 내릴 것을 의미하지 않기 때문이다. 지식이 매우 많은 다수의 사람들이 불행한 삶을 사는데, 그것은 그들 중 몇몇이 가끔씩 형편없는 결정을 내리기 때문이다.

○ 문제 해설

【Q】 (A) 뒤에 주어와 동사를 취하고 있으므로, 접속사 because가 적절하다. cf) because of+명사(구)
(B) 동사구 does not mean이 있으므로, have knowledge는 동명사구로 주어 역할을 해야 한다. 그러므로 having이 적절하다.

(C) 동사 are의 주어 역할을 하면서 선행사 lives를 수식하는 관계대명사가 필요하므로, which가 적절하다.

【내신형】 those는 앞에 나온 복수명사를 받는 지시대명사로 strategies를 대신 받는다. 앞에 나온 명사가 단수일 때는 지시대명사 that을 쓴다.

○ 구문 분석

【5행】 Although knowledge is necessary for wisdom, it is not sufficient for it, [**as** merely having knowledge does not mean {**that** one will use it to make sound or just judgments}].

▶ [as ~]는 앞에 나온 내용의 이유를 설명하는 부사절이고, {that ~}는 명사절로 mean의 목적어 역할을 한다.

---

### 유형 연습문제 2                    정답 ⑤

● 전문 해석

애완동물이 곁에 있으면 기분이 더 좋아지는 것을 눈치챈 적이 있는가? 그것은 사실이다. 개, 고양이, 또는 다른 동물과 귀중한 시간을 보내는 것은 여러분의 기분과 여러분의 건강에 긍정적인 영향을 끼칠 수 있다. 애완동물은 차분하게 하는 스트레스 완화제가 될 수 있다. "애완동물 소유자들은 특히 그들이 애완동물과 더 질 좋은 관계를 맺을 때 애완동물을 소유하지 않은 사람들보다 평균적으로 더 좋았다는 것을 우리는 발견했습니다."라고 Miami 대학교의 심리학과 교수인 Allen R. McConnell은 말한다. "의미 있는 관계를 만드는 것은 사람마다 다릅니다." 활동적인 몇몇 사람들에게 그것은 공원에서 공을 가지고 노는 것을 포함한다. 밖에 나갈 수 없는 사람들에게 개를 키우는 것만으로도 연결되어 있다는 느낌을 받을 수 있다.

○ 문제 해설

【Q】 (A) 동사 can have가 있으므로 명령형 Spend가 아니라, 주어 역할을 할 수 있는 동명사 Spending이 적절하다.
(B) 동사 makes의 주어 역할을 하며 선행사를 포함하고 있는 관계대명사가 필요하므로, What이 적절하다. 문장의 동사는 varies 이다.
(C) 우리가 연결되어 있다고 느끼는 것이므로, 수동 형태인 connected가 적절하다.

【내신형】 이 글은 애완동물을 키우면 기분과 건강에 긍정적인 이점을 가져다준다는 내용이므로, 빈칸에 들어갈 말로는 Benefit 정도가 적절하다.

○ 구문 분석

【9행】 For others who can't get outside, [**just petting**

your dogs] can **help** you **feel** connected.

▶ [just petting ~]는 동명사구로 주어 역할을 하며, help는 동사원형이나 to부정사를 목적 보어로 취한다.

● 전문 해석

스포츠 분야에서 직업 상승의 과정은 피라미드 모양이라고 흔히 말해진다. 즉, 넓은 하단부에는 고등학교 체육팀과 관련된 많은 직업이 있는 반면에, 좁은 꼭대기에는 전문적인 조직과 관련된, 사람들이 몹시 갈망하는 매우 적은 수의 직업이 있다. 그래서 많은 스포츠 관련 일자리가 있지만 사람들은 올라갈수록 경쟁이 점점 더 치열해진다. 다양한 직종의 봉급이 이러한 피라미드 모델을 반영하고 있다. 예를 들어, 고등학교 축구 코치들은 보통 방과 후 일에 대해 약간의 수당을 지급받는 교사들이다. 하지만 큰 대학에서 일하는 축구 코치들은 매년 백만 달러 이상의 돈을 버는데, 이는 대학 총장의 봉급을 비교했을 때 적어 보이게 한다. 한 단계 위로 올라간 것이 National Football League인데, 그곳에서 감독들은 돈을 가장 잘 버는 대학의 감독들보다 몇 배를 더 벌 수 있다.

○ 문제 해설

【Q】 ③ teachers와 pay는 수동의 의미 관계에 있으므로 능동형인 paid는 수동형인 are paid가 되어야 한다.

【내신형】 (a) 피라미드 모양에 대해서 뒤에서 설명하고 있으므로, That is나 That is to say(즉) 또는 In other words(다른 말로 하면)가 적절하다.

(b) 피라미드 모델처럼 봉급에 차이가 난다는 말 뒤에 고등학교와 대학교 축구 코치들을 예로 들어 봉급에 관한 이야기를 하고 있으므로, For example(instance)(예를 들어)이 적절하다.

○ 오답 확인

① 문장의 주어는 sports가 아니라 The process이므로, 단수형 is는 어법상 알맞다.

② 부사 increasingly는 '점점 더'라는 뜻으로 형용사 tough를 수식한다.

④ cause는 목적 보어로 to부정사를 취하므로 to look은 적절하다.

⑤ 관계부사 where는 뒤에 완전한 문장이 오며, 여기서 where는 the National Football League를 선행사로 취한다.

○ 구문 분석

[1행] The process of job advancement in the field of sports **is** often **said to be shaped** like a pyramid.

▶ 「be said(thought / believed) to+동사원형」은 '~하는 것

으로 말해진다(생각된다/믿어진다)'는 뜻으로 해석된다.

[8행] But coaches of the same sport at big universities can earn more than $1 million a year, [**causing** the salaries of college presidents to look small in comparison].

▶ [causing ~]는 동시동작이나 상황을 나타내는 분사구문으로 causing의 의미상의 주어는 앞의 내용 전체이다.

| 기출 대표 유형 07 |      정답 ①

● 전문 해석

나는 아들들과의 싸움을 피하기 위해 그들이 그 순간에 듣고 싶어 하는 말을 하고 약속을 하는 습관을 갖고 있었다. 그런 다음 내가 다른 말을 하고 약속을 어길 때 훨씬 더 큰 싸움이 벌어졌다. 그들은 나에 대한 신뢰를 잃었다. 이제 나는 이 습관을 고치려 노력한다. 비록 아이들이 듣고 싶어 하는 말이 아닐지라도 나는 어쨌든 정직하게 그 말을 하려 한다. 나는 그것이 우리 사이의 갈등을 줄이는 확실한 방법이라는 것을 안다. 내가 그들에게 정직할 때 우리의 신뢰가 형성된다.

○ 문제 해설

(A) 아이들이 듣고 싶어 하는 말을 한 것은 싸움을 피하기 위한 것이므로 avoid가 적절하다. (cause 야기하다)

(B) 자신의 습관을 고치려 하므로 correct가 적절하다. (keep 유지하다)

(C) 정직하게 말을 하면 신뢰가 형성된다는 내용이므로 builds가 적절하다. (disappear 사라지다)

○ 구문 분석

[1행] I had the habit of [**telling** my sons what they wanted to hear in the moment] and [**making** a promise in order to avoid a fight].

▶ [telling ~]와 [making ~]는 and에 의해 병렬구조를 이루고 전치사 of의 목적어 역할을 한다.

[3행] Then, when I said **something different** and broke the promise, there was a **much** bigger battle.

▶ something과 같이 '-thing'으로 끝나는 표현은 뒤에서 형용사의 수식을 받는다. 비교급 앞의 much는 비교급을 강조하는 표

현으로 '훨씬'이라는 의미이다.

• have the habit of ~ing ~하는 습관이 있다
• make a promise 약속하다   • break a promise 약속을 깨다
• battle 전투   • lose trust in ~에 대한 신뢰를 잃다
• make an effort 노력하다   • conflict 갈등

---

**1** | 유형 연습문제 |
**[Q]** ③ [내신형] (a) Those not wishing to be donors (b) donors (c) organs

**2** | 유형 연습문제 |
**[Q]** ④ [내신형] Still, run, deep

**3** | 유형 연습문제 |
**[Q]** ① [내신형] 다른 사람과 비교하지 말고 자신의 독특한 속성에 집중하여 긍정적인 자아 개념을 형성하라.

---

## 유형 연습문제 1                              정답 ③

● 전문 해석

18세 이상의 모든 브라질인은 이식을 위해 이용 가능한 장기의 수를 늘리기 위해 입안된 새로운 법 아래에서 잠재적인 장기 기증자로 여겨진다. 기증자가 되기를 원하지 않는 사람들은 운전면허증과 같은 공식 문서에 자신의 희망을 구체적으로 진술해야만 한다. 그 법에 반대하지(→ 동의하지) 않는 사람들은 두 가지 이유를 제시한다. 한 가지 이유는 그것이 사람들과 그들의 가족들의 권리를 침해한다는 것이다. 다른 이유는 기증자들은 누가 그들의 장기를 얻을 수 있는지에 관해 결정할 권한이 없고, 심장이 여전히 뛰고 있는데도 불구하고 뇌사하자마자 그들의 장기가 제거될 수도 있다는 것이다.

○ 문제 해설

【Q】 18세 이상의 모든 브라질인을 잠재적인 장기 기증자로 만드는 법에 반대하는 이유로 두 가지를 제시하고 있으므로, ③ oppose는 agree with로 고쳐야 한다.

【내신형】 대명사는 앞에 나온 명사(구)를 대신하므로, 문맥상 맞는 명사(구)를 찾으면 된다.

○ 구문 분석

[1행] All Brazilians over the age of 18 **are considered** potential organ donors under a new law [**designed** to increase the number of organs available for transplant].

▶ consider는 여기서 '~라고 여기다'는 뜻으로 수동태로 쓰였다. [designed ~]는 과거분사구로 a new law를 수식한다.

【6행】 The other is [**that** donors have no authority to decide on who might get their organs], [and] [**that** they may be removed upon brain death, even if the heart is still beating].

▶ 두 개의 [that ~]는 and에 의해 병렬구조를 이루고 있고, 둘 다 동사 is의 보어 역할을 한다.

---

## 유형 연습문제 2                              정답 ④

● 전문 해석

젊은 음악가들이 내향적이고 예민한 성향이 있다는 것을 시사하는 연구는 간과되어서는 안 된다. "잔잔한 물이 깊이 흐른다."는 음악적 열정을 숨겨 두는 아이에게 흔히 적용될 수 있는 속담이다. 때때로 이것들은 엄격한 선생님에 의해 수업의 '필수조건' 밖에 있는 것으로 무시될 수 있다. 예를 들어, 즉흥 연주, 재즈 연주, 또는 스캣 창법과 같은 특별한 열정을 가진 아이가 수업에 적절하지 않다고 거절될 수 있다. 다른 말로 하면, 음악적 재능을 밝혀내는 과정은 흔히 깨달아지는 것보다 훨씬 더 단순한(→ 더 복잡한) 작업이다. 재능을 구성하고 있는 것에 대한 교사의 지각이 너무 좁거나 너무 형편없이 정의되기 때문에 재능은 흔히 인정받지 못한 채로 남겨진다.

○ 문제 해설

【Q】 아이의 음악적 재능을 밝혀내는 것은 복잡해서 교사의 지각이 좁거나 형편없으면 흔히 인정받지 못한 채로 남겨진다는 문맥이므로, ④ simpler는 more complex나 more difficult, harder 정도로 고쳐야 한다.

【내신형】 still은 '잔잔한'이라는 뜻의 형용사로 쓰인다.

○ 구문 분석

[5행] For example, a child [**with** a particular enthusiasm {**such as** improvising, jazz playing, or scat singing}] may be rejected as unsuitable for tuition.

▶ [with ~]는 전치사구로 a child를 수식하고, {such as ~}는 '~와 같은'이라는 뜻으로 a particular enthusiasm을 수식한다.

【9행】 Talent is often left unrecognized because a teacher's perception of [**what** constitutes talent] is too narrowly or poorly defined.

▶ [what ~]는 선행사를 포함한 관계절로 전치사 of의 목적어 역할을 한다.

●전문 해석

우리가 태어나기도 전에, 우리는 다른 사람들과 비교되었다. 최근의 의학 기술을 통해서 부모들은 자신들의 아이들을 다른 아기들과 출산 전에 비교하기 시작할 수도 있다. 우리 삶의 남은 기간 동안, 우리는 다른 사람들과 비교되고, 우리들의 독특함을 <u>축하해주기</u>보다는, 비교는 보통 누가 더 강한지, 더 똑똑한지, 또는 더 아름다운지를 강조한다. "그는 내가 가진 것보다 더 많은 돈을 가지고 있다." 또는 "그녀는 나보다 더 예뻐 보인다."와 같은 비교는 우리의 자아 존중감을 <u>낮추기</u> 쉽다. 더 부유해 보이는 다른 사람들을 찾기보다는 여러분을 여러분으로 보이게 만드는 독특한 속성들에 집중하라. 여러분 자신의 가치를 여러분과 남을 비교하는 것에 의해 판단하는 것을 <u>피하라</u>. 건강하고 긍정적인 자아 개념은 다른 사람들의 판단에 의해서가 아니라 여러분이 자기 자신 안에서 인식하는 진정한 가치에 의해 북돋워진다.

○문제 해설

【Q】 (A) 우리의 독특함이 인정받고 축하받기보다는 다른 사람들과 비교된다는 문맥이므로, celebrating(축하해주는)이 적절하다. (neglect 무시하다)
(B) 예로 든 비교는 우리보다 다른 사람들을 더 높게 보면 자아 존중감이 낮아진다는 의미이므로, deflate(낮추다)가 적절하다. (inflate 높이다)
(C) 다른 사람들과 자신을 비교하기보다는 자신의 독특한 속성에 집중하여 긍정적인 자아 개념을 형성하라는 내용이므로, Avoid(피하다)가 적절하다. (consider 고려하다)
【내신형】 우리는 태어나기도 전에 다른 사람과 비교되고 이는 우리의 자아 존중감을 낮춘다고 한다. 이에 필자는 다른 사람과 자신을 비교하기보다는 자신의 독특함을 인정하고, 긍정적인 자아 개념을 형성할 것을 주장하고 있다.

○구문 분석

【3행】 For the rest of our lives, we are compared with others, and rather than celebrating our uniqueness, comparisons usually point up [**who** is stronger, brighter, or more beautiful].

▶ [who ~]는 의문사절로 point up의 목적어 역할을 한다.

【10행】 A healthy, positive self-concept is fueled $\boxed{not}$ by judgments of others, $\boxed{but}$ by a genuine sense of worth that you recognize in yourself.

▶ 「not A but B」는 'A가 아니라 B'의 의미이다.

---

| 기출 대표 유형 08 |          정답 ③

●전문 해석

오늘날, 3D 프린트 기술은 회사와 대학교에서만 사용되지만, 이제 가격은 더 낮아지고 질은 더 좋아지고 있다. 모든 가정이 미래에 3D 프린터를 보유하는 것을 상상해 볼 수 있다. 3D 프린트 기술은 복제할 원래의 물건을 필요로 하지 않는다는 점에 주목하라. 즉, 그 물체를 정확하게 묘사하는 한, 어떤 그림이라도 충분할 것이다. 머지않아 누구나 적절한 디자인을 만들어 내는 가정용 스케치 도구를 사용할 수 있고, 그 다음에는 가정용 프린터가 진짜 물건을 만들어낼 수 있을 것이다. 만약 당신이 그것을 <u>그릴</u> 수 있으면, 당신은 그것을 만들 수 있다. 예를 들어 손님을 위한 정찬용 접시가 충분하지 않다면, 스케치로부터 실제 접시 몇 개를 '출력(제작)'할 수 있다.

○문제 해설

정확하게 물건을 스케치하면 3D 프린트 기술에 의해 실제로 물건을 만들어낼 수 있을 것이라는 내용이므로 빈칸에는 ③ '그리다'가 가장 적절하다.

○오답 확인

① 섞다  ② 열다  ④ 움직이다  ⑤ 맛보다

○구문 분석

【3행】 We can imagine *every home* **having** a 3D printer in the future.

▶ having은 동사 imagine의 목적어 역할을 하는 동명사이고, every home은 동명사 having의 의미상의 주어 역할을 한다.

【9행】 For example, if you don't have **enough dinner plates** for your guests, you can "print out" some real plates from your sketch.

▶ enough는 '충분한'이라는 뜻으로 명사를 수식할 때 「enough+명사」의 어순을 취한다.
cf)「형용사/부사+enough+to부정사」

Words & Phrases
• technology (과학) 기술    • quality 질    • note 주목하다
• require 필요로 하다    • object 물건, 물체
• as long as ~하는 한    • describe 묘사하다
• precisely 정확하게    • produce 생산하다, 만들어 내다
• proper 적절한    • actual 실제적인
• physical 물리적인    print out (프린터로) 출력하다

【7행】 Make **it** a point [**to keep** on the lookout for <u>novel</u> <u>and interesting ideas</u> {**that** others have used successfully}].

▶ it은 가목적어이고, [to keep ~]가 진목적어이다. {that ~}는 novel and interesting ideas를 수식하는 목적격 관계대명사절이다.

---

**1** | 유형 연습문제 |
　[Q] ④　[내신형] adaptation

**2** | 유형 연습문제 |
　[Q] ①　[내신형] (a) children (b) parents (c) parents

**3** | 유형 연습문제 |
　[Q] ⑤　[내신형] what they imagined their roads to success would be like

---

## 유형 연습문제 1　　　　정답 ④

● 전문 해석

발명품은 단계적인 개선에 의해 완벽해지고, 각각의 단계는 그 자체가 하나의 발명품이다. 점점 증가하는 이런 과정에 경의를 표하면서 Isaac Newton 경은 말했다. "내가 다른 사람들보다 더 멀리 봐 왔다면, 그것은 내가 거인의 어깨 위에 서 있었기 때문이다." Newton은 <u>다른 사람들에 의해 발전된</u> 생각들을 점점 더 많이 계발함으로써만 자신의 주요 발견을 이루어낼 수 있었다는 것을 알고 있었다. Thomas Edison은 장래의 어떤 창의적인 과학자를 위해서 귀중한 조언을 제공했다. "다른 사람들이 성공적으로 이용해왔던 신기하고 흥미로운 생각들을 반드시 계속 찾아라. 당신의 생각은 당신이 현재 작업하고 있는 문제에 그것을 적용시키는 데서만 독창적이어야 한다."

○ 문제 해설

【Q】 Newton이 거인의 어깨 위에 있었다는 것은 다른 사람들이 이루어놓은 성취를 이용했다는 것이므로, 빈칸에 들어갈 말로는 ④ '다른 사람들에 의해 발전된'이 가장 적절하다.

【내신형】 영영사전 풀이는 '어떤 것이 다른 목적으로 이용될 수 있도록 그것을 바꾸는 과정'이라는 뜻으로 adaptation(적용)이 이에 해당한다.

○ 오답 확인

① 자연에 의해 주어진
② 이기적이라고 여겨진
③ 쓸모없다고 버려진
⑤ 우연히 발견된

○ 구문 분석

【4행】 Newton was aware of how he could have made his major discoveries only **by** incrementally **advancing** ideas [**developed** by others].

▶ 「by+~ing」는 '~함으로써'의 뜻이다. [developed ~]는 과거

---

## 유형 연습문제 2　　　　정답 ①

● 전문 해석

아이들이 아장아장 걷는 시기와 유아기에 들어섬에 따라, 그들의 발달 목표는 애착물을 형성하고 부모에게 온전히 의존하는 것을 넘어 그들 주위에 자극을 주고 호기심을 불러일으키는 세상을 탐구하고자 하는 욕망의 증가로 구성된 단계로 이동한다. 이 시기는 여전히 부모에게 매우 힘들 수 있는데, 이 시기에 아이들은 끊임없이 그들(부모들)이 기꺼이 이용 가능하고 참여하고 반응하기를 바란다. 높은 수준의 이런 참여에 균형을 맞추기 위해서, 부모들은 그들의 아이들이 더 이상은 지식과 경험을 제공하는 그들에게 완전히 의존하지는 않는다는 것을 기억할 수 있다. 그들은 그들의 아이들이 그들 자신의 힘으로 어떤 것인가를 배우고 있다는 사실을 존중할 수 있고, 그들은 <u>스스로 안내하는</u> 발견에 대한 이런 새로운 탐구를 권장할 수 있다.

○ 문제 해설

【Q】 아이들은 유아기에 접어들면서 여전히 부모에게 의존하긴 하지만, 본인들 스스로의 힘으로 세상을 탐구하기를 바란다는 내용이므로, 빈칸에 들어갈 말로는 ① '스스로 안내하는'이 가장 적절하다.

【내신형】 대명사는 문맥상 앞에 나온 명사를 대신한다.

○ 오답 확인

② 스스로를 동정하는
③ 스스로를 제한하는
④ 스스로를 속이는
⑤ 스스로를 방어하는

○ 구문 분석

【1행】 As children enter into toddlerhood and early childhood, their developmental aim **moves beyond** forming attachments and being totally dependent on parents **to** a stage [**consisting** of an increasing desire for exploring the stimulating and curiosity-provoking world around them].

▶ 「move beyond A to B」는 'A를 넘어 B로 이동한다'로 해석한다. [consisting ~]는 현재분사구로 a stage를 수식한다.

【9행】 They can respect **the fact** [**that** their children are learning to do some things on their own], and they can encourage this new quest for self-guided discovery.

▶ [that ~]는 the fact의 구체적인 내용을 설명하는 동격절이다.

---

**유형 연습문제 3**　　　　　　　　　정답 ⑤

● 전문 해석

비현실적인 낙관주의의 위험에 대한 설명은 체중 감량에 대한 연구로부터 온다. 그 연구에서, 심리학자 Gabriele Oettingen은, 예상했던 대로, 성공할 것이라고 확신했던 비만 여성들이 스스로를 의심하는 사람들보다 26파운드를 더 감량했다는 것을 발견했다. 한편, Oettingen은 또한 여성들에게 성공에 대한 그들의 길이 어떨 것이라고 상상하는지를 그녀에게 말해달라고 요청했다. 결과는 놀라운 것이었다. 즉, 쉽게 성공할 것이라고 믿은 여자들은 체중 감량의 여정이 어려울 거라고 생각한 사람들보다 24파운드를 더 적게 감량했다. 성공을 향한 길이 험난할 것이라고 믿는 것은, 우리가 더 많은 노력을 투입하고 어려움을 직면하고서도 더 오래 지속하도록 하기 때문에, 더 커다란 성공으로 이어진다. 긍정적 태도와 난관에 대한 솔직한 평가를 결합함으로써 현실적인 낙관주의를 함양하는 것이 필요하다.

○ 문제 해설

【Q】 현실적인 낙관주의를 기르기 위해서는 성공할 수 있다고 믿는 긍정적인 태도와 성공을 향해 가는 과정이 험난할 것임을 인정하는 것이 필요하다는 내용이므로, 빈칸에 들어갈 말로는 ⑤ '난관에 대한 솔직한 평가'가 가장 적절하다.
【내신형】 의문사 what이 이끄는 의문사절로 「의문사+주어+동사」의 어순을 취해야 한다. 또한 「what ~ like」는 '무엇과 같은'이라는 뜻인데 우리말로는 '어떤, 어떻게' 정도로 해석되는 점에 주의해야 한다. they imagined는 삽입어구이다.

○ 오답 확인

① 과거에 관한 비판적인 분석
② 체계적인 건강 관리
③ 유연한 생각을 가지는 성향
④ 성공에 대한 무조건적인 믿음

○ 구문 분석

【2행】 In that study, psychologist Gabriele Oettingen found [**that** the obese women {**who** were confident that they would succeed} **lost** 26 pounds more than self-doubters, as expected].

▶ [that ~]는 명사절로 found의 목적어 역할을 한다. that절 안에서 {who ~}는 주격 관계사절로 주어인 the obese women을 수식하고 동사는 lost이다.

【8행】 [**Believing** that the road to success will be rocky] leads to greater success, [**because** it forces us to put in more effort and persist longer in the face of difficulty].

▶ [Believing ~]는 동명사구로 주어 역할을 하고 동사는 leads이다. [because ~]는 이유를 설명하는 부사절이다.

---

**유형 09　빈칸 추론 (2) 긴 구와 절**　　본문 46쪽

| 기출 대표 유형 09 |　　　　　　　　　정답 ⑤

● 전문 해석

인간관계에서 발전시킬 수 있는 가장 중요한 기술 중 하나는 다른 사람의 관점에서 사물을 보는 능력이다. 그것은 고객을 만족시키고, 결혼 생활을 유지하고, 아이들을 키우는 비결 중 하나이다. 인간의 모든 상호작용은 자신이 다른 사람의 입장이 되어 보는 능력에 의해 향상된다. 어떻게 그렇게 할 것인가? 자신과, 자신만의 이익과, 그리고 자신만의 세계를 넘어서서 바라보라. 다른 사람의 과거를 고려하여 어떤 문제를 검토하고 다른 사람들의 흥미와 관심사를 발견할 때, 다른 사람들이 보는 것을 보기 시작한다. 그리고 그것은 강력한 것이다.

○ 문제 해설

인간관계에서는 다른 사람의 입장에서 생각하는 능력이 중요하다는 내용이므로, 빈칸에 들어갈 말로는 ⑤ '다른 사람의 관점에서 사물을 보는'이 가장 적절하다.

○ 오답 확인

① 오래된 것들을 새롭게 만드는
② 다른 사람들의 실수를 용서하는
③ 당신이 정말 원하는 것이 무엇인지 아는
④ 당신의 감정을 정직하게 표현하는

○ 구문 분석

【1행】 One of the most important skills [**you** can develop in human relations] is the ability [**to see** things from others' points of view].

▶ [you ∼]는 목적격 관계대명사 that이 생략된 관계절로 the most important skills를 수식한다. 문장의 주어는 One이고 동사는 is이다. [to see ∼]는 to부정사의 형용사적 용법으로 the ability를 수식한다.

[6행] When you work [**to examine** a problem in the light of another's history and **discover** the interests and concerns of others], you begin to see what others see.

▶ [to examine ∼]는 '∼하기 위하여'라는 뜻의 목적을 나타내고, examine과 discover는 and에 의해 병렬구조를 이루고 있다.

> **Words & Phrases**
> • human relation 인간관계　• satisfy 만족시키다
> • maintain 유지하다　• raise (아이를) 키우다
> • interaction 상호작용　• improve 향상시키다
> • put oneself in another person's shoes 다른 사람의 입장이 되어보다, 남의 입장에 서서 생각하다　• interest 이익
> • examine 검토하다, 조사하다　• in the light of ∼을 고려하여
> • concern 관심, 걱정　• point of view 관점

> **1** | 유형 연습문제 |
> 　[Q] ③　[내신형] take on
>
> **2** | 유형 연습문제 |
> 　[Q] ②　[내신형] security
>
> **3** | 유형 연습문제 |
> 　[Q] ①　[내신형] tag

**유형 연습문제 1**　　　정답 ③

●전문 해석

여러분의 개는 태어난 날부터 배우고 있었다. 우유를 마시러 젖꼭지를 찾는 바로 그 첫 번째 노력, 노는 중에 하는 바로 그 첫 번째 시도, 첫 번째 짖음에서부터, 하나의 결과로 나타났던 것은 그 강아지가 어떻게 다 큰 개가 될 것인가를 지시하고 있었다는 것이다. 7~8주 된 강아지를 얻었을 때쯤에, 학습은 이미 시작되었고, 그 개의 초기 양육과 발달은 이미 영향을 미쳤을 것이다. 여러분이 다 큰 개를 맡았다면, 그 경우 더욱 학습된 행위가 좋든 나쁘든 굳건하게 확립된 것이다. 여러분이 맡은 개의 연령이 어떻든 간에, 여러분은 백지 상태로 시작하는 것은 아니다.

○ 문제 해설

【Q】개는 태어난 날부터 무엇인가를 계속 배운다는 것이 글의 주제로, 개를 키우기로 할 때 개가 몇 살이든 이미 학습이 시작되었다는 것을 알 수 있으므로, 빈칸에 들어갈 말로는 ③ '백지 상태로 시작하는 것은 아니다'가 가장 적절하다.

【내신형】take on은 '(일 등을) 맡다', '∼을 태우다', '(색 등을) 띠다' 등의 의미를 갖는다.
• 미안하지만, 나는 추가적인 일을 더 맡을 수 없다.
• 버스는 더 많은 승객을 태우기 위해 멈췄다.
• 카멜레온은 자기가 속한 배경 색깔의 색을 띨 수 있다.

○ 오답 확인

① 개에게 만족하지 않을 것이다
② 개에게 책임감을 느낄 것이다
④ 개의 이전 주인을 알 필요가 있다
⑤ 개에게 정서적으로 연결되어 있다는 것을 느낄 수 있다

○ 구문 분석

[4행] By the time you got your puppy at seven or eight weeks old, the learning **had** already **started**, and his early rearing and development will have already had an impact.

▶ 강아지를 얻기 전부터 강아지의 학습이 시작되었으므로, 대과거 (had started) 시제가 쓰였다.

[8행] [**Whatever** the age of dog you have taken on], you aren't starting with a blank sheet.

▶ [Whatever ∼]는 복합관계대명사절로 '무엇이든지 간에'라는 뜻으로 쓰였다. Whatever는 No matter what으로 고쳐 쓸 수 있다.

**유형 연습문제 2**　　　정답 ②

●전문 해석

아이는 어린 나이에 부모의 능력에는 사실상 거의 한계가 없다는 것을 확신하게 될 필요가 있다. 어린 아이의 안도감은 자신의 부모가 그를 보호하고, 그를 부양하고, 어떤 그리고 모든 상황에서도 그를 지킬 수 있다는 믿음에 달려 있다. 이것은 부모가 그들의 아이들에게 의심할 여지없는 개인적 힘의 감각을 전할 것을 요구한다. 발달 심리학자들은 오랫동안 어린 아이들은 그들의 부모가 결코 실수를 하지 않는다는 것을 믿고, 또는 믿고 싶어 한다는 것을 인식해왔다. 이 믿음은 '전능함의 신화'라고 불린다.

○ 문제 해설

【Q】아이는 자신의 부모가 실수도 하지 않고 어느 상황에서도 그를 보호하고 부양할 수 있는 전능을 가지고 있다고 믿고 있고, 그렇게 믿고 싶어 한다는 내용의 글이므로, 빈칸에 들어갈 말로는 ② '부모의 능력에는 사실상 거의 한계가 없다'가 가장 적절하다.

【내신형】영영사전 풀이는 '안심되고 안정감을 느끼고, 두려움이나 불안이 없는 상황'을 나타내므로, 윗글에서 나온 단어 중 security (안도감, 안심)를 찾는다.

○ 오답 확인

① 그의 부모가 그의 옆에 항상 있기에는 너무 바쁘다
③ 그가 가지고 싶은 것을 얻기 위해 울어 봤자 소용이 없다
④ 그가 부모의 부재에 관해 질문을 할 수 있다
⑤ 그의 실수는 실제적인 지식보다 더 귀중하다

○ 구문 분석

【1행】A child needs to become convinced at an early age [**that** there are virtually no limits to his parents' abilities].

▶ [that ~]는 명사절로 convinced의 목적어 역할을 한다.

【2행】The young child's sense of security rests upon the belief [**that** his parents are capable of **protecting** him, **providing** for him, and **preserving** him under any and all circumstances].

▶ [that ~]는 the belief의 구체적인 내용을 설명하는 동격절이다. protecting, providing, preserving은 모두 전치사 of의 목적어로 병렬구조를 이루고 있다.

---

**유형 연습문제 3**　　　　　　정답 ①

● 전문 해석

Acumen Fund의 설립자인 Jacqueline Novogratz는 우리 모두가 어떻게 연결되어 있는지를 보여주는 이야기를 해준다. 그녀의 이야기는 파란 스웨터 하나를 중심으로 전개된다. 그것은 그녀가 열두 살 때 삼촌 Ed로부터 받은 것이었다. "저는 줄무늬 소매와 얼룩말 두 마리가 앞에 있는 그 부드러운 모직 스웨터를 좋아했어요."라고 그녀는 말한다. 그녀는 심지어 꼬리표에 자신의 이름을 썼다. 그러나 그녀가 자라면서 그 스웨터는 그녀에게 너무 꽉 끼였다. 그래서 고등학교 1학년 때 그녀는 그것을 자선단체에 기증했다. 11년 후, 그녀는 빈곤 여성을 위한 지원 프로그램을 시작하기 위하여 일하던 Rwanda의 Kigali에서 조깅을 하고 있었다. 갑자기 그녀는 비슷한 스웨터를 입고 있는

한 어린 소년을 발견했다. 그것일까? 그녀는 그에게 달려가서 꼬리표를 확인했다. 그래, 거기에 그녀의 이름이 있었다. 그것은 Jacqueline뿐만 아니라 나머지 우리들에게도 서로에 대한 우리의 인연이 실처럼 연결되어 있음을 상기시켜 주기에 충분했다.

○ 문제 해설

【Q】Jacqueline Novogratz가 Rwanda의 Kigali에서 조깅을 하던 중에 11년 전에 자선단체에 기부한 스웨터를 입고 있는 소년을 발견했다는 일화를 바탕으로 우리의 인연이 실처럼 연결되어 있다는 것을 알려주고 있으므로, 빈칸에 들어갈 말로는 ① '우리 모두가 어떻게 연결되어 있는지를 보여주는'이 가장 적절하다.

【내신형】Jacqueline Novogratz는 꼬리표에 자기 이름을 썼다고 했으므로, 자신이 입던 스웨터인지를 확인하기 위해서는 꼬리표를 확인하면 되므로, 빈칸에는 tag가 들어가야 한다.

○ 오답 확인

② 시간의 상대적 가치를 우리에게 상기시켜 주는
③ 행복한 결말이 있는 힘든 생애를 묘사하는
④ 여성이 하는 역할의 중요성을 강조하는
⑤ 아프리카에 얼마나 많은 기회가 있는지 보여주는

○ 구문 분석

【7행】Eleven years later, she was jogging in *Kigali, Rwanda*, [**where** she was working to set up an aid program for poor women].

▶ [where ~]는 관계부사절로 Kigali, Rwanda를 선행사로 한다.

【8행】Suddenly, she spotted a little boy [**wearing** a similar sweater].

▶ [wearing ~]는 현재분사구로 a little boy를 수식한다.

---

**유형 10　연결어(구) 추론**　　　본문 50쪽

**| 기출 대표 유형 10 |**　　　정답 ③

● 전문 해석

부모의 신체적 접촉이 십 대에게 자신들의 애정을 전하는가? 대답은 예와 아니오 모두이다. 그것은 모두 언제, 어디서, 그리고 어떻게 하느냐에 달려 있다. 예를 들면, 십 대 자녀가 친구들과 함께 있을 때 하는 포옹은 당황스러울 것이다. 그것은 십 대 자녀로 하여금 부모를 밀치거나 "하

지 마세요."라고 말하게 할 것이다. 하지만, 시합 후 집으로 돌아온 십 대 자녀의 어깨를 마사지하는 것은 애정을 깊이 전할 수 있다. 학교에서의 실망스러운 하루 후에 사랑이 담긴 접촉은 진실한 부모의 사랑으로 환영받을 것이다.

○ 문제 해설
(A) 부모와 십 대 자녀간의 신체적 접촉이 애정을 전하는지는 상황에 달려있다는 문장 뒤에 구체적인 예시가 제시되고 있으므로, 빈칸에는 For instance가 적절하다.
(B) 십 대 자녀가 부모의 신체 접촉을 거부하는 예시 문장 다음에 십 대 자녀가 부모의 신체 접촉을 환영하는 예시가 제시되고 있으므로, 빈칸에는 However가 적절하다.

○ 오답 확인
① 게다가 – 그러나
② 다른 말로 하면 – 요약하면
④ 예를 들어 – 요약하면
⑤ 게다가 – 비슷하게

○ 구문 분석
【3행】 For instance, a hug may be embarrassing [if **it**'s done when a teenager is with his friends].
▶ [if ~]는 '만약 ~라면'이라는 뜻의 조건 부사절이다. it은 a hug를 가리킨다.
【4행】 It may **cause** the teenager **to push** the parent away or say, "Stop it."
▶ cause는 목적 보어로 to부정사를 취한다.

Words & Phrases
• physical 신체적인   • communicate 전하다
• depend on ~에 달려있다   • embarrassing 당황스럽게 하는
• massage 마사지하다   • disappointing 실망스러운

1 | 유형 연습문제 |
[Q] ④   [내신형] negative, positive (순서 무관)
2 | 유형 연습문제 |
[Q] ④   [내신형] (a) That → What
(b) have → having
3 | 유형 연습문제 |
[Q] ①   [내신형] 어릴 때 소금이나 설탕에 노출되면 그것에 대한 선호가 강해지는 것

---

유형 연습문제 1                              정답 ④

● 전문 해석
모든 사람은 그들이 존경하는 사람들에 의해 받아들여지기를 원한다. 어떤 사람들은, 특히 십 대들은 술 마시기, 담배 피우기, 부모님에게 거짓말하기, 그리고 유년 시절 친구 거부하기를 포함하여 어떤 집단과 어울리기 위해서 어떤 것이든 할 것이다. 혼자서는 하지 않을지도 모르는 것을 행하는 이런 압력은 또래 압력이라고 불린다. 그러나 이런 압력이 항상 부정적인 것은 아니다. 때때로 또래 압력은 여러분의 삶에 긍정적인 영향을 끼칠 수 있다. 예를 들어, 여러분이 어느 스포츠팀에 가입하면, 여러분은 동료에 의해 가능한 한 최고의 선수가 되라고 격려를 받을 것이다. 마찬가지로, 토론을 함께하는 것은 여러분이 더 좋은 학생이 되는 것을 도울 수도 있다.

○ 문제 해설
【Q】 (A) 또래 압력은 혼자서는 하지 않을 일을 하게 되는 부정적인 것일 수도 있지만, 그것이 항상 부정적인 것은 아니라는 내용이므로, 빈칸에는 However가 적절하다.
(B) 스포츠팀에 가입하면 동료로부터 최고의 선수가 되라고 격려받는 것처럼, 토론을 함께하는 것도 더 좋은 학생이 되는 것을 도울 수 있으므로, 빈칸에는 Likewise가 적절하다.
【내신형】 이 글은 또래 압력이 부정적인 행동을 하게 만드는 나쁜 점도 있지만, 더 좋은 선수나 더 좋은 학생이 되는 것을 돕는 좋은 점도 있다는 내용이므로, 이 글의 주제로는 '또래 압력의 부정적인 점과 긍정적인 점'이 적절하다.

○ 오답 확인
① 게다가 – 마찬가지로
② 게다가 – 대신에
③ 그러므로 – 그렇지 않으면
⑤ 그러나 – 대신에

○ 구문 분석
【4행】 This pressure [**to do** things {**that** you might not do on your own}] is called peer pressure.
▶ [to do ~]는 to부정사의 형용사적 용법으로 주어인 This pressure를 수식하고 동사는 is called이다. {that ~}는 목적격 관계절로 things를 수식한다.
【5행】 However, this pressure is **not always** negative.
▶ not always는 '항상 ~인 것은 아니다'로 부분 부정을 나타낸다.
【8행】 Likewise, **joining** the debate team may help you become a better student.
▶ 문장의 주어는 동명사 joining이다. help는 「help+목적어+동사원형」의 구조로 '목적어가 ~하는 것을 돕다'의 의미를 나타낸다.

●전문 해석

Harvard 의과대학 교수인 Nicholas Christakis와 James Fowler는 누가 행복하고 왜 행복한가를 발견하기 위해 어떤 연구를 수행했다. 연구의 일부로, 그들은 1971년으로까지 기원을 거슬러 올라가는 일련의 사실을 검토했다. 그들이 발견한 것은 행복하고 긍정적인 사람들에 둘러싸여 있는 사람들은 행복할 뿐만이 아니라 그들의 행복은 또한 전염성이 있다는 것이다. 행복한 사람들과 연결되는 것은 단지 행복한 사람들뿐만이 아니다. 즉, 진행 중인 전염 과정이 있다. 마찬가지로, 여러분의 모든 불행한 친구는 여러분의 불행을 10% 증가시킨다. Christakis와 Fowler는 (1984년 달러로) 연소득으로 추가로 5천 달러를 가지는 것은 한 사람의 행복의 가능성을 약 2%까지 증가시켰다는 결론을 내렸다. 반면에, 행복한 친구는 연소득으로 약 2만 달러의 가치가 있다.

○ 문제 해설

【Q】 (A) 주위에 행복한 사람이 있으면 행복해지는 전염 과정이 생기는 것처럼, 불행한 사람이 주위에 있으면 마찬가지로 불행할 가능성이 더 높아진다는 내용이므로, Likewise가 적절하다.
(B) 연소득이 추가로 오르면 행복의 가능성이 2% 오르는 반면, 행복한 친구는 돈으로 환산할 때 그보다 더한 가치가 있다는 내용이므로, 빈칸에는 On the other hand가 적절하다.
【내신형】 (a) 본동사 is 앞이 주어 역할을 해야 하고 found의 목적어가 없으므로, That은 What으로 고쳐야 한다.
(b) that절 안에서 동사가 increased이고 그 앞에는 주어 역할을 하는 구가 필요하므로, have는 having으로 고쳐야 한다.

○ 오답 확인

① 그렇지 않으면 – 반면에
② 그러므로 – 다른 말로 하면
③ 그러므로 – 예를 들어
⑤ 마찬가지로 – 다른 말로 하면

○ 구문 분석

[1행] Nicholas Christakis and James Fowler, [**professors at Harvard Medical School**], conducted a study in order to discover who is happy and why.

▶ 문장의 주어는 Nicholas Christakis and James Fowler이고 동사는 conducted이다. [professors ~]는 주어인 Nicholas Christakis and James Fowler와 동격관계에 있다.
[7행] Likewise, every unhappy friend [**you have**] increases your unhappiness by 10 percent.

▶ [you have]는 목적격 관계대명사 that이 빠진 관계절로 every unhappy friend를 수식한다. every는 뒤에 단수명사와 단수형태의 동사를 취한다.

●전문 해석

소금과 단 것에 관한 한, 그것들에 대한 아이의 선천적인 욕구를 바꾸기 위하여 부모가 할 수 있는 것은 거의 없는데, 그 욕구는 유아기 초기에 시작된다. 하지만 어릴 때 먹는 것으로 아이가 단맛과 짠맛을 찾게 될 상황을 적어도 바꿀 수 있다는 몇몇 증거가 있다. 불과 생후 6개월일 때에도, 소금 간을 한 음식에 더 자주 노출된 아기들은 소금을 덜 맛본 아기들보다 소금을 가미한 시리얼에 대해 더 강한 선호를 보인다. 마찬가지로, 설탕물을 먹어본 적이 있는 6개월 된 아기들은 전에 그것에 노출되지 않은 아기들보다 그것을 더 많이 마시는 경향이 있다. 이러한 효과는 놀라울 정도로 오랜 기간 지속되는데, 그 이유는 심지어 생후 6개월이 되어 부모가 아기에게 설탕물을 주는 것을 멈추더라도 그 아기는 두 살에도 그것에 대한 더 큰 선호를 지속적으로 보일 것이기 때문이다.

○ 문제 해설

【Q】 (A) 단맛과 짠맛에 대한 아이의 선천적인 욕구를 바꿀 수는 없다는 문장 다음에 어릴 때 그런 맛을 찾게 될 상황을 바꿀 수 있다는 내용이 오고 있으므로, 빈칸에는 However가 적절하다.
(B) 생후 6개월 된 아기들이 소금 간을 한 음식과 설탕물을 먹으면 그렇지 않은 아기들보다 더 강한 선호를 보인다는 내용이 서술되고 있으므로, 빈칸에는 Similarly가 적절하다.
【내신형】 소금과 설탕물을 예로 들어 설명하는 빈칸 (B) 앞뒤의 두 문장을 참고하여 가리키는 바를 추론한다.

○ 오답 확인

② 게다가 – 마찬가지로
③ 하지만 – 그러므로
④ 게다가 – 대조적으로
⑤ 예를 들어 – 그러므로

○ 구문 분석

[1행] When it comes to salt and sweets, there's little [**a parent** can do {**to change** a child's inborn desire for *them*}, {which begins early in infancy}].

▶ [a parent ~]는 목적격 관계대명사 that이 생략된 관계절로 little을 수식한다. {to change ~}는 to부정사의 부사적 용법으로 목적을 나타낸다. them은 salt and sweets를 가리킨다.

{which ~}는 계속적 용법의 관계절로 a child's inborn desire for them을 선행사로 한다.

【3행】 However, there is some evidence [**that** early diet can at least change *the circumstances* {**in which** children will seek out sweet and salty flavors}].

▶ [that ~]는 some evidence의 구체적인 내용을 설명하는 동격절이다. {in which ~}는 「전치사＋관계대명사」 구문으로 which는 the circumstances를 선행사로 한다.

【9행】 This effect lasts a surprisingly long time, [**because** {**even if** the parents **stop giving** their baby sugar water by six months of age}, she will continue to show a greater preference for it at age two].

▶ [because ~]는 앞에 나온 내용에 대한 이유를 설명하는 부사절이고, 그 안에 있는 {even if ~}는 '~에도 불구하고'라는 뜻의 양보절이다. 양보절 내의 「stop＋~ing」는 '~하는 것을 멈추다'라는 뜻이다.

what they found around them.

▶ [each ~]는 목적격 관계대명사 that(which)이 생략된 관계절로 things를 수식한다. {to make ~}는 to부정사의 부사적 용법으로 목적의 뜻을 가진다.

【7행】 Pots **were** too heavy [and] **broke** too easily when they were moved, so they made containers from animal skins.

▶ were와 broke는 and에 의해 병렬구조를 이루고 있다.

---

**Words & Phrases**

- tribe 부족  • tool 도구  • shelter 주거(지)
- depend upon ~에 달려 있다  • fit ~에 적합하다
- communicate with ~와 의사소통하다
- the Plains 대초원 (로키 산맥 동부의 캐나다와 미국에 걸친 건조 지대)
- clay pot 점토 그릇  • container 용기, 그릇
- animal skin 동물 가죽

---

## 유형 **11**   무관한 문장 고르기   본문 54쪽

| 기출 대표 유형 11 |   정답 ③

● 전문 해석

초기 아메리카 원주민들은 필요한 모든 것을 만들어야 했다. 각 부족이 도구, 옷, 장난감, 주거, 음식을 만드는 데 사용한 각종 재료들은 그들이 주변에서 발견한 것에 달려 있었다. 또한, 그들이 만든 것은 그들의 생활 방식에 적합했다. (대부분의 부족은 그들의 고유 언어를 사용하고 있었지만, 다른 부족들과 의사소통할 수 있었다.) 예를 들면, 대초원에서 이동을 많이 하며 사는 부족은 점토 그릇을 만들지 않았다. 그릇은 너무 무겁고 운반할 때 깨지기 쉬워서 그들은 동물 가죽으로 된 용기를 만들었다.

○ 문제 해설

필요한 물품을 자신들의 생활 방식에 맞게 만들었던 아메리카 원주민들에 관한 내용으로, 이들의 언어와 의사소통에 관한 내용인 ③은 글의 전체 흐름과 관계가 없다.

○ 구문 분석

【2행】 The kinds of things [**each** tribe used {**to make** tools, clothing, toys, shelter, and food}] depended upon

---

**1** | 유형 연습문제 |
[Q] ④  [내신형] 사람들이 탈퇴하면서 무슨 변명을 하든지 간에

**2** | 유형 연습문제 |
[Q] ④  [내신형] For example(instance)

**3** | 유형 연습문제 |
[Q] ④  [내신형] (a) the migratory animals
(b) Wandering tribesmen

---

**유형 연습문제 1**   정답 ④

● 전문 해석

자원봉사자에게 가장 중요한 시간은 시작에 있다. 그들은 고취되어야 할 뿐만 아니라 편안한 기분을 느끼도록 해야만 한다. 어떠한 불친절, 비판, 불쾌한 환경, 유연하지 못한 일정이나 엄격한 업무 과제는 자원봉사자들을 내쫓을 것이다. 여러분 조직의 통계를 볼 때 여러분 자신을 속이지 말고 초기 단계의 자원봉사자 이탈율이 평균이라고 자신을 위로하지 마라. (순수한 자원봉사활동은 어떤 보상에 대한 어떤 기대나 희망 없이 이루어진다.) 사람들이 탈퇴하면서 무슨 변명을 하든지 간에, 그것이 첫 한두 달 안에 있는 것이라면, 조직은 그것이 어떻게 새로운 자원봉사자들을 포용하는지를 재평가해야만 한다.

○ 문제 해설
【Q】 자원봉사는 처음이 제일 중요해서 자원봉사 조직은 자원봉사자들이 처음에 그만두지 않도록 노력해야 한다는 것이 글의 주된 내용인데, 순수 자원봉사활동은 보상에 대한 기대나 희망 없이 이루어진다는 내용의 ④는 글의 전체 흐름과 관계가 없다.
【내신형】「no matter what+명사」는 복합관계절로 '무슨 ~든지 간에'라는 뜻이다. no matter what은 whatever로 고칠 수 있다.

○ 구문 분석
【4행】 Don't **fool** yourself when you look at the statistics of your organization 　and　 **comfort** yourself that your early-stage volunteer dropout rates are average.

▶ fool과 comfort는 and에 의해 병렬구조를 이루고 있다.

### 유형 연습문제 2                      정답 ④

● 전문 해석
성인의 행동과 행위는 아이들의 학습과 이후의 행동에 영향을 끼칠 수 있다. 부모의 말 또한 차이를 만든다. 다른 말로 하면, 그들의 아이를 가르칠 때 그들이 선택한 언어적 표현이 그들의 아이들이 반응하고 배우는 방식에 영향을 줄 수 있다. 예를 들어, 부모는 그들의 기대를 직접적으로 말로 표현하고, 그들의 아이들이 무슨 행동이 적절한지 아닌지를 알게끔 하는 방식으로 그것들(기대)을 표현함으로써 더욱 효과적이 될 수 있다. (아이들이 어떻게 행동해야 하는가에 관한 부모의 높은 기대가 충족되지 않으면, 흔히 나타나는 결과는 불신이다.) 예를 들어, 부모는 아이들에게 "소리 지르지 마."라고 말하기보다는 "네 평소의 목소리를 이용해서 여동생에게 말을 하려무나."라고 말하면서 그들의 아이들을 지도할 수 있다.

○ 문제 해설
【Q】 성인의 말과 행동이 아이들의 학습과 이후의 행동에 영향을 끼칠 수 있다는 것이 글의 주제로, 높은 부모의 기대를 아이들이 충족시키지 못했을 때 생기는 결과는 불신이라는 내용의 ④는 글의 전체 흐름과 관계가 없다.
【내신형】 두 곳 모두 앞에 나온 내용에 대한 구체적인 예를 들고 있으므로, For example(instance)이 적절하다.

○ 구문 분석
【2행】 In other words, the verbal expressions [**they** **choose** when teaching their children] can influence how their children react and learn.

▶ [they ~]는 목적격 관계대명사 which(that)가 생략된 관계절로 the verbal expressions를 수식한다.

【5행】 For example, parents can be more effective **by** directly **verbalizing** their expectations 　and　 **by** **expressing them** in a way [**that** allows their children to know what actions are appropriate or not].

▶ 「by ~ing」는 '~함으로써'라는 뜻이며 them은 their expectations를 가리킨다. [that ~]는 주격 관계절로 a way를 수식한다.

### 유형 연습문제 3                      정답 ④

● 전문 해석
비록 모든 사람들이 지도 제작에 그런 이해력을 표현하기로 선택하지는 않지만, 인간은 공간적으로, 즉 이것은 여기에 있고, 저것은 저기에 있다고 생각하는 능력을 항상 지녀왔다. 머릿속 지도를 구성할 수 있는 능력은 초기 인류에게 필수적이었음이 분명하다. 예를 들어 수렵 채집인들은 실제 지도 없이도 이주 동물들의 경로와 그 동물들을 사냥할 수 있는 가장 좋은 장소를 알아보았다. 이리저리 돌아다니며 사는 부족민들은 갈증으로 죽지 않고 안전하게 사막을 건널 수 있는 방법을 알 필요가 있었다. (목판 인쇄술을 발명하기 전에 지도는 양가죽이나 다른 적당한 재료에 그려졌고 오직 손으로 베껴야만 복사될 수 있었다.) 이 모든 사람들은 머릿속에 그들의 땅에 대한 지도를 지녔을 것이다.

○ 문제 해설
【Q】 사람들에게는 머릿속에 지도를 구성할 수 있는 능력이 있다는 것이 글의 주된 내용으로, 목판 인쇄술이 발명되기 전에는 지도가 적당한 재료에 그려졌고 손으로만 복사될 수 있었다는 내용의 ④는 글의 전체 흐름과 관계가 없다.
【내신형】 대명사 them과 they는 앞에 나온 명사(구)를 대신한다.

○ 구문 분석
【1행】 Human beings have always had the capacity [**to** **think** spatially] — this is here, that is there — even though **not everybody** chooses to express this understanding in mapmaking.

▶ [to think ~]는 to부정사의 형용사적 용법으로 the capacity를 수식한다. not everybody는 '모든 사람이 ~은 아니다'라는 뜻의 부분 부정을 나타낸다.

【3행】 The capacity to form mental maps **must have been** essential for the early humans.

▶ 「must have p.p.」는 과거에 대한 강한 확신을 나타내며 '~했음에 틀림이 없다'로 해석한다.

---

## 유형 12 글의 순서 배열　　본문 58쪽

**| 기출 대표 유형 12 |**　　정답 ②

● 전문 해석

학교에서 돌아와서 쿠션이 거실 바닥에 갈가리 찢어진 채로 있는 것을 발견한다고 가정해 보라. (B) 쿠션 속이 밖으로 빠져나와 있고 작은 속 조각들이 여기저기에 있다. 가방을 내려놓을 때, 개가 당신을 향해 달려온다. (A) 개가 당신의 품속으로 뛰어들 때 당신은 개가 쿠션 속 조각들로 뒤덮여 있는 것을 발견한다. 당신은 자신이 그날 아침 집을 나간 마지막 사람임을 알고 있다. (C) 당신은 이런 정보에 대해 생각해보고, 사실에 기초하여, 개가 쿠션을 찢어 놓았다는 가능한 설명을 생각해 낸다. 이 과정은 결론 도출하기라고 불린다.

○ 문제 해설

학교에서 집에 돌아와 보니 쿠션이 찢어져 있다고 가정하자는 내용의 주어진 글 다음에는 쿠션의 속 조각들이 여기저기에 있다는 말로 시작되는 (B)가 와야 하고, (B)의 마지막 부분에서 개가 달려온다고 언급했으므로 그 개가 품속으로 뛰어든다는 말로 연결되는 (A)가 온 다음, (B)와 (A)에서 제시한 정보를 this information으로 지칭하는 (C)가 맨 마지막에 오는 것이 문맥상 가장 자연스러운 글의 순서이다.

○ 구문 분석

【1행】 Suppose you come home from school [**to find** a cushion torn apart on the living room floor].

▶ [to find ~]는 to부정사의 부사적 용법 중 결과적 용법으로 '~해서 발견하다'라는 뜻으로 해석한다.

【9행】 You think about this information and come up with **a possible explanation**, based on the facts, [**that** she tore apart the cushion].

▶ [that ~]는 a possible explanation의 구체적인 내용을 설명하는 동격절이다.

---

**1** | 유형 연습문제 |
[Q] ②　[내신형] 생각과 행동을 학생들이 따라 하도록 고취시켰던 선생님

**2** | 유형 연습문제 |
[Q] ④　[내신형] (a) 매가 간을 빼앗아 날아가 버린 것 (b) 간을 요리하는 것

**3** | 유형 연습문제 |
[Q] ③　[내신형] Ohio주 미식 축구팀이 전국선수권 대회에서 우승할 확률

---

**유형 연습문제 1**　　정답 ②

● 전문 해석

가장 기억할 만한 선생님은 보통 가장 많은 내용물을 그들의 강의 속에 밀어 넣었던 분들이 아니라, 그보다는 생각과 행동을 학생들이 따라 하도록 고쳐시켰던 분들이다. (B) 아마도 또한 그들은 사실과 수치를 가르치는 것과 학생들에게 그 사실과 수치를 어떻게 평가하고 탐구할 것인가를 가르치는 것의 균형을 맞췄을 것이다. (A) 예를 들어, 나는 학생들이 (교과목으로서의) 사회가 무엇인지를 아느냐고 물음으로써 내 7학년 사회 수업을 시작하셨던 선생님을 결코 잊지 못할 것이다. (C) 물론, 모든 사람이 자신의 머리를 끄덕였다. 그러고 나서 그 수업은 그것(사회)이 무엇인가를 이해하려고 노력하는 데 세 번의 수업 시간을 보냈다.

○ 문제 해설

[Q] 가장 기억할 만한 선생님에 관해 서술하는 주어진 글 다음에는 가장 기억할 만한 선생님을 they로 받는 (B)가 오고, 필자가 그런 수업의 예를 드는 (A)가 온 다음, 마지막으로 교과목으로서의 사회가 무엇인가를 알기 위해 세 번의 수업을 했다는 내용의 (C)가 오는 것이 가장 자연스러운 글의 순서이다.

[내신형] 가장 기억할 만한 선생님에 관한 내용은 'those whose thoughts and actions inspired others to follow suit'에 나와 있다.

○ 구문 분석

【1행】 The most memorable teachers are usually not those [who crammed the most content into their lectures], but rather those [whose thoughts and actions inspired others to follow suit].

▶ 'A가 아니라 B'라는 뜻의 「not A but B」 구문이 쓰였고, those는 여기서 teachers를 대신 받는다. [who ~]와 [whose ~]는 각각 주격 관계절, 소유격 관계절로 앞에 있는 those를 수식한다.

【4행】 For example, I will never forget the teacher who started off my seventh-grade social studies class by asking [whether students knew {what social studies was}].

▶ [whether ~]는 '~인지'의 뜻을 나타내는 명사절로 asking의 목적어 역할을 한다. {what ~}는 의문사절로 knew의 목적어 역할을 한다.

### 유형 연습문제 2
정답 ④

● 전문 해석

하루는 멍청한 한 남자가 간을 좀 샀고, 그것을 가지고 가던 중에 친구 한 명이 그를 만났고 그가 그것을 어떻게 요리할 것인가를 물었다. (C) "오! 평상시대로 할 걸세."라고 그가 대답했다. "안 돼!"라고 그의 친구가 말했다. "그것을 요리하는 정말 좋은 방법이 있어. 내가 요리법을 종이 위에 써줄게. 그에 맞춰서 간을 요리만 하면 될 거야." (A) 그의 친구는 그것을 종이에 쓰는 것을 마치고 그것을 그에게 넘겨주었다. 그가 생각에 깊이 잠긴 채 집으로 가고 있었을 때, 매 한 마리가 덮쳐서 간을 그의 손에서 뺏고는 그것을 들고 날아가 버렸다. (B) 그러나 그 남자는 개의치 않아 보였는데, 왜냐하면 그는 요리법을 들고 있었고, 매에게 외쳤다. "네가 그것을 하는 게 무슨 소용이 있니? 여기 내 손에 요리법이 있기 때문에, 넌 그것을 즐길 수 없어."

○ 문제 해설

【Q】 어떤 멍청한 남자가 간을 사서 집에 가는 도중에 친구를 만났다는 내용의 주어진 글 다음에는 친구가 간을 요리하는 좋은 방법을 알려주면서 그것을 종이에 써주는 내용의 (C)가 오고, 쓰는 것을 마친 친구에게서 받은 요리법과 간을 들고 집에 가다가 매에게 간을 빼앗겼다는 내용의 (A)가 온 다음, 그런데도 요리법만 든 남자가 요리법 없이 간만 들고 간 매를 바보 같이 여기는 내용의 (B)가 오는 것이 가장 자연스러운 글의 순서이다.

【내신형】 (a) 글의 문맥상 매가 간을 빼앗아 날아간 것을 가리킨다.
(b) 문맥상 간을 요리하는 방법을 가리킨다.

○ 구문 분석

【1행】 One day a stupid man bought some liver, and as he was carrying it away a friend met him and asked [how he intended to cook it].

▶ met과 asked는 and에 의해 병렬구조를 이루고 있고, [how ~]는 의문사절로 asked의 목적어 역할을 한다.

【4행】 He was proceeding home deep in thought when a hawk pounced down, took the liver out of his hand, and flew off with it.

▶ deep in thought는 '깊은 생각에 잠겨'라는 의미를 나타낸다. pounced, took, flew가 병렬구조를 이루고 있다.

### 유형 연습문제 3
정답 ③

● 전문 해석

확률에 대한 주관적인 접근법은 대체로 의견, 감정, 희망에 근거한다. 따라서 우리는 일반적으로 실제 과학적인 시도에서는 이러한 접근법을 사용하지 않는다. (B) Ohio주 미식 축구팀이 전국선수권 대회에서 우승하리라는 실제 확률이 어딘가에 있겠지만, 어느 누구도 그것을 알지 못한다. 몇몇 팬들은 그들이 Ohio주 팀을 얼마나 좋아하거나 싫어하느냐에 근거해서 그 확률이 얼마인지에 대해 생각을 할 것이다. (C) 다른 사람들은 선수들의 통계(개인 기록)를 평가하고, 지난 100년간의 Ohio주 팀의 모든 통계를 분석하고, 경쟁력을 보는 것 등등과 같은 약간 더 과학적인 접근법을 사용할 것이다. (A) 하지만, 어느 경우든, 사건에 대한 확률은 거의 주관적이고, 이러한 접근법은 과학적이지 않을지라도 팬들 사이에서 확실히 재미있는 이야기감에 기여한다.

○ 문제 해설

【Q】 실제 과학적 시도에서는 확률에 대한 주관적인 접근법을 사용하지 않는다는 주어진 글 다음에는, Ohio주 미식 축구팀의 전국선수권 대회 우승 확률은 팀을 좋아하느냐 싫어하느냐에 따라 결정한다는 내용의 (B)가 오고, 팀과 선수들의 오랜 기간 동안의 통계치를 분석하는 등 조금 더 과학적인 접근법을 사용한다는 내용의 (C)가 온 다음, 이 두 가지 경우를 'in either case'로 지칭하여 설명하는 (A)가 오는 것이 가장 자연스러운 글의 순서이다.

【내신형】 밑줄 친 that chance는 the Ohio State football team will win the national championship을 가리킨다.

○ 구문 분석

【7행】 Although the actual probability [that the Ohio State football team will win the national championship] is out there somewhere, no one knows what it is.

▶ [that ~]는 the actual probability의 구체적인 내용을 설명하는 동격절이다.

【9행】 Some fans will have ideas about [**what** that chance is] [**based on** how much they love or hate Ohio State].

▶ [what ~]는 의문사절로 전치사 about의 목적어 역할을 하고, [based on ~]는 전치사구로 '~에 근거하여'라는 뜻이다.

┌─ Words & Phrases ─┐
• take in 받아들이다, 섭취하다   • opening 구멍
• automatic 자동적인   • body temperature 체온
• mammal 포유류   • environment 환경
• dig 파다   • bottom 바닥   • dirt 흙
• bury 묻다   • breathe 숨을 쉬다   • normally 평소대로

---

## 유형 13 주어진 문장의 위치 찾기 본문 62쪽

| 기출 대표 유형 13 | 정답 ⑤

● 전문 해석

거북은 조류와 포유류처럼 체온을 자동으로 조절하는 능력이 없다. 거북의 체온은 주위 환경에 따라 변한다. 날씨가 너무 추워지면, 거북은 연못 바닥의 진흙이나 숲의 흙 속 깊이 구멍을 판다. 흙 속에 묻히면 거북은 어떻게 숨을 쉴 수 있을까? 거북은 코와 입으로 숨 쉬는 것을 멈춘다. 대신에 거북은 피부와 그것의 꼬리 아래에 있는 구멍을 통해 공기를 받아들인다. 그리고 봄이 와서 땅이 따뜻해지면, 거북은 땅을 파고 나와 다시 평소대로 숨 쉬기 시작한다.

○ 문제 해설

주어진 문장은 거북이 땅 속에서 어떻게 호흡을 하는가를 설명하고 있으므로, 코와 입을 사용해 숨을 쉬기를 멈춘다는 내용 뒤인 ⑤에 들어가는 것이 가장 자연스럽다. 주어진 문장의 Instead와 it이 정답을 찾는 단서이다.

○ 구문 분석

【7행】 The turtle **stops breathing** air through its nose and mouth.

▶ 「stop ~ing」는 '~하는 것을 멈추다'라는 뜻이다.
cf) 「stop to do」 '~하기 위해 멈추다'

【8행】 And when spring comes and the ground warms up, the turtle digs itself out and starts breathing normally again.
S  V  O

▶ digs의 주어가 the turtle이고 digs의 목적어 역시 the turtle이기 때문에 재귀대명사 itself를 썼다.

---

**1** | 유형 연습문제 |
**[Q]** ⑤  [내신형] • 파란색: 차분하고 조용함
• 빨간색(오렌지색): 흥분, 적극성, 힘

**2** | 유형 연습문제 |
**[Q]** ⑤  [내신형] (a) romantic couples (b) a relationship (c) differences

**3** | 유형 연습문제 |
**[Q]** ④  [내신형] 비타민 C를 매일 복용했던 사람들이 그렇지 않았던 사람들보다 감기에 덜 걸렸다.

---

### 유형 연습문제 1 정답 ⑤

● 전문 해석

미술 작품에서처럼, 색의 사용은 매우 다양한 효과를 만들어낼 수 있다. 어떤 그림에 많이 쓰인 파란색은 보는 사람에게 차분하고 조용한 느낌을 준다. 밝은 빨간색과 오렌지색은 그 반대의 효과를 만들어내는데, 즉 그것들은 보는 사람 안에 흥분, 적극성, 그리고 힘의 느낌을 일으킨다. 밝은색들이 그림을 지배할 수 있는 것과 마찬가지로, 똑같은 것이 교실의 색에도 적용된다. 밝은 색이 너무 많으면 미술과 자연의 아름다움을 망칠 수 있다. 여러분에게 선택권이 있다면, 벽과 천장에 부드럽고, 연하고, 중성적인 색을 선택하는 것이 가장 좋다. 이런 종류의 배경은 아이들의 미술 작품이 눈에 띄도록 해준다.

○ 문제 해설

【Q】 주어진 문장은 벽과 천장에 부드럽고, 연하고, 중성적인 색을 쓰는 것이 좋다는 내용이며 이것을 뒤에 This sort of background로 다시 받고 있으므로 ⑤에 들어가는 것이 가장 자연스럽다.

【내신형】 파란색은 a calm, quiet feeling에서 알 수 있고, 빨간색(오렌지색)은 feelings of excitement, positiveness, and power에서 알 수 있다.

○ 구문 분석

【1행】 If you have a choice, **it** is best [**to choose** soft, light, neutral colors for walls and ceilings].

▶ it은 가주어이고, [to choose ~]는 진주어이다.

【9행】This sort of background **allows** children's artwork **to stand out**.

▶ allow는 목적 보어로 to부정사를 취한다.

---

talking about them.

▶ to deny와 to avoid는 and에 의해 병렬구조를 이루고 있다.

---

유형 연습문제 2     정답 ⑤

●전문 해석

우리가 인간관계에서 겪는 경험을 정의하기 위해 이용하는 상징은 우리가 그 관계에 관해서 어떻게 생각하고 느끼는가에 영향을 끼친다. 내 동료와 나는 그들 사이의 차이점을 어떻게 정의했는지를 연인들에게 물었다. 우리는 어떤 사람들은 차이점을 관계에 활력을 불어넣고 관계를 흥미로운 것으로 유지하는 긍정적으로 힘으로 정의했다는 것을 알았다. 다른 사람들은 차이점을 친밀함에 대한 문제나 장애물로 정의했다. 파트너가 차이점을 어떻게 정의하는가와 그들이 그것을 어떻게 다루는가 하는 것 사이에는 직접적인 연관성이 있었다. 차이점을 건설적인 것으로 보는 파트너는 호기심, 흥미, 그리고 토론을 통한 성장의 희망을 가지고 그것에 접근했다. 역으로, 차이점을 문제라고 딱지를 붙인 파트너는 차이점을 부인하고 그것에 관해 말하는 것을 피하는 경향이 있었다.

○ 문제 해설

【Q】 주어진 문장은 관계에서 다른 사람과의 차이점을 건설적으로 보는 사람에 관한 내용으로, 차이점을 어떻게 다루는가 하는 것에 관한 내용의 뒤와 Conversely로 시작하여 차이점을 문제로 여기는 내용의 앞인 ⑤에 들어가는 것이 가장 자연스럽다.

【내신형】 각 대명사가 가리키는 것을 그 문장 안에서 찾는다.

○ 구문 분석

【3행】 The symbols [**we use** {**to define** experiences in our relationships}] affect how we think and feel about those relationships.

▶ [we use ~]는 목적격 관계대명사 which(that)가 생략된 관계절로 주어인 The symbols를 수식하고 동사는 affect이다. {to define ~}는 to부정사구의 부사적 용법으로 목적의 의미를 가진다.

【10행】 Conversely, partners who labeled differences as problems tended **to deny** differences ⏐and⏐ **to avoid**

---

유형 연습문제 3     정답 ④

●전문 해석

연구자들은 두 변인이 관련이 되어 있다는 것을 알 때, 그들은 흔히 자동적으로 그 두 변인이 인과 관계를 갖고 있다는 결론에 성급히 도달한다. 예를 들어, 한 연구원이 비타민 C를 매일 복용했던 사람들이 그렇지 않았던 사람들보다 감기에 덜 걸렸다고 말한 것을 알게 되었다고 가정하자. 이러한 결과를 발견하자마자, 그녀는 이러한 데이터를 증거로 사용하면서 비타민 C가 감기를 예방한다는 논문을 썼다. 자, 비타민 C가 감기를 예방하는 것이 정말 사실일 수도 있지만, 이 연구원의 연구는 그것을 주장할 수 없다. 왜냐하면 그녀는 비타민 C와 감기가 연관될 수 있는 다른 요인들을 통제하지 않았기 때문이다. 예를 들어, 비타민 C를 매일 복용하는 사람들이 전반적으로 건강을 좀 더 의식하며, 손을 자주 씻고 좀 더 자주 운동을 할 수도 있다. 통제된 실험을 할 때까지는 당신은 당신이 찾은 관련성에 근거해 인과 관계에 관한 결론을 내릴 수 없다.

○ 문제 해설

【Q】 주어진 문장은 연구원의 연구 결과를 신뢰할 수 없는 이유를 설명하고 있으므로, 연구원이 비타민 C가 감기를 예방한다는 주장을 할 수 없다는 문장과 다른 요인들을 예를 들어 설명하는 문장 사이인 ④에 들어가는 것이 가장 자연스럽다.

【내신형】 밑줄 친 these results는 앞에 나온 내용인 people who took vitamin C every day reported having fewer colds than people who didn't를 가리킨다.

○ 구문 분석

【5행】 For example, suppose a researcher found that people who took vitamin C every day reported having fewer colds than people who **didn't**.

▶ didn't 뒤에는 take vitamin C every day가 생략되어 있다.

【9행】 Now, while it may be true that vitamin C **does prevent** colds, this researcher's study can't claim that.

▶ 「do/does/did＋동사원형」은 동사를 강조하는 표현이다.

**Words & Phrases**
• boundary 경계 • mountain range 산맥
• ideal 이상적인 • separation 구분 • establish 확립하다
• recognize 인정하다 • physical 물리적인 • feature 특징
• in reality 실제로 • flooding 홍수 • shift 이동하다, 변화하다
• alter 바꾸다 • frequently 빈번하게 • determine 결정하다
• location 위치

## | 기출 대표 유형 14 | 정답 ②

● 전문 해석

주나 국가 사이의 자연적 경계는 강, 호수, 사막 그리고 산맥을 따라 나타난다. 그것들 중에 강을 따라 형성된 경계가 가장 이상적인 것처럼 보인다. 그것들은 분명한 구분을 해주며, 그것들은 확립되고 인정된 물리적 특징이다. 하지만 실제로 강을 따라 형성된 경계는 강이 경로를 바꿈에 따라 바뀔 수 있다. 홍수 후에 강의 경로가 변하여 주나 국가 사이의 경계를 바꿀 수 있다. 예를 들어, 미국과 멕시코를 구분 짓는 Rio Grande 강은 경로를 빈번하게 바꾸어, 국가 간 경계의 정확한 위치를 결정하는 데 문제를 일으켰다.

➡ 강은 경계를 확립하는 데 이상적인 것처럼 보이지만, 사실은 그렇지 않은데, 그 이유는 그것의 경로가 변할 수 있기 때문이다.

1 | 유형 연습문제 |
[Q] ⑤ [내신형] (a) For example(instance)
(b) Thus 또는 Therefore

2 | 유형 연습문제 |
[Q] ③ [내신형] how justified your anger may seem

3 | 유형 연습문제 |
[Q] ② [내신형] manipulate

○ 문제 해설

강이 주나 국가 사이의 경계를 나누기에 가장 이상적인 것처럼 보이지만 강이 경로를 바꿈에 따라 경계가 바뀔 수도 있다는 내용이므로, 요약문의 빈칸 (A)에는 establishing, (B)에는 changeable이 가장 적절하다.

○ 오답 확인

① 확립하는 – 눈에 보이지 않는
③ 제거하는 – 고정된
④ 연결하는 – 고정된
⑤ 연결하는 – 변할 수 있는

○ 구문 분석

【6행】 **Following** flooding, a river's course may shift, [**altering** the boundary between states or countries].

▶ Following은 전치사로 '~후에'라는 의미를 나타내며, [altering ~]는 분사구문으로 앞에 있는 내용 전체가 의미상의 주어 역할을 한다.

【7행】 For example, the Rio Grande, [**separating** the United States and Mexico], has frequently shifted its course, [**causing** problems in determining the exact location of the international boundary].

▶ [separating ~]와 [causing ~]는 둘 다 분사구문으로 의미상의 주어는 각각 the Rio Grande와 the Rio Grande ~ its course이다.

### 유형 연습문제 1 정답 ⑤

● 전문 해석

많은 동물들은 외톨이가 아니다. 그들은 본능적으로 함께 살고 일함으로써 세계와 더욱 효과적으로 상호작용할 수 있다는 것을 발견해왔다. 예를 들어, 어떤 동물이 혼자서 먹이를 사냥하면, 그것은 자신보다 훨씬 더 작은 동물만을 잡고, 죽이고, 먹을 수 있을 뿐이지만, 동물들이 집단을 이루어 무리를 이룬다면, 자신들보다 더 큰 동물을 잡아서 죽일 수 있다. 늑대 한 무리는 말을 죽일 수 있는데, 그것이 그 집단을 매우 잘 먹일 수 있다. 그러므로, 혼자 일하는 것보다 함께 일하는 경우에 똑같은 숲에 있는 똑같은 동물들이 더 많은 먹이를 구할 수 있다.

➡ 많은 동물들은 먹이를 얻는 것에 관한 한, 협력하는 것이 이롭다는 것을 알고 있다.

○ 문제 해설

【Q】 동물들은 먹이를 구할 때 혼자보다 무리를 이루어 사냥하면 더 많은 먹이를 얻을 수 있다는 내용이므로, 요약문의 빈칸 (A)에는 obtaining, (B)에는 cooperating이 가장 적절하다.

【내신형】 (a) 함께 살고 일하면서 효과적인 상호작용을 할 수 있다는 것에 대한 예를 사냥을 통해 제시하고 있으므로, For example (instance)이 적절하다.

(b) 사냥을 예로 들어 설명한 후, 함께 일할 때 더 많은 먹이를 구할 수 있다는 내용이 이어지고 있으므로, Thus 또는 Therefore가 적절하다.

○ 오답 확인

① 숨기는 – 놀이하는 것
② 숨기는 – 협력하는 것
③ 먹는 – 고립되는 것
④ 얻는 – 고립되는 것

○ 구문 분석

【3행】 For example, if an animal hunts for food by itself, it can only catch, kill, and eat animals **much smaller** than itself ~.

▶ 비교급 앞에 even, much, still, far, a lot 등이 쓰이면 '훨씬'이라는 뜻으로 비교급을 강조한다.

## 유형 연습문제 2                    정답 ③

● 전문 해석

화가 났을 때, 여러분은 감정이 실린 결정을 내릴 가능성이 더 높은데, 그것을 여러분은 나중에 후회할 수도 있다. 중요한 결정을 내리기 전에 마음이 차분히 가라앉을 때까지 기다리는 것이 더 좋다. 여러분이 충동적인 유형의 사람이라면, 화가 날 때 떠났다가, 화가 지나간 다음에 돌아오는 것이 더 좋을 수도 있다. 이것은 모든 상황에 적용된다. 여러분이 화를 내는 것이 얼마나 정당한 것으로 보일 수 있느냐에 관계없이, 그것을 숙고할 시간을 좀 가져라. 모든 측면에서 그 문제를 보고난 후에도 화가 나 있다면, 여전히 여러분은 마음속에 있는 것을 말할 수도 있고 또는 처음에 취하고자 했던 행동을 할 수도 있다. 차이점은 여러분의 결정을 후회하지 않을 것임을 알고 있는 것인데, 그것이 세심히 숙고한 후에 내려졌기 때문이다.

➡ 화가 나서 말하거나 결정하는 것이 여러분을 후회하게 만들 수 있기 때문에, 숙고할 시간을 좀 갖는 것이 더 좋다.

○ 문제 해설

【Q】 화가 날 때 어떤 결정을 내리게 되면 감정이 실리게 되고 그 결정을 나중에 후회하게 되므로, 시간을 가지고 심사숙고하는 것이 좋다는 내용이다. 그러므로 요약문의 빈칸 (A)에는 regretful, (B)에는 consideration이 가장 적절하다.
【내신형】 의문사 how는 뒤에 형용사나 부사를 취하고, 의문사절로 쓰여 전치사 of의 목적어 역할을 해야 하므로, 「how+형용사+주어+동사」의 어순으로 쓰여야 한다.

○ 오답 확인

① 고마워하는 – 자극
② 후회하는 – 매력

④ 편안한 – 해명
⑤ 편안한 – 상호작용

○ 구문 분석

【3행】 If you are an impulsive type, it may be better [**to leave** in times of anger, and **return** when your anger has passed].
(가주어) (진주어)

▶ it은 가주어이고, [to leave ~]가 진주어이다. leave와 return은 and에 의해 병렬구조를 이루고 있다.

【6행】 Regardless of [**how** justified your anger may seem], take some time to **think it over**.

▶ [how ~]는 의문사절로 전치사 of의 목적어 역할을 한다. think over처럼 「동사+부사」로 이루어진 동사구의 목적어가 대명사일 경우, 「동사+대명사+부사」의 어순으로 쓴다.

## 유형 연습문제 3                    정답 ②

● 전문 해석

오늘날 마케팅과 광고투성이의 세상에서, 사람들은 상표로부터 벗어날 수 없다. 사람들이 상표나 상품을 사용하기 시작하는 시기가 어리면 어릴수록, 그들은 미래에 그것을 계속 사용할 가능성이 높아진다. 그러나 그러한 점이 회사들이 어린 소비자를 대상으로 그들의 마케팅과 광고를 하는 유일한 이유는 아니다. Texas A&M 대학교의 James U. McNeal 교수는 다음과 같이 말한다. "즉흥적인 음식 구매의 75%는 부모에게 조르는 아이에게서 기인할 수 있다. 그리고 두 명의 엄마 중 한 명이 단순히 아이가 요청하기 때문에 먹을 것을 살 것이다. 아이에게 있는 욕구를 촉발시키는 것이 가족 전체의 욕구를 촉발시키는 것이다." 다시 말해서, 아이들은 가정에서의 소비에 대한 영향력을 지니며, 조부모에 대해 영향력을 지니며, 아이를 돌봐주는 사람에 대해서도 영향력을 지닌다. 바로 이것이 회사들이 아이들의 마음을 조종하기 위하여 책략을 사용하는 이유이다.

➡ 아이들은 그들 부모들의 구매를 지시할 수 있는 능력이 있기 때문에 원래 그리고 자발적으로 마케팅에 영향력이 있을 수 있다.

○ 문제 해설

【Q】 회사가 어린 소비자들, 즉 어린이들을 겨냥하여 광고와 마케팅을 하는 이유는 아이들의 욕구를 촉발시키는 것이 곧 가족 전체의 욕구를 촉발시키는 것이라는 내용의 글이므로, 요약문의 빈칸 (A)에는 influential, (B)에는 direct가 가장 적절하다.

【내신형】 영영사전 풀이는 '여러분에게 이득이 되는 방향으로, 흔히 부당하거나 정직하지 못한 방식으로 무엇인가나 누군가를 제어하는 것'이라는 뜻으로, manipulate가 적절하다.

○ 오답 확인
① 영향력이 있는 – 예측하다
③ 분석한 – 계산하다
④ 분석한 – 과대평가하다
⑤ 가치 없는 – 과소평가하다

○ 구문 분석
【2행】 **The younger** they are when they start using a brand or product, **the more** likely they are to keep using it for years to come.

▶ 「the+비교급 ~ , the+비교급 …」은 '~하면 할수록, 점점 더 …하다'의 뜻이다.

【8행】 [**To trigger** desire in a child] is [**to trigger** desire in the whole family].
<br>(S / V / C 표시)

▶ 첫 번째 [To trigger ~]는 주어 역할을 하고, 두 번째 [to trigger ~]는 보어 역할을 한다.

---

유형 **15** 　 장문 독해　　　본문 70쪽

**| 기출 대표 유형 15 |**　　　정답 1② 2④ 3④

● 전문 해석

(A)
우리 아들 Justin은 다섯 살이었고 부활절 달걀 찾기 행사에 처음으로 참여했다. 출발선인 노란 리본 뒤에서 출발하기를 기다리며 모든 아이들이 모여 있었다. 리본이 잘리자 Justin을 제외한 모든 아이들이 달리기 시작했다. "달려, 달려, Justin, 서둘러."라고 나는 소리쳤다. 하지만 그는 내 말에 주의를 기울이지 않았다.

(C)
숨겨진 달걀을 찾으며 맹렬히 달리고 있는 다른 나머지 아이들보다 그는 약 100피트 정도 뒤처져 있었다. 나는 "아, 그는 하나도 찾지 못할 거야."라고 옆에 서 있던 여동생에게 말했다. 여동생의 아들인 Danny는 선두에서 앞장서 달리고 있는 아이들 중 하나였다. 그는 다른 아이들과 함께 빨리 달리고 있었다.

(B)
그때 나는 Justin이 몸을 숙이는 것을 보았고 그가 달걀 하나를 찾은 것처럼 보였다. 그는 돌아서서 나를 향해 손을 흔들었다. 그런 다음 그는 다시 한 번 무언가를 집어 들었다. 5분 안에, 모든 달걀이 발견된 것 같았고 아이들이 찾은 것을 엄마에게 보여주기 위해 출발선으로 돌아오고 있었다. 몇 명은 달걀을 하나 가지고 있었고, 몇 명은 두 개를 가지고 있었으며, 심지어 세 개를 가지고 있는 아이도 몇 명 있었다.

(D)
그때 Justin이 나에게로 돌아오는 것이 보였다. 그의 가방은 가득 차 있었다! 그가 가방을 열었을 때 세어 보니 12개의 달걀이 있었다! 다른 아이들은 모두 서두르느라 이 달걀들을 바로 지나쳐 달렸지만 Justin은 그렇지 않았다. 그는 다른 아이들이 달려 지나쳐 버린 달걀을 주우면서 그냥 천천히 걸었다. 나는 그때, 때때로 아이들을 심하게 다그치지 않으면 아이들은 더 잘한다는 것을 알았다.

○ 문제 해설
【1】 Justin은 부활절 달걀 찾기 행사의 출발선에서 다른 아이들처럼 달리지 않았다는 내용의 (A) 다음에는, Justin이 다른 아이들보다 뒤처졌고, Danny를 비롯한 다른 아이들은 빨리 달렸다는 내용의 (C)가 오고, 뛰는 대신 Justin은 걸어가면서 달걀을 찾았다는 내용의 (B)가 온 다음, 마지막으로 Justin이 돌아와서 보니 달걀을 많이 찾았다는 내용의 (D)가 오는 것이 문맥상 가장 자연스러운 글의 순서이다.
【2】 (d)는 Danny를 가리키지만, (a), (b), (c), (e)는 모두 Justin을 가리킨다.
【3】 Justin이 돌아와 필자와 함께 가방 속의 달걀을 세어 보았다는 내용이 있으므로 ④는 글의 내용과 일치하지 않는다.

○ 구문 분석
【B 1행】 Then I **saw** Justin **bend** over and it looked like he had found an egg.

▶ 지각동사 see는 목적어와 목적 보어가 능동의 의미 관계에 있을 때 동사원형을 목적 보어로 취한다.

【B 3행】 Within five minutes, all the eggs seemed **to have been** found and the children were heading back to the starting line to show their mothers what they had found.

▶ 「to have p.p.」는 완료부정사로 앞에 있는 동사(seemed)보다 먼저 일어난 사건을 나타낼 때 쓰인다.

【D 1행】 At that time I **saw** Justin **heading** my way.

▶ 지각동사 see는 목적어와 목적 보어가 능동의 의미 관계에 있을 때 동사원형을 목적 보어로 취하는데, 진행의 의미를 강조할 때

는 동사원형 대신 현재분사(~ing)를 쓰기도 한다.

【D 4행】He had just slowly walked along [**picking** up the eggs {**the other** children had run past}].

▶ [picking ~]는 동시동작을 나타내는 분사구문이고, {the other ~}는 목적격 관계대명사 that(which)이 생략된 관계절로 the eggs를 수식한다.

---

**Words & Phrases**

- gather 모이다　・starting line 출발선
- except for ~을 제외하고　・shout 소리치다
- pay attention to ~에 주의를 기울이다
- bend over 구부리다　・wave one's hand 손을 흔들다
- head back 돌아오다　・madly 맹렬히
- in one's haste 서둘러, 서두른 나머지　・past ~을 지나서

---

**1**　| 유형 연습문제 |
[Q1] ⑤　[Q2] ④　[Q3] ③
[내신형] success

**2**　| 유형 연습문제 |
[Q1] ①　[Q2] ①
[내신형] (a) instant baking mixes of all kinds
(b) the women　　(c) her guests

---

## 유형 연습문제 1

●전문 해석　　　　　정답 [Q1] ⑤　[Q2] ④　[Q3] ③

(A)

두 아들이 가족 농장에서 아버지를 위해 일했다. 작은 아들이 몇 년 동안 더 많은 책임과 보상을 받았는데, 어느 날 큰 아들이 자신의 아버지에게 그 이유를 물었다. 아버지가 답했다. "우선, Kelly's Farm에 가서 거위를 판매하는지를 알아봐라. 우리 가축을 늘려야겠다." 큰 아들은 이것이 자신의 질문에 대한 대답이라고는 생각하지 않았지만, 그는 들은 대로 하기로 했다. 큰 아들은 곧 답을 가지고 돌아왔다. "네, 그들에게는 다섯 마리의 거위가 있는데, 우리에게 팔 준비가 되어 있다고 합니다."

(D)

그러자 아버지는 말했다. "좋다, 그들에게 가격을 물어 보아라." 큰 아들은 답을 가지고 돌아왔다. "거위 한 마리에 10달러라고 합니다." 아버지가 말했다. "좋다, 이제는 내일 거위를 배달해 줄 수 있는지를 물어보아라." 그는 답을 가지고 돌아왔다. "네, 내일까지 거위를 배달해 줄 수 있습

니다." 아버지는 큰 아들에게 기다리면서 들어보라고 한 다음, 근처의 들판에서 일하고 있던 자신의 작은 아들을 불렀다. "Davidson's Farm에 가서 거위를 판매하는지를 알아봐라. 우리 가축을 늘려야겠다." 큰 아들은 자신의 남동생이 Davidson's Farm으로 가는 것을 보았다.

(C)

작은 아들은 곧 답을 가지고 돌아왔다. "네, 그들은 거위 5마리를 각각 10달러에, 10마리를 각각 8달러에 팝니다. 그리고 그것을 내일 배달할 수 있습니다. 제가 그들에게 한 시간 내에 우리로부터 다른 소식을 듣지 않는 한 그 5마리를 배달해달라고 부탁했습니다. 그리고 저는 우리가 추가적으로 5마리의 거위를 원하면 각 6달러에 살 수 있다는 것에 동의했습니다." 아버지는 그가 말하고 있는 것을 주의 깊게 들었다.

(B)

그러고는 아버지가 큰 아들에게 몸을 돌렸고, 큰 아들은 이해하겠다는 듯이 고개를 끄덕였다. 그는 이제 자신의 남동생이 왜 더 많은 책임과 보상을 받는지를 깨달았다. 이 이야기에서처럼, 성공은 온전한 책임감과 온전한 잠재력을 가지고 일을 하는 사람에게 온다. 이 두 가지 측면은 모든 사람이 끊임없이 관찰하는 것이고, 이것은 궁극적으로 어떤 사람을 <u>성공</u>으로 이끄는 것이다.

○문제 해설

【Q1】큰 아들이 아버지의 심부름으로 농장에 가서 거위 판매에 관해 알아보는 내용의 (A) 다음에 여러 가지 명을 받고 왔다갔다하다가, 아버지가 작은 아들에게 똑같은 명을 내리는 내용의 (D)가 오고, 작은 아들은 큰 아들이 몇 번에 걸쳐 오가며 한 일을 단 한 번에 해냈다는 내용의 (C)가 온 다음, 큰 아들이 왜 자신의 남동생이 더 많은 책임과 보상을 받았는지를 깨닫게 되었다는 내용의 (B)가 오는 것이 문맥상 가장 자연스러운 글의 흐름이다.

【Q2】(d)는 작은 아들을 가리키고, 나머지 (a), (b), (c), (e)는 모두 큰 아들을 가리킨다.

【Q3】(B)에서 큰 아들은 아버지가 작은 아들의 말을 듣고 자신에게 몸을 돌리자 이해한다는 듯이 고개를 끄덕였다고 했으므로, ③은 글의 내용과 일치하지 않는다.

【내신형】'성공'은 책임감과 잠재력을 가지고 일하는 사람에게 온다고 했고 이 두 가지 측면이 결국은 개인을 성공으로 이끄는 것이므로 밑줄 친 빈칸에는 success가 적절하다.

○구문 분석

【A 4행】"First, go to the Kelly's Farm and see [**if** they have any geese for sale] — we need to add to our stock."

▶ [if ~]는 '~인지'의 뜻을 나타내는 명사절로 see의 목적어 역할을 한다.

【D 4행】 The father **asked** the older son **to wait** and listen, and then he **called** his younger son [**working** in a nearby field], ~.

▶ asked와 called는 and에 의해 병렬구조를 이루고 있다. ask는 목적 보어로 to부정사를 취하며 [working ~]는 현재분사구로 his younger son을 수식한다.

### 유형 연습문제 2

●전문 해석                              정답【Q1】① 【Q2】①

온갖 종류의 즉석 제과 제빵 믹스가 1940년대 후반에 도입된 순간부터 그것들은 미국의 식료품 카트와 궁극적으로 저녁 식사 테이블에서 존재감이 강했다. 하지만 모든 믹스가 똑같이 열렬하게 환영받은 것은 아니었다. 가정주부들은 단순히 물을 첨가하는 것을 요하는 즉석 케이크 믹스를 사용하는 것을 특히 꺼렸다. 일부 마케팅 담당자들은 케이크 믹스가 너무 달거나 인공적인 맛이었는지 궁금해했다. 그러나 비스킷을 만들기 위해 사용되는, 상당히 똑같은 기본 재료를 가진 믹스가 매우 인기 있는 반면에, 케이크 믹스는 팔리지 않는 이유를 그 어느 누구도 설명하지 못했다.

한 가지 설명은 여성이 자신이 만든 케이크가 '자신의 음식'인 것처럼 느끼지 못할 정도로 케이크 믹스가 과정을 단순화했다는 것이었다. 보통 비스킷은 그 자체로는 하나의 요리가 아니다. 가정주부는 부적절하게 칭찬을 받았다는 느낌 없이 구입한 식재료가 포함된 요리에 대해 기꺼이 칭찬을 받을 수 있다. 반면에 케이크는 흔히 그것 자체만으로 음식으로 제공되고 완전한 요리를 나타내기도 한다. 더욱이 케이크는 흔히 큰 정서적 의의를 지니며, 특별한 행사를 상징한다. 제빵사가 되고자 하는 사람은 자신을 '믹스에 불과한 것'으로 생일 케이크를 만드는 사람이라고 생각하고 싶지 않을 것이다. 그녀는 창피함이나 죄책감을 느낄 뿐만 아니라, 그녀는 또한 그녀의 손님들을 실망시킬 수도 있다. 그들은 뭔가 특별한 것을 대접받지 못했다고 느낄 것이다.

○문제 해설

【Q1】 똑같은 기본 재료를 지닌 비스킷 믹스보다 케이크 믹스가 덜 팔리는 이유는 케이크가 지닌 속성 및 상징성, 그리고 정서적 의의에 있다는 것이 글의 주된 내용이므로, 글의 제목으로는 ① '무엇이 케이크 믹스를 인기 없게 만드는가?'가 가장 적절하다.

【Q2】 케이크가 특별한 행사 때 지니는 상징성과 더불어 케이크를 만드는 사람이 제빵의 공헌도 측면에서 느끼는 감정적 의의에 관한 내용이므로, 빈칸에 들어갈 말로는 ① '정서적'이 가장 적절하다.

【내신형】 대명사가 가리키는 것은 앞 부분이나 앞 문장에서 찾아라.

○오답 확인

【Q1】 ② 비스킷 만들기의 흥분되는 순간들
③ 케이크 믹스의 편리함을 즐겨라!
④ 비스킷과 케이크: 궁합이 맞지 않는 친구들
⑤ 더 좋은 비스킷을 만들고, 여러분의 손님을 존중하라
【Q2】 ② 지역적 ③ 상업적 ④ 통계적 ⑤ 교육적

○구문 분석

【3행】 However, **not all** mixes were greeted with equal enthusiasm.

▶「not all」은 '모두 ~인 것은 아니다'라는 뜻의 부분 부정을 나타낸다.

【6행】 But no one could explain why **the mixes** [**used** to make biscuits, {**having** pretty much the same basic ingredients}], **were** so popular, while cake mixes didn't sell.

▶ [used ~]는 과거분사구로 why절 안의 주어 the mixes를 수식하고 동사는 were이다. {having ~}는 분사구문으로 the mixes가 의미상의 주어 역할을 한다.

【15행】 A cake, on the other hand, **is** often **served** by itself and **represents** a complete dish.

▶ is served와 represents는 and에 의해 병렬구조를 이루고 있다.

【19행】 **Not only** would she feel humiliated or guilty **but** she might **also** disappoint her guests.

▶「not only A but also B」 구문에서 부정어인 not only가 문장의 앞으로 갈 경우 주어와 (조)동사가 도치(would she feel ~)된다.

---

### 1회 독해 유형 실전문제          본문 76쪽

| 01 ② | 02 ④ | 03 ④ | 04 ③ | 05 ④ |
| 06 ④ | 07 ③ | 08 ④ | | |

## 01                                정답 ②

●전문 해석

North 선생님께,

믿으실지 모르시겠지만, 저는 가을에 대학에 갈 겁니다. 그리고 저는 선생님께서 제가 가르치는 일에 관련된 직업

을 위한 준비로 수학을 전공하기로 했다는 것을 아셨으면 하는 첫 번째 분이시기를 바랬습니다. 고등학교 때 수학은 항상 제가 가장 좋아하는 과목이었고, 선생님의 11학년 삼각법 수업은 제가 들었던 가장 도전적이고 즐거웠던 수업 중 하나였습니다. 선생님께서는 제가 삼각법이 정말로 쉬워질 때까지 열심히 공부하도록 저에게 동기를 부여했습니다! 저는 Kansas 대학교에 지원했습니다. 선생님께서 저를 대신하여 추천서를 써주신다면 영광일 것입니다. 지원서 마감일은 1월 1일입니다. 다시 한 번 감사드립니다.

Walter Rogers 올림

○ 문제 해설
필자는 Kansas 대학교에 지원한 학생으로 삼각법 수업을 하셨던 선생님께 자신의 추천서를 써달라고 부탁하고 있으므로, 글의 목적으로 가장 적절한 것은 ②이다.

○ 구문 분석
【2행】And I wanted you to be one of the first [**to know** {**that** I have decided to major in mathematics in preparation for a career in teaching}].

▶ [to know ~]는 to부정사의 형용사적 용법으로 the first를 수식하고, {that ~}는 to know의 목적어 역할을 하는 명사절이다.

Words & Phrases
• be off to college 대학에 가다    • major in ~을 전공하다
• preparation 준비    • career 직업, 경력
• subject 과목    • challenging 도전적인
• motivate 동기를 부여하다    • apply to ~에 지원하다
• letter of recommendation 추천서
• on one's behalf ~을 대신하여    • deadline 마감일
• application 지원서

## 02
정답 ④

● 전문 해석
Heraclitus Ephesus(기원전 535~475년)는 '무명인'으로 알려진 그리스의 철학자이다. 그의 사상은 소크라테스, 플라톤, 그리고 아리스토텔레스에게 영향을 끼쳤다. 그는 한 작품만 썼던 것 같은데, 그것은 단절된 경구로 구성되어 있었다. 약 135개의 경구가 남아 있다. 그는 우주의 오로지 변치 않는 특징은 그것의 변화가 많다는 사상과 모든 것을 구성하고 있는 기본적인 물질은 불이라는 사상과 일반적으로 관련되어 있다. 개인적인 의견은 갈라져 나오고 감각의 인상은 상대적이다. 인간은 보편적인 이성에 접근할 수 있다는 그의 개념은 소크라테스에게 영감을 불어넣

었을지도 모른다. 로고스(이성)의 교리는 스토아 학파, 신플라톤주의자, 그리고 기독교도들 사이에서 더욱 발전되었다.

○ 문제 해설
모든 것을 구성하는 기본적인 물질은 물이 아니라 불이라고 생각했으므로, ④는 글의 내용과 일치하지 않는다.

○ 구문 분석
【2행】He seems **to have written** only one work, which consisted of disconnected aphorisms.

▶ 완료부정사 「to have p.p.」는 본동사(seems)보다 먼저 일어난 사건을 나타낼 때 쓰인다.

【4행】He is popularly associated with **the ideas** [**that** the only unchanging feature of the universe is its changefulness] and [**that** the basic material {**of which** everything is composed} is fire].

▶ 두 개의 [that ~]는 모두 the ideas의 구체적인 내용을 설명하는 동격절로 and에 의해 병렬구조를 이루고 있다. {of which ~}는 「전치사+관계대명사」로 the basic material을 수식한다.

Words & Phrases
• philosopher 철학자    • known as ~로 알려진
• obscure 무명의, 알려지지 않은    • influence 영향을 끼치다
• consist of ~로 구성되다    • disconnected 단절된
• fragment 구(句)    • survive 살아남다
• be associated with ~와 연관되다
• popularly 일반적으로    • feature 특징
• material 물질    • be composed of ~로 구성되다
• diverge 갈라지다    • impression 인상
• relative 상대적인    • notion 개념
• universal 보편적인    • reason 이성
• accessible 접근 가능한    • inspire 영감을 불어넣다

## 03
정답 ④

● 전문 해석
때때로 변화에 찬성하는 긍정적인 요인들이 부정적인 요인보다 훨씬 더 무게가 많이 나간다. 이 경우에, 노동자가 변화를 받아들이는 일이 일어날 것이다. 예를 들어, 노동자들에게 표준 플라스틱 귀마개 착용을 요청하는 대신, 운영진이 한 세트의 귀마개를 각 사람에게 맞도록 특수 제작하였다. 노동자들이 음악을 듣고 그와 동시에 일을 할 수 있도록 음악이 그 세트를 통해 보내질 수 있었다. 이와 같은 변화는 많은 산업 환경에서 널리 받아들여져 왔다. 인

쇄 회사, 특히 큰 신문사들이 흔히 프레스 작업자들에게 이런 귀마개들을 주는데, 연구에 따르면 그들은 변화된 환경을 좋아한다.

○ 문제 해설
④ 문장의 주어는 this가 아니라 Changes이므로 동사 has는 have가 되어야 한다.

○ 오답 확인
① one은 부정(不定)대명사, 즉 정해져 있지 않은 불특정한 명사를 지칭하는 대명사로, 여기서 ones는 factors를 받는다.
② 사역동사 has는 목적어(a set of earmuffs)와 목적 보어(design)가 수동의 의미 관계에 있을 때 과거분사(designed)를 목적 보어로 취한다.
③ 「so that+주어+can」은 '~가 …할 수 있도록'이라는 목적의 뜻을 나타낸다.
⑤ like는 관계절 내의 동사로 선행사가 their press operators 이므로 like는 어법상 알맞다.

○ 구문 분석
【1행】 Sometimes, the positive factors [**favoring** the change] are weighed **much more heavily** than the negative ones.

▶ [favoring ~]는 현재분사구로 the positive factors를 수식한다. more heavily는 부사로 동사 are weighed를 수식하고, much는 비교급 more heavily를 강조하는 표현이다.

## 04
정답 ③

● 전문 해석
순응은 정보의 공유로부터 이익을 얻을 수 있는 한 가지 좋은 방법이다. 한 사람은 제한된 정보를 가지고 있지만, 30명의 사람은 30개의 지식과 경험에 의지할 수 있다. 그래서 모든 사람이 길게 자란 풀에 사자들이 있다는 것을 확신할 때, 의심을 치우고 캠프로 돌아가는 다른 길을 택하는 것이 합리적인 일이다. 물론 그 집단이 틀릴 수도 있다. 집단의 의견은 한 사람의 비합리적인 의견에, 또는 나쁘거나 부적절한 정보에 영향을 받았을지도 모른다. 하지만 다른 것이 동등할 때, 대중을 따르는 것이 흔히 가장 좋다.

○ 문제 해설
정보 공유로부터 이익을 얻는 가장 좋은 방법은 순응, 즉 대중을 따르는 것이라는 내용의 글이므로, 빈칸에 들어갈 말로는 ③ '대중을 따르는'이 가장 적절하다.

○ 오답 확인
① 아무 말도 하지 않는
② 어떤 것이든 의심하는
③ 다른 사람들을 공평하게 대하는
⑤ 많은 것을 알고 있는

○ 구문 분석
【6행】 The collective opinion may have been influenced [**by** one person's irrational opinion] **or** [**by** bad or irrelevant information.]

▶ 두 개의 [by ~]의 구는 or에 의해 병렬구조를 이루고 있다.
【7행】 But still, [**other things** being equal], it's often best to follow the herd.

▶ [other things ~]는 주어가 있는 독립 분사구문으로, as other things are equal 정도로 고쳐 쓸 수 있다.

## 05
정답 ④

● 전문 해석
감지하는 것은 세상을 인지하는 사실에 입각한 방법이다. 감지를 아주 잘하는 사람들은 직관에서 오는 모호한 인상보다 그들의 눈, 귀, 그리고 촉각으로 인지된 말 그대로의 세부사항을 더 많이 신뢰한다. 가능한 미래에 관해 추측하는 데 주목하기보다는, 감지하는 사람들은 뛰어들어 일을 끝내기를 좋아한다. 그들은 그들을 둘러싼 세상의 세부사항에 세심한 주의를 기울일 수 있다. (게다가, 그들은 직관이 매우 중요한 예술 분야에서 새로운 생각을 해내는 것을 잘한다.) 경찰관은 물리적인 세상의 엄격한 관찰자로서 이런 능력을 이용한다.

○ 문제 해설
사실에 입각하여 세상을 인지하는 한 방법으로서의 감지 능력에 관한 글로, 감지를 잘하는 사람은 직관이 아닌 관찰에서 발견하는 것을 더 신뢰한다고 했으므로, 감지하는 사람들이 직관이 매우 중요한 예술 분야에서 새로운 생각을 잘한다는 내용의 ④는 전체 흐름과 관계가 없다.

○ 구문 분석

[1행] Strong perceptions trust the literal details [**perceived** by their eyes, ears, and sense of touch more than the vague impressions that come from intuition].

▶ [perceived ~]는 과거분사구로 the literal details를 수식한다.

[8행] Police officers use this ability **as** rigorous observers of the physical world.

▶ as는 전치사로 '~로서'라는 뜻을 가진다.

> **Words & Phrases**
> • sense 감지하다 • factual 사실에 입각한
> • literal 말 그대로의 • perceive 지각하다, 인지하다
> • vague 모호한 • impression 인상 • intuition 직관
> • come up with ~을 생각해내다 • rigorous 엄격한
> • observer 관찰자 • physical 물리적인

## 06  정답 ④

● 전문 해석

어떤 발명품들은 우리에게 우리가 전에 할 수 없었던 것을 하도록, 또는 오래된 일을 더 좋게, 더 빠르게, 그리고 더 싸게 하도록 해준다. 대부분 이것은 좋지만, 혁신과 기술은 또한 부정적인 영향을 끼칠 수 있다. 예를 들어, 여러분이 빵 썰기를 좋아했다면 어떻게 되는가? 썰어진 빵을 구할 수 있기 전에 했던 것처럼 자주 그것을 할 것인가? 아마도 아닐 것이다. 우리에게 우리가 원하는 것을 할 시간이 많이 있다면, 우리는 빵을 우리 스스로 자르는 것에서 매우 많은 즐거움을 얻을 것이다. 그러나, 우리 각자에게는 고정된 양의 시간이 있다. 새로운 어떤 것을 하는 것은 오래된 어떤 것을 적게 하는 것을 의미한다. 오래된 이것이 즐겁지 않았다면, 저것은 좋은 것이다. 오래된 그것이 즐거웠다면, 저것은 그리 좋은 게 아니다.

○ 문제 해설

(A) 혁신과 기술이 부정적인 영향을 끼칠 수 있다는 문장 다음에 빵 써는 기기가 나오고 나서 빵 썰기를 하지 않을 것이라는 예가 제시되고 있으므로, For example이 적절하다.

(B) 시간이 많이 있으면 빵을 써는 데서 많은 즐거움을 얻겠지만, 우리에게는 시간이 정해져 있다는 내용이 이어지고 있으므로,

However가 적절하다.

○ 오답 확인

① 대조적으로 – 그러나
② 대조적으로 – 비슷하게
③ 게다가 – 그러므로
⑤ 예를 들어 – 그러므로

○ 구문 분석

[1행] Some inventions allow us [**to do** what we could not do before], or [**to do** old things better, faster, and more cheaply].

▶ 두 개의 [to do ~]는 or에 의해 병렬구조를 이루고 있다.

[4행] Would you do it **as frequently as** you did before sliced bread became available?

▶ 원급 비교(as ~ as) 안에 있는 frequently는 부사로 동사 do를 수식한다.

[6행] **If we had** much time to do what we want, we **could derive** so much pleasure from slicing it ourselves.

▶ 가정법 과거구문 「If+주어+과거동사 ~, 주어+could+동사원형 ...」이 쓰여 현재 사실의 반대를 가정하고 있다.

> **Words & Phrases**
> • invention 발명(품) • innovation 혁신
> • negative 부정적인 • effect 결과, 영향 • as well 또한
> • frequently 자주, 흔히 • slice 빵을 썰다
> • available 구할 수 있는, 이용할 수 있는
> • pleasure 즐거움 • derive A from B B에서 A를 얻다
> • fixed 고정된 • enjoyable 즐거운

## 07  정답 ③

● 전문 해석

뇌세포는 우리 몸에서 가장 중요한 세포들이다. 우리가 누구인가를 정의하는 것은 바로 뇌이다. 5세 미만 아이들의 뇌세포는 어느 정도까지는 재생산하는 능력을 가지고 있다. 그러나 우리는 항상 자연 발생적으로 뇌세포를 잃고 있다. 정상적인 뇌세포 손실의 가장 좋은 측정치는 하루에 9천 개로 추산된다. 그것은 큰 숫자처럼 보일지 모르지만, 뇌에는 천억 개의 세포가 있다는 것을 기억하면, 하루에 9천 개의 세포 손실은 그리 큰 게 아니다. 접착제, 가솔린, 그리고 페인트 희석제와 같은 흡입제는 정상 속도보다 30배 빠르게 뇌세포의 손실을 일으킨다. 과도한 알코올 섭취

는 뇌세포 파괴의 큰 기여자이다.

○ 문제 해설
주어진 문장은 대략 하루에 9천 개의 뇌세포가 손실된다는 내용으로, 그게 큰 숫자처럼 보이지만 그렇지는 않다는 내용으로 이어지는 문장 앞인 ③에 오는 것이 가장 자연스럽다.

○ 구문 분석
【3행】 It is *the brain* that defines who we are.

▶ 「It is ~ that …」 강조구문에 의해 the brain이 강조되고 있다.

【8행】 Inhalants, [**such as** glue, gasoline, and paint thinner], cause brain cell loss at **thirty times** the normal rate.

▶ [such as ~]는 '~와 같은'이라는 뜻으로 Inhalants를 수식한다. thirty times는 배수사이다.

Words & Phrases
- estimate 추정치　· loss 손실　· define 정의하다
- reproduce 재생산하다　· to some extent 어느 정도까지
- billion 10억　· glue 접착제　· paint thinner 페인트 희석제
- rate 속도　· excessive 과도한
- contributor 기여하는 것(사람)

## 08　정답 ④

● 전문 해석
목마른 수사슴이 물을 마시러 샘에 왔다. 한 모금을 마신 후에 그는 물에 비친 자기 자신의 모습을 보았다. 그는 자신의 멋진 가지진 뿔, 그것의 장대함과 크기를 많이 감탄했다. 그러나 그는 자신의 다리에 만족하지 못했는데, 그것은 그가 생각하기에 가느다랗고 약해 보였다. 그가 거기서 깊은 생각에 잠겨 있을 때 갑자기 사자 한 마리가 그에게 튀어나와 그를 뒤쫓았다. 수사슴은 빠르게 도망갔고 먼 거리를 뛰었는데, 수사슴의 장점은 그의 다리인 반면에 사자의 장점은 그의 심장이기 때문이다. 그것들이 공지(空地)에 있었던 한, 수사슴은 사자를 쉽게 훨씬 앞질렀다. 그러나 그것들은 나무가 있는 지역에 들어섰고, 수사슴의 가지진 뿔은 가지에 엉기게 되었으며, 그것 때문에 그가 멈추게 되어서 사자에게 잡혔다.
➡ 어떤 것의 장점과 단점은 그것이 처한 상황에 따라 바뀔 수 있다.

○ 문제 해설
수사슴은 자기의 뿔은 멋있게 생각하는 반면에 다리는 가느다랗고 약해 보인다고 생각했지만, 사자에 쫓길 때는 단점이라고 생각했던

다리가 장점이 되는 반면에, 나무가 있는 곳에서는 장점인 뿔 때문에 결국 사자에게 붙잡혔다는 내용으로, 장점과 단점은 상황에 따라 달라진다는 것을 말하고 있다. 그러므로 요약문의 빈칸 (A)에는 change가 (B)에는 situation이 적절하다.

○ 오답 확인
① 지속되다 – 상황
② 지속되다 – 기분
③ 바뀌다 – 기분
⑤ 돌아오다 – 상태

○ 구문 분석
【3행】 But he was discontented with *his legs*, [**which** he thought looked thin and weak].

▶ [which ~]는 계속적 용법의 관계절로 his legs를 선행사로 한다. 관계절 내의 he thought는 삽입절이다.

【8행】 But they entered a wooded area, and the stag's antlers became entangled in the branches, [**bringing** him to a halt {**so that** he was caught by the lion}].

▶ [bringing ~]는 분사구문으로 앞의 내용 전체가 의미상의 주어 역할을 한다. {so that ~}는 '그래서 ~하다'는 뜻으로 해석한다.

Words & Phrases
- stag 수사슴　· spring 샘; 튀어 나오다　· figure 모습
- admire 감탄하다　· grandeur 장대함
- be discontented with ~에 불만족하다　· chase 뒤쫓다
- rapidly 빠르게　· distance 거리　· advantage 장점
- as long as ~하는 한　· open ground 공지(空地)
- outdistance 훨씬 앞지르다　· wooded 나무로 된
- entangled 엉킨　· branch 나뭇가지
- bring ~ to a halt ~을 멈추게 하다

<table>
<tr><td colspan="6">**2회**　독해 유형 실전문제　본문 82쪽</td></tr>
<tr><td>01 ⑤</td><td>02 ③</td><td>03 ⑤</td><td>04 ③</td><td>05 ①</td></tr>
<tr><td>06 ⑤</td><td>07 ⑤</td><td>08 ③</td><td>09 ②</td><td></td></tr>
</table>

## 01　정답 ⑤

● 전문 해석
사랑에 대한 욕구와 사랑에 궁핍해 있는 것 사이에는 큰

차이가 있다. 사랑에 궁핍해 있을 때, 그것은 여러분이 알고 있는 가장 중요한 사람, 즉 여러분 자신으로부터 사랑과 인정을 잃어버리고 있다는 것을 의미한다. (그런 상황을) 개선하기 위한 첫 번째 관계는 여러분이 자신과 맺는 관계이다. 여러분이 자신에게 행복하다면, 그러면 다른 모든 관계 또한 향상된다. 행복한 사람은 다른 사람에게 정말 매력이 있다. 더 많은 사랑을 찾고 있다면, 그러면 여러분 자신을 더 많이 사랑해야 한다. 이것은 비판도 없고, 불평도 없고, 누군가를 탓하는 것도 없고, 징징거리는 것도 없고, 외롭다고 느끼지 않기로 하는 것을 의미한다. 그것은 현재 순간에 여러분 자신에게 매우 만족하고 여러분을 지금 좋다고 느끼게 만드는 생각을 하기로 하는 것을 의미한다.

○ 문제 해설
사랑에 궁핍해 있다는 것은 자기 자신으로부터 사랑과 인정을 얻지 못하고 있다는 뜻이고, 그런 상태를 개선하기 위해서는 자기 자신을 사랑해야 한다는 내용이므로, 필자의 주장으로는 ⑤가 가장 적절하다.

○ 구문 분석
【3행】 The first relationship to improve is the **one** [**you have** with yourself].

▶ [you have ~]는 목적격 관계대명사 that이 생략된 관계절로 the one을 수식하는데, one은 relationship을 받는 부정(不定) 대명사이다.

【8행】 It means [**being** very content with yourself in the present moment] [and] [**choosing** to think thoughts that make you feel good now].

▶ [being ~]와 [choosing ~]는 and에 의해 병렬구조를 이루고 있다.

> **Words & Phrases**
> • need 욕구  • needy 궁핍한, 어려운  • approval 승인, 인정
> • improve 개선하다  • attractive 매력적인
> • criticism 비판  • complain 불평하다
> • blame ~을 탓하다  • whine 징징거리다
> • content 만족하는  • present 현재의

## 02
정답 ③

● 전문 해석
오늘날의 세계에서 아이들에게는 산타와 같이 믿고 싶은 마술적인 것이 필요할 수도 있다. 그러나 전문가들은 부모들이 산타는 물리적으로 존재하지는 않지만, 그의 이야기는 크리스마스 시즌의 진정한 정신을 나타낸다는 점을 설명할 것을 제안한다. 부모들은 아이들에게 산타클로스는 엄마나 아빠, 그리고 사랑과 관용의 크리스마스 정신에 참여하는 낯선 이방인을 포함하는 많은 다른 사람의 모습으로 올 수 있다고 말해줄 수 있다. 그들은 또한 아이들이 용돈을 모아 다른 사람을 돕거나 요양원에 있는 어르신들에게 작은 선물을 보냄으로써 그들 스스로가 산타클로스가 되어보는 것을 고려해보라고 제안할 수도 있다. 그것은 유년 시절의 신비로운 산타클로스로부터 우리 모두가 닮아야 하는 진정한 산타클로스로의 변화를 위한 아름다운 길일 것이다.

○ 문제 해설
산타클로스는 실존하지는 않지만, 사랑과 관용의 정신을 나타낸다는 점을 부모들이 아이들에게 설명하고 그들 스스로 산타클로스가 되어 보는 실천을 해볼 필요가 있다는 내용이므로, 글의 주제로는 ③ '산타클로스의 진정한 의미를 이해하기'가 가장 적절하다.

○ 오답 확인
① 산타클로스가 하는 여러 가지 마술들
② 산타클로스와 크리스마스의 기원
④ 부모와 아이들 사이의 크리스마스 때의 갈등
⑤ 아이들이 산타클로스의 기억을 소중하게 여기도록 만들기

○ 구문 분석
【2행】 However, experts suggest that parents explain [**that** Santa is not physically real], [but] [**that** his story represents the true spirit of the Christmas season].

▶ 두 개의 [that ~]는 but에 의해 병렬구조를 이루고 있다.

【9행】 That would be a beautiful way to transition **from** the mystical Santa Claus of childhood **to** the real kind of Santa Claus [**that** we all need to be like].

▶ 「from A to B」는 'A에서 B로'의 뜻이다. [that ~]는 관계절로 the real kind of Santa Claus를 수식한다.

> **Words & Phrases**
> • believe in ~의 존재를 믿다  • expert 전문가
> • physically 물리적으로  • represent 나타내다, 의미하다
> • complete 완전한  • participate in ~에 참여하다
> • generosity 관대함  • allowance 용돈
> • help out ~을 돕다  • nursing home 요양원
> • transition 변화, 이행  • mystical 신비한
> • childhood 유년 시절

## 03

● 전문 해석

유명한 철학자이자 작가인 George Santayana는 관대한 사람이었다. 그는 검소하게 살았고, 검소하게 살면서 자신이 절약한 돈의 일부를 기부했다. 한번은 어떤 나이 든 남성이 Santayana 씨에게 편지를 보내왔고 그는 그 노인에게 100달러를 주었다. 그는 또한 그 노인이 자신처럼 시인이었기 때문에 그에게 더 많은 돈을 보냈다. Santayana 씨는 또한 가족과 친구들을 돕기 위해 돈을 보냈다. 1930년대 후반에, 그는 철학자 Bertrand Russell이 가르치는 일을 구할 수가 없어서 돈이 필요하다는 것을 알았다. Santayana 씨는 돈이 그에게 익명으로 전해지기를 바랐다.

○ 문제 해설

⑤는 철학자 Bertrand Russell을 가리키고, 나머지 ①, ②, ③, ④는 모두 George Santayana를 가리킨다.

○ 구문 분석

【2행】 He lived frugally, and he gave away some of the money [**he saved** by living frugally].

▶ [he saved ~]는 목적격 관계대명사 that(which)이 생략된 관계절로 the money를 수식한다.

【8행】 Mr. Santayana wanted money **to be sent** to him anonymously.

▶ want의 목적어 money와 목적 보어 to send가 수동의 의미 관계에 있으므로, to be sent가 되었다.

| Words & Phrases |
- philosopher 철학자    · generous 관대한
- frugally 검소하게    · give away 기부하다
- anonymously 익명으로

## 04

● 전문 해석

우리는 매우 인기가 있는 것처럼 보이는 것을 뒤쫓는 경향이 있다. 모든 사람이 그것을 원하면, 그것은 좋은 것임에 틀림없다. 얼마나 많은 광고업자들이 우리에게 그들이 제공하는 것이 '공급이 지속되는 동안에만' 좋은 것이라고 말함으로써 희소성에 호소하는 것을 이용하는가? 이 어구는 그 상품을 얻기 위해서 사람들이 문을 두들겨 부술 것이라는 인상을 준다. 그 상품이 그렇게 매우 인기가 있고 곧 다 팔릴 거면, 그것은 얼마의 가격이 청구되고 있든지 간에 가치가 있어야 한다. 맞을까? 글쎄, 아마도. 그것의 가치를 정하기 위해 오직 어떤 상품의 희소성에만 의존하는 것의 위험성은 여러분이 곧 그 상품의 진정한 장점은 지불한 가격만큼의 가치가 없었다는 것을 발견할 수도 있다는 것이다.

○ 문제 해설

(A) 인기가 있는 것을 뒤쫓는 것은 그게 좋다고 생각하기 때문이므로, good이 적절하다.

(B) '공급이 지속되는 동안에만'이라는 어구는 사람들이 문을 부수고 쳐들어가서 상품을 살 것이라는 인상을 준다는 맥락이므로, obtain이 적절하다.

(C) 희소한 것이 좋다는 생각은 나중에 가서 지불한 가격만큼의 가치는 없다는 것을 알게 되는 위험성이 있다는 뜻이므로, danger가 적절하다.

○ 구문 분석

【4행】 This phrase gives **the impression** [**that** people are going to be beating down the door to obtain the product].

▶ [that ~]는 the impression의 구제적인 내용을 설명하는 동격절이다.

【5행】 If the product is in such high demand and will soon be gone, it must be worth [**whatever** price is being charged].

▶ [whatever ~]는 복합관계절로 whatever는 price를 수식하며 '무슨 ~일지라도'라는 뜻으로 해석한다.

| Words & Phrases |
- in high demand 매우 인기(수요)가 있는    · scarcity 희소성
- appeal 호소, 매력    · offer 제공품; 제공하다
- supply 공급    · last 지속되다    · phrase 어구
- impression 인상    · charge 청구하다
- rely on ~에 의존하다    · exclusively 오로지, 배타적으로
- worth 가치; 가치가 있는    · merit 장점

## 05

● 전문 해석

무생물에 대한 애착을 발전시키는 것은 인간 본성의 일부이다. 오래된 신발, 가구, 책, 보석, 그 목록은 끝이 없다. 그게 정상이다. 물체는 사람들을 위해 기억을 지닌다. 그

것은 그들 삶의 기념품이다. 그러나 이런 물체들이 사람의 의사결정을 장악할 때, 그것들의 존재가 좋은 상식에서 올바른 결정이 되어야 하는 것을 방해하기 시작할 때, 물건이 사람들보다 더 중요해질 때, 그리고 이런 물체들이 실제로 사람들이 그들의 삶을 운영하는 방식을 지시할 때, 그때는 아마도 그것들을 처리함으로써 재고 조사를 할 때일 것이다. 다른 말로 하면, 물건을 버려야 할 때이다.

○ 문제 해설
오래된 물체에 애착을 가지는 것은 정상적인 일이지만, 그것들이 사람의 의사결정을 장악하고, 결정을 방해하고, 사람의 삶을 지시할 때는 그것들을 처리해야 할 시기라는 것이 글의 주된 내용이므로, 빈칸에 들어갈 말로는 ① '물건을 버려야'가 가장 적절하다.

○ 오답 확인
② 물건을 만들어야
③ 물건에 대해 미안함을 느껴야
④ 일어났던 일을 상기해야
⑤ 환경에 적응해야

○ 구문 분석
【3행】 But [**when** these objects take over one's decision-making], [**when** their existence begins to interfere with what, in good common sense, ought to be the right decision], [**when** things become more important than people] and [**when** these objects, in effect, dictate how people run their lives], **it is** perhaps time **to take** stock by disposing of them.

▶ 네 개의 [when ~]가 종속절로 병렬구조를 이루고 있고, 주절은 it is 이하이다. [to take ~]는 to부정사의 형용사적 용법으로 time을 수식한다.

⌐ Words & Phrases ⌐
· nature 본성 · attachment 애착
· inanimate object 무생물 · endless 끝이 없는
· souvenir 기념품 · take over ~을 장악하다, 인수하다
· existence 존재 · interfere with ~을 방해하다
· common sense 상식 · in effect 실제로, 사실상
· dictate 지시(명령)하다 · take stock 재고 조사를 하다
· dispose of ~을 처리하다

## 06 　　　　　　　　　　　　　　　　정답 ⑤

● 전문 해석
1년 전에, 집으로 돌아가던 내 친구 중 한 명이 내게 전화

를 걸어서 돈을 빌려 달라고 부탁했다. "물론이지."라고 나는 말했고, 무슨 일이 있느냐고 물었다. (C) 그는 자기 (근무)시간이 줄어들어서 가족이 먹을 식료품을 살 수 없다고 말했다. 나는 문제가 식료품 비용을 내는 것 이상의 것임을 알았다. (B) 나는 그가 또한 전기, 집세, 그리고 다른 모든 것의 비용도 낼 수 없다는 것을 이해했다. 그래서 나는 그의 친구들 중 몇 명과 이야기를 했고, 우리는 그를 돕기 위해 돈을 좀 걷었다. (A) 그러고 나서, 내가 그것을 넘겨받아 어떤 쪽지 없이, 그리고 아무 말도 하지 않고 그것을 그의 집에 두었다. 그는 도움을 요청할 필요가 없었고, 나는 아무 말도 할 필요가 없었다.

○ 문제 해설
필자가 어떤 친구로부터 돈을 빌려 달라는 말을 들었다는 내용의 주어진 글 다음에는, 돈을 빌리는 친구가 간략하게 사정 이야기를 하는 내용의 (C)가 오고, 친구와의 대화를 통해 상황이 더 심각한 것을 알고는 그를 돕기 위해 친구들과 함께 돈을 걷었다는 내용의 (B)가 온 다음, 마지막으로 그 돈을 가지고 그의 집에 가서 놓고 왔다는 내용의 (A)가 오는 것이 가장 자연스러운 글의 순서이다.

○ 구문 분석
【9행】 He **told** me his hours **had been** cut back and he couldn't buy groceries for his family.

▶ 그의 시간이 줄어든 것은 그가 필자에게 말했던(told) 시점보다 먼저 일어난 사건이므로 대과거(had been) 시제가 쓰였다.

⌐ Words & Phrases ⌐
· loan 대출, (돈을) 빌려줌 · figure 이해하다 · rent 집세
· cut back 줄이다, 삭감하다 · grocery 식료품

## [07~09] 　　　　　07 정답 ⑤　08 정답 ③　09 정답 ②

● 전문 해석

(A)
어느 실험에서 원숭이 한 마리가 20초마다 약하지만 불편한 전기 충격을 받는 대상이 되었다. 그 원숭이가 충격을 피하려면, 빨간 버튼을 눌러 시계를 재설정해야만 했다. 20초의 시간이 다시 시작될 것이었다.

(D)
그러므로 그 원숭이가 버튼의 정확한 위치를 찾아서 20초의 시간이 가기 전에 누르면 전기 충격을 막을 수 있었다. 정확한 시간에 버튼을 누른다면 원숭이는 모든 충격을 피할 수 있었다. 실험은 하루에 6시간 동안 계속되었다. 6주가 지나고 나서, 그 원숭이는 지독한 궤양으로 죽었다.

(C)

두 번째 원숭이가 첫 번째 원숭이와 비교하기 위한 또 다른 실험의 대상이 되었다. 유일한 차이는 버튼을 눌러도 충격은 멈추지 않았다는 것이었다. 그 원숭이는 살아남았고, 충격을 제외하고는 건강하며 행복하기조차 했다.

(B)

그 원숭이는 어떻게 살아남을 수 있었을까? 두 번째 원숭이에게는 스트레스가 없었다. 어떤 결정도 해야 할 필요가 없었다. 그 원숭이는 마치 '충격을 받아들이고 삶을 잘 사는 편이 낫겠다.'라고 생각했던 것 같다.

○ 문제 해설

07 원숭이에게 행해진 실험을 설명하는 주어진 글 (A) 다음에, 첫 번째 원숭이가 6주 후에 지독한 궤양으로 죽었다는 내용의 (D)가 온 다음, 또 다른 실험의 대상인 두 번째 원숭이는 살아남았다는 (C)에 이어, 두 번째 원숭이가 살아남을 수 있었던 비결이 드러나는 (B)가 오는 것이 가장 적절하다.

08 (c)는 두 번째 원숭이를 가리키고, 나머지 (a), (b), (d), (e)는 모두 첫 번째 원숭이를 가리킨다.

09 첫 번째 실험의 원숭이는 죽고 두 번째 실험의 원숭이는 살아남은 이유는 20초마다 주어지는 전기 충격을 피하는 버튼의 유무였는데, 그것은 곧 충격을 통제하면서 스트레스를 받느냐, 아니면 그것을 그대로 받아들이며 사느냐의 차이이다. 그러므로 글의 제목으로는 ② '통제하는 것으로부터 오는 스트레스가 우리를 죽인다'가 가장 적절하다.

○ 오답 확인

09 ① 비교는 나쁜 건강으로 이어진다
③ 통제감은 고통을 줄인다
④ 동물을 가지고 더 이상의 실험은 없다!
⑤ 약간의 스트레스는 우리를 깨어있게 만든다

○ 구문 분석

【A 1행】 In an experiment, a monkey was subjected to a mild but uncomfortable electric shock **every twenty seconds**.

▶ every twenty seconds는 '20초마다'라는 뜻인데, every는 기수나 서수와 함께 쓰여 '~마다'의 뜻으로 쓰인다. 하지만 기수와 서수일 때 뒤 명사의 수가 달라지므로 유의해야 한다.
cf) 2시간마다: every two hours = every second hour

【A 2행】 If the monkey **was to avoid** the shock, he had to push a red button to reset the clock.

▶ was to avoid는 「be동사+to부정사」의 용법으로 여기서는 '의도'의 의미로 해석한다.

【C 2행】 The only difference was that his button did not **allow** him **to stop** the shock.

▶ allow는 목적 보어로 to부정사를 취한다.

---

Words & Phrases

• experiment 실험　　• be subject to ~의 대상이다, ~을 당하다
• electric shock 전기 충격　　• reset 재설정하다
• period 기간　　• survive 살아남다
• might as well ~하는 편이 낫다
• subject 실험 대상, 피실험자　　• compare with ~와 비교하다
• except for ~을 제외하고　　• locate ~의 정확한 위치를 찾다
• die from ~로 죽다　　• ulcer 궤양

## 문법 **01** 문장의 구성 (1)

### 문법 연습문제　　　　　　　　　본문 91쪽

A 1 cost　2 That　3 walking　4 were saved

B 1 ③　2 ②　3 ①　4 ②

C ④ (Develop → To develop / Developing)

**A** ● 해석

1 그 한정판 티셔츠는 가격이 20달러이다.
2 엘리베이터가 작동되지 않았다는 것은 확연한 사실에 근거하고 있었다.
3 그녀는 야생동물을 보면서 걷는 것을 좋아했다.
4 그 동물들은 에스키모인들에 의해 구해졌다.

Words & Phrases

· limited edition 한정판　　· be based on ~에 근거하고 있다
· wildlife 야생동물

**B** ● 해석

1 마음에 있는 것을 적는 것은 여러분의 생각과 감정을 정리하기 위한 훌륭한 방법이다.
2 그 한국 남성은 그가 지난주에 홍콩 국제공항에 도착했을 때 검역관에게 그의 상태에 관해서 거짓말을 했다는 것을 부인해왔다.
3 내가 그녀의 사무실에 들어가자마자, 그녀는 나에게 결혼은 했는지 또는 아이는 있는지를 물었다.
4 몇몇 연구자들은 지저분한 책상이 더 많은 창의성으로 이어질 수 있다는 것을 알아냈다.

Words & Phrases

· deny 부인하다　　· condition 상태
· as soon as ~하자마자　　· researcher 연구자
· messy 지저분한　　· lead to ~로 이어지다

**C** ● 전문 해석

고대인들은 사람이 특정한 정신력을 가지고 태어난다고 믿었다. 그들은 또한 사람이 죽는 날까지 이런 것들에 만족해야 한다고 생각했다. 그러나 현대 심리학은 이 생각을 거부해왔다. 우리 모두는 우리 팔의 근육이 약하면 운동으로 그것을 개발할 수 있다는 것을 알고 있다. 타자기를 만지는 것이 느리면, 우리는 그것을 빠르게 할 수 있다. 어떤 다른 개인적인 특징을 개발하는 것은 동등하게 가능하다. 대부분의 사람들은 어디에서 시작해야 하는지 알지 못한다.

○ 문제 해설
④ 문장의 동사가 is이므로, 주어 역할을 하는 to부정사구나 동명사구가 필요하다. 따라서 Develop은 To develop 또는 Developing으로 고쳐야 한다.

○ 오답 확인
① 인간이 어떤 정신력을 가지고 태어나는 것이므로 수동태 is born이 쓰였다.
② 과거의 어느 시점부터 현재까지 계속되는 것을 나타내는 현재완료 시제(has rejected)가 쓰였다.
③ that절은 동사 know의 목적어로 쓰인 명사절이다.
⑤ 「where+to부정사」는 '어디서 ~해야 하는지'라는 뜻의 명사구로 know의 목적어로 쓰였다.

Words & Phrases

· mental 정신의　　· be content with ~에 만족하다
· psychology 심리학　　· reject 거부하다
· muscle 근육　　· speed up ~을 빠르게 하다
· equally 동등하게

## 문장의 구성 (2)

### 문법 연습문제　　　　　　　　　본문 93쪽

A 1 wants　2 glad　3 found　4 eat

B 1 leaving → left
　2 to play → play / playing
　3 bitterly → bitter
　4 raising → to raise

C ③ (to stay → stay)

**A** ● 해석

1 그 소년에게 이야기하는 그 선생님은 작가가 되고 싶어 한다.
2 그녀는 손으로 할 무엇인가를 가지고 있는 것에 즐거워 보인다.

3 모든 선수는 경기를 더 잘하기 위해 스스로 동기 부여를 할 방법을 찾았다.
4 내 어머니는 항상 내게 채소를 먹게 하신다.

B ● 해석

1 내 수술이 마지막 수술이었기 때문에 간호사들은 대기실에서 나를 떠났다.
2 많은 애완동물 소유자들은 그들의 개가 그들 사이에서 또는 다른 애완동물과 노는/놀고 있는 것을 보았다.
3 커피가 맛이 쓰거나 쓰지 않은 이유에는 많은 요소가 있지만, 가장 큰 공헌 요소는 양, 갈기, 그리고 물 온도이다.
4 나는 학생들이 수업에 참여하고 싶으면 손을 들라고 격려한다.

C ● 전문 해석

내가 3학년을 시작했을 때, 내 첫 번째 과제는 100까지 세는 것을 배우는 것이었다. 혼자서 100까지 셀 수 있을 것이라고 생각하면서 나는 정말로 신이 났다. 우리 아빠는 그것을 확인했다. 그는 내가 완벽하게 수를 셀 때까지 나를 밤새 깨어 있게 했다. 내가 망칠 때마다, 그는 내가 얼마나 멍청한지를 말하면서 내게 소리를 지르곤 했다. 내가 실수할 때마다, 나는 다시 시작해야만 했다. 나는 지치고 배가 고픈 느낌이 들었다. 나는 숨을 쉴 수 없을 것 같았다.

○ 문제 해설
사역동사 make는 목적어와 목적 보어가 능동의 의미 관계에 있을 때 동사원형을 목적 보어로 취하므로, ③ to stay는 stay로 고쳐야 한다.

○ 오답 확인
① 동사 was의 보어 역할을 하는 to부정사구이다.
② think의 목적어 역할을 하는 명사절 접속사이다.
④ 동시동작을 나타내는 분사구문이다.
⑤ feel은 보어로 형용사를 취한다.

문법 02 주어와 동사의 수 일치 (1)

문법 연습문제                                본문 95쪽

A  1 is  2 is  3 gives  4 is

B  1 ①  2 ③  3 ②  4 ①

C  ⑤ (are → is)

A ● 해석

1 저기에 선글라스를 쓰고 있는 소년은 내 아들이다.
2 약속을 지키는 것은 그에게 중요한 일이다.
3 꽃들로 가득한 정원은 우리에게 쉴 수 있는 기회를 준다.
4 그녀가 어디에서 왔는가는 여전히 수수께끼이다.

B ● 해석

1 공부하지 않고 성공하려는 것은 망치 없이 집을 지으려고 하는 것과 같다.
2 우리가 성공하는가는 우리가 얻는 지식으로 우리가 무엇을 하는가에 달려 있다.
3 창의적이 된다는 것은 이전에 존재하지 않았던 것을 상상하고 새로운 해결책과 형태를 찾는 것을 의미한다.
4 우리가 지금 교육이라고 부르는 것은 책에서 정보와 지식을 축적하는 것의 문제이다.

C ● 전문 해석

대중교통은 대부분의 도시에서 중요한 역할을 한다. 특히

대도시에서, 대중교통 체계는 널리 이용된다. 그러나 불행하게도, 대중교통은 흔히 불평의 주제이다. 고객들은 부당한 가격, 나쁜 서비스, 또는 잦은 지연에 관해 짜증을 낸다. 그런 불평들은 이해할 만하지만, 대중교통 회사로서는 비용을 인상하지 않고 더 좋은 서비스를 제공하는 것은 흔히 불가능하다. 이런 어려움의 이유는 계획상 문제들의 복잡성과 크기이다.

○ 문제 해설
⑤ for these difficulties는 주어인 The reason을 수식하는 전치사구이므로, 동사 are는 is로 고쳐야 한다.

○ 오답 확인
① most는 '대부분의'라는 뜻으로 명사를 수식한다.
② widely는 부사로 과거분사 used를 수식한다.
③ be동사인 are의 보어로서 형용사 annoyed가 쓰였다.
④ it은 가주어이고, to provide 이하가 진주어이다.

⌐ Words & Phrases ⌐
• public transportation 대중교통   • unfortunately 불행하게도
• complaint 불평, 불만   • customer 고객
• annoyed 짜증이 난   • frequent 잦은
• delay 지연   • understandable 이해할 만한
• provide 제공하다   • increase 인상하다
• difficulty 어려움, 곤경   • complexity 복잡성

## 주어와 동사의 수 일치 (2)

⌐ 문법 연습문제 ⌐                          본문 97쪽

A  1 am   2 Few   3 is   4 has

B  1 a few → a little
   2 has → have
   3 have → has
   4 come → comes

C  ④ (gets → get)

A ● 해석
1 너와 나 둘 다 자동차 사고에 대한 책임은 없다.
2 힘든 학교에서 일하고 싶어 하는 교사는 거의 없다.
3 Benson Park의 약 절반은 나무로 가득 차 있다.
4 실험실에서 사용되는 모든 장비는 우리에게 기증되어 왔다.

⌐ Words & Phrases ⌐
• car accident 자동차 사고   • tough 힘든

• equipment 장비   • laboratory 실험실   • donate 기증하다

B ● 해석
1 시리얼이 요리되는 물에 약간의 우유가 첨가된다면, 모든 시리얼은 맛이 더 풍부해진다.
2 내 아내나 나 둘 중 한 명은 우리 딸을 학교에서 데리고 와서 발레 수업에 데려다주기 위해 일찍 퇴근해야만 한다.
3 올해에, 온라인으로 거래하기를 선호하는 은행 고객들의 수가 급격하게 뛰었다.
4 소득의 1/4이 관광산업에서 오는 어떤 섬이 생태계 파괴로 고생을 해오고 있다.

⌐ Words & Phrases ⌐
• add 첨가하다   • prefer 선호하다   • sharply 급격하게
• income 수입   • suffer 고생하다   • destruction 파괴
• ecosystem 생태계

C ● 전문 해석
업무 회의는 보통 30분부터 3시간까지 지속된다. 여러분의 목표는 가능한 최단시간에 모든 목표를 이루어내는 것이다. 효과적이고 강력한 회의는 시간을 효율적으로 이용한다. 일반적으로, 한 가지 주제를 다루는 데 적어도 30분이 걸릴 것이다. 최상의 결과를 위해서는, 관련된 단 네 가지 주제만 다루도록 회의를 계획하라. 참가자들 중의 대부분은 네 개가 넘는 주제를 다루는 회의에 많이 지치게 된다. 주제가 너무 많으면 성공적인 회의의 가능성을 매우 낮춘다.

○ 문제 해설
④ 부분을 나타내는 표현은 of 다음의 명사에 동사의 수를 일치시키므로, gets는 get으로 고쳐야 한다.

○ 오답 확인
① to achieve 이하는 동사 is의 보어로 쓰였다.
② 「it takes+시간+to부정사」는 '~하는 데 시간이 걸리다'의 의미이다.
③ 문장에 다른 동사가 없으므로, 명령문 형태인 plan은 적절하다.
⑤ 주어는 your chances이므로 동사 are는 적절하다.

⌐ Words & Phrases ⌐
• business meeting 업무 회의   • last 지속되다
• achieve 이루다, 성취하다   • objective 목표, 목적
• effective 효과적인   • efficiently 효율적으로
• cover 다루다   • result 결과   • address 다루다
• no more than 단, 단지(= only)   • related 관련된
• participant 참가자   • successful 성공적인

## 문법 연습문제
본문 99쪽

**A** 1 was　2 is going　3 comes　4 made

**B** 1 gets → got
　2 was → will be 또는 was preparing → will prepare
　3 are needing → need
　4 have bought → bought

**C** ① (has made → made)

**A** ● 해석

1 Simpson 씨는 혼자 있을 때는 다른 사람이었다.
2 내 딸은 내일 파리로 유학을 갈 것이다.
3 내 남편이 빈손으로 집에 돌아온다면, 그에게 화를 낼 것이다.
4 천문학자들은 2014년에 명왕성에 관한 충격적인 발견을 했다.

**Words & Phrases**
• different 다른　• go abroad 외국에 가다
• empty-handed 빈손인　• astronomer 천문학자
• discovery 발견　• Pluto 명왕성

**B** ● 해석

1 내 아들은 겨우 일곱 살에 학교에 들어갔다.
2 내일 Rachel과 나는 생일파티 준비를 할 것이다.
3 대부분의 사람들은 밤에 적어도 8시간의 잠이 필요하다.
4 내가 캐나다에 있을 때 이 선글라스를 샀다.

**Words & Phrases**
• get into school 입학하다　• prepare 준비하다
• at least 적어도, 최소한

**C** ● 전문 해석

내 가족은 지난달에 파리에 여행을 갔다. Isabelle은 우리 여행의 질에서 큰 차이를 만들었다. 그녀는 가족 전체에게 재미있고 유익한 수업을 제공했다. 그녀의 수업은 언어뿐만 아니라 문화와 그것의 미묘한 뉘앙스에 관한 매우 많은 수준의 이해를 제공했다. 당신의 아파트나 호텔 방에서 편안하게 개인 수업을 받은 다음 지도 교사와 함께 밖으로 나가서, 배운 모든 것을 써보는 것을 상상해보라. 우리는

그것이 정말로 좋았다!

○ 문제 해설
① 지난달(last month)에 일어난 일이므로, 현재완료 시제 has made는 과거 시제 made로 고쳐야 한다.

○ 오답 확인
② 관계대명사 that이 선행사 lessons를 수식하고 있으므로, were는 어법상 알맞다.
③ 셀 수 있는 명사 levels를 수식하는 many는 어법상 알맞다.
④ 「not only A but (also) B」 'A뿐만 아니라 B도 역시' 구문이 쓰였다.
⑤ having, heading, using이 and로 병렬구조를 이루어 Imagine에 이어지고 있다.

**Words & Phrases**
• make a difference 차이를 만들다
• quality (품)질　• provide 제공하다　• lesson 수업
• informative 유익한　• entire 온, 전체의　• subtle 미묘한
• nuance 뉘앙스　• private 개인의　• comfort 편안함
• head out ~으로 향하다　• instructor 지도 교사

## 문장의 시제 (2)

## 문법 연습문제
본문 101쪽

**A** 1 had ignored　2 became
　3 will have destroyed　4 has

**B** 1 had → has
　2 stole → had stolen
　3 have been → were
　4 are talking → have been talking

**C** ⑤ (is → was)

**A** ● 해석

1 그는 아버지의 조언을 무시했던 것을 후회했다.
2 Ford 씨는 그가 대통령이 된다면, 범죄와 싸울 것이라고 말했다.
3 2020년까지, 우리는 모든 열대우림을 파괴할 것이다.
4 Sally는 학교에서 달이 지구보다 중력이 덜 하다는 것을 배웠다.

**Words & Phrases**
• crime 범죄　• destroy 파괴하다

• tropical rainforest 열대우림　　• gravity 중력

## B ●해석

1 어린 소년은 태양이 강하고 복잡한 자기장을 가지고 있다는 것을 알지 못했다.
2 나는 지난밤에 내 차를 잠그지 않고 떠났다가, 돌아오자마자 누군가가 내 선글라스를 훔쳐갔다는 것을 알았다.
3 런던 사람들은 3년 전에 그랬던 것보다 두드러지게 더 행복하고 스트레스를 덜 받는다.
4 과학자들은 1세기 이상 동안 화석 연료를 태우는 것이 전 세계 기후에 끼치는 영향에 관해서 이야기해오고 있다.

> **Words & Phrases**
> • magnetic field 자기장　　• markedly 두드러지게
> • effect 영향　　• fossil fuel 화석 연료　　• climate 기후

## C ●전문 해석

열세 군데의 미국 식민지들은 영국의 지배로부터 자유로워지기를 바랐다. 자유는 왕 없는 새로운 종류의 정부를 만드는 것을 가능하게 할 것이었다. 그 나라의 가장 초기 지도자들에 의해 상상된 민주주의에서 미국인들은 특정한 원리나 이상에 근거하여 그들 스스로를 다스릴 것이었다. 하지만 당시 영국이 세계 최강의 제국이었기 때문에, 그 당시 미국 독립 혁명이 성공할 것이라고 생각한 사람들은 거의 없었다.

○ 문제 해설
⑤ 과거의 어느 시점(back then)에 영국이 세계 최강의 제국이었다는 것이므로, is는 was로 고쳐야 한다.

○ 오답 확인
① free는 be동사의 보어로 쓰였다.
② it은 가목적어이고 to create 이하는 진목적어이다.
③ imagined ~ leaders는 과거분사구로 the democracy를 수식한다.
④ govern의 행위를 하는 주어와 행위를 당하는 목적어가 동일하므로, 재귀대명사 themselves가 쓰였다.

> **Words & Phrases**
> • colony 식민지　　• freedom 자유　　• government 정부
> • democracy 민주주의　　• govern 다스리다
> • based on ~에 근거하여　　• principle 원리　　• ideal 이상
> • revolution 혁명　　• empire 제국

> **문법 연습문제**　　본문 103쪽
>
> A　1 have　2 must　3 contact　4 may
> B　1 to be → be
> 　　2 ought → ought to
> 　　3 sent → (should) send
> 　　4 be → is
> C　⑤ (making → make)

## A ●해석

1 여러분은 삶의 모든 장애물을 극복할 용기를 가질 수 있다.
2 Harry는 결코 실수하지 않는 직원을 얻게 되어 기쁜 것임에 틀림이 없다.
3 내 상사는 나의 계획에 대한 더 좋은 생각을 얻기 위해 내가 당신에게 연락할 것을 제안했다.
4 때때로 우리는 행복이 짐의 부재라고 잘못 믿고 있을지도 모른다.

> **Words & Phrases**
> • courage 용기　　• overcome 극복하다　　• obstacle 장애물
> • employee 직원　　• contact 연락하다
> • mistakenly 잘못하여　　• absence 부재　　• load 짐

## B ●해석

1 지휘자는 무대 위의 모든 행동에 대한 책임을 져야만 한다.
2 성공적인 삶을 살기 위해서, 우리는 우리가 어디에서 와서 어디로 갈 것인지를 알고 있어야만 한다.
3 내 친구는 내가 가능한 일자리를 위해 Texas에 있는 회사들에 이력서를 낼 것을 제안했다.
4 어떤 연구는 걷는 것이 건강 문제의 위험을 줄이는 데 달리기만큼 좋다는 것을 시사해왔다.

> **Words & Phrases**
> • conductor 지휘자　　• be responsible for ~에 책임이 있다
> • resume 이력서　　• potential 가능한, 잠재적인
> • reduce 줄이다　　• risk 위험

## C ●전문 해석

의심이 여러분을 저지하는 삶의 큰 부분인가? 의심은 의견

에 지나지 않는다는 것을 명심하라. 의심할 타당한 이유가 있을 수도 있지만, 그렇다고 그것이 반드시 옳은 것은 아니다. 마음을 의심으로 채울 때, 여러분은 긍정적인 가능성을 포기한다. 분명히, 주의 깊고 현실적인 것이 이득이 된다. 하지만 그것이 여러분 자신의 능력에 관해 의심해야 한다는 것을 의미하지는 않는다. 의심 뒤에 숨는 대신, 그것이 틀렸다는 것을 증명할 노력을 하라.

○ 문제 해설

⑤ to prove them wrong은 the effort를 수식하고 있으며, 그 문장 안에 동사가 없으므로 making은 명령형 make로 고쳐야 한다.

○ 오답 확인

① that 이하는 주격 관계절로 a big part of your life를 수식한다.
② 조동사 may는 추측의 뜻을 나타낸다.
③ it은 가주어이고, to be 이하는 진주어이다.
④ must는 '~해야만 한다'는 뜻의 조동사이다.

┌─ Words & Phrases ─┐
• hold back ~을 저지(방해)하다
• keep ~ in mind ~을 명심하다
• nothing more than ~에 불과한    • opinion 의견
• not necessarily 반드시 ~인 것은 아닌
• positive 긍정적인    • possibility 가능성
• pay 이득이 되다    • realistic 현실적인
• doubtful 의심하는    • prove 증명하다

## 조동사 (2)

┌─ 문법 연습문제 ─────────────── 본문 105쪽 ─┐
A  1 used   2 may   3 go   4 believe

B  1 must   2 should   3 cannot   4 need not

C  ④ (ask → asking)
└────────────────────────────────┘

A ● 해석

1  사람들은 예전에 곡물이 그들을 뚱뚱하게 만든다고 믿었다.
2  그가 항상 너에게 거짓말을 하기 때문에, 네가 그에게 화를 내는 것도 당연하다.
3  넌 감기에 걸린 것 같다. 집에 가서 침대에서 쉬는 게 좋겠다.
4  그녀가 말하는 방식은 매우 설득력이 있어서, 우리는 그녀가 말한 것을 믿지 않을 수 없었다.

┌─ Words & Phrases ─┐
• grain 곡물    • fat (사람이나 동물의 몸이) 뚱뚱한, 살찐
• lie 거짓말하다    • cold 감기    • persuasive 설득력이 있는

B ● 해석

1  그는 부지런하지 않다. 다른 누군가가 그를 대신해서 그 일을 했음에 틀림없다.
2  Tom은 회의 때 한 무례한 발언에 대해 그의 상사에게 사과를 했어야만 했다. 그는 여전히 Tom에게 화가 나 있다.
3  그 여성은 Tom의 집을 방문했을 리가 없는데, 그것은 그녀가 그를 싫어했기 때문이다.
4  그는 우산을 가져올 필요가 없었다. 비가 결국 내리지 않았다.

┌─ Words & Phrases ─┐
• diligent 부지런한, 근면한    • apologize 사과하다
• rude 무례한    • remark 발언    • bring 가져오다

C ● 전문 해석

일단 문이 열리자, 내 어머니가 먼저 들어와서, 어둠을 통과해 부엌으로 갔다. 내 여동생이 계단을 올라가는 동안 나는 그녀가 유리컵에 물을 채우는 것을 들었다. 내 아버지는 손에 편지 한 통을 들고 따라왔다. 그의 얼굴은 초조해 보였고, 나는 무엇인가 잘못된 것은 아닌가 하고 묻지 않을 수 없었다. "어?" "무엇인가 잘못된 것은 아닌가 하고요. 걱정하시는 것 같아요." "아무 일 없단다, Jack." 나는 매우 피곤해서 누가 그에게 그 편지를 보냈는가를 묻지 않았다. 하지만 다음날 아침에 내가 깨어났을 때 나는 후회했다. 나는 그것에 관해 그에게 물어봤어야만 했다.

○ 문제 해설

④ '~하지 않을 수 없다'는 뜻은 「cannot help ~ing」 또는 「cannot but+동사원형」으로 쓰기 때문에, ask는 asking으로 고쳐야 한다.

○ 오답 확인

① once는 '일단 ~하면'이라는 뜻의 부사절 접속사이다.
② 지각동사 hear는 목적어와 목적 보어가 능동의 의미 관계에 있을 때 목적 보어로 동사원형 또는 현재분사(~ing)를 취한다.
③ 문장의 동사는 followed이고 holding 이하는 동시동작을 나타내는 분사구문이다.
⑤ should have p.p.는 '~했어야 했는데 (~하지 않았다)'의 뜻이다.

┌─ Words & Phrases ─┐
• unlock 열다    • enter 들어가다    • through ~을 통해

- fill 채우다   • stair 계단   • follow 따라가다
- hold 들다, 쥐다   • nervous 초조한
- wonder 궁금하다, 궁금해하다

## 문법 05 가정법 (1)

본문 107쪽

**문법 연습문제**

A  1 were  2 had  3 use  4 understand

B  1 give up → have given up
   2 have been → be
   3 be → had been
   4 met → had met

C  ② (had → had had)

**A** ● 해석

1 내가 대통령이라면, 세상을 더 좋은 곳으로 만들 텐데.
2 내가 살 수 있는 날이 하루만 더 있다면, 내 어머니에게 사랑한다고 말할 텐데.
3 내가 우산을 가지고 왔더라면, 지금 그것을 이용할 수 있을 텐데.
4 그들이 내 입장이라면, 내가 왜 시도를 멈추었는지 이해할 텐데.

**Words & Phrases**
• president 대통령   • be in one's shoes ~의 입장에 있다

**B** ● 해석

1 Aimee가 그때 Paul에게 또 한 번의 기회를 주지 않았다면, 그는 배우가 되는 것을 포기했을 텐데.
2 내 아버지가 내가 하는 말에 귀를 기울였더라면, 나는 오늘날 그와 함께 있을 텐데.
3 그가 지난밤에 더 주의했었더라면, 그는 그 위험을 알아 차렸을 텐데.
4 내가 Kent를 삶에서 나중에 만났더라면, 나는 아마도 우리의 우정을 다르게 보았을 텐데.

**Words & Phrases**
• be aware of ~을 알아 차리다, ~을 알다   • friendship 우정

**C** ● 전문 해석

내 아버지는 1950년에 태어나, 11살의 어린 소년으로 런던에 가서 정육점에서 일했다. 그는 매우 똑똑한 분이셨다. 내 아버지가 어떤 교육이라도 받으셨다면, 그는 더 성공했을 것이다. 그는 자기 사업을 해야 할 것이라고 생각하고, 가게를 임대해서 채소를 팔기 시작했다. 그는 마을을 돌아다니면서 채소를 가져다주곤 했다. 그는 자신이 접촉하는 모든 사람을 존경심으로 대했고 결코 주문을 거절하지 않았다.

○ 문제 해설
② 가정법 과거완료 구문(If+주어+had p.p. ~, 주어+would (should/could/might)+have p.p. ...)으로 과거 사실과 반대인 상황을 가정하므로, had는 had had로 고쳐야 한다.

○ 오답 확인
① to work는 to부정사의 결과 용법으로 쓰였다.
③ and에 의해 rented와 병렬구조를 이루고 있다.
④ 「used to+동사원형」은 '~하곤 했다'는 뜻이다.
⑤ 「전치사+관계대명사」로 선행사는 every person이고 come in contact with에서 with가 관계대명사 앞으로 나갔다. with respect는 전치사구로 '존경심으로'의 뜻이다.

**Words & Phrases**
• butcher's shop 정육점   • intelligent 똑똑한, 총명한
• rent 임대하다   • vegetable 채소
• village 마을   • come in contact with ~와 접촉하다
• refuse 거절하다   • order 주문

## 가정법 (2)

본문 109쪽

**문법 연습문제**

A  1 Had he not  2 as  3 have known
   4 control

B  1 you had been a little more patient
   2 I known the answer
   3 had not given me one more opportunity
   4 Without 또는 But for 또는 Had it not been for

C  ② (write → have written)

**A** ● 해석

1 그가 나를 용서하지 않았다면, 나는 오늘날 아무것도 아닐 것이다.
2 그녀는 그가 완전히 이방인인 것처럼 그를 응시하고 있었다.
3 그의 현명한 아내가 없었다면, 그는 결코 성공을 알지 못했을 수도 있다.

4 그는 내가 내 삶을 통제하는 방식대로 자신의 삶을 통제할 수 있기를 바란다.

Words & Phrases

• forgive 용서하다　• stare at ~을 응시하다
• stranger 이방인, 낯선 사람　• control 통제하다

## B ●해석

1 네가 조금 더 인내심이 있었다면 일등을 했을 것이다.
2 내가 그 답을 알고 있었더라면, 나는 정직하게 그것을 공유했을 텐데.
3 감독은 내게 기회를 한 번 더 주었다. 그렇지 않았다면, 나는 영화배우로서 살지 못했을 수도 있다.
4 아버지의 희생이 없었더라면, 나는 오늘날의 강하고 자신감 있는 사람은 아닐 것이다.

Words & Phrases

• director 감독　• sacrifice 희생
• confident 자신감 있는

## C ●전문 해석

나는 올바른 선생님은 아이의 인생에서 큰 차이를 만들어 낼 수 있다고 생각한다. 내 경우, 대학에서 만난 한 선생님이 없었다면, 나는 책을 쓰지 못했을 것이다. 그녀는 내 글을 좋아했고, 내가 그림 그리기를 좋아한다는 것을 알아서, 내게 아동 도서를 만들어볼 것을 격려했다. 나는 그해 내 첫 아동 도서를 썼고 그것은 출간되었다. 그 선생님의 격려가 없었다면, 'Captain Underpants'는 오늘날 존재하지 않을 것이다. 그래서 나는 올바른 선생님들은 아이들의 삶에 영향을 끼칠 뿐만 아니라, 온 세상을 바꿀 수 있다고 말하고 싶다!

○ 문제 해설
② 「if it hadn't been for」는 '~이 없었다면'이라는 뜻으로, 가정법 과거완료 구문이므로 주절의 동사 write는 have written으로 고쳐야 한다.

○ 오답 확인
① huge는 형용사로 명사 difference를 수식한다.
③ encourage는 목적 보어로 to부정사를 취한다.
④ Without은 '~이 없었다면'이라는 뜻이다.
⑤ 상관접속사 「not only A but also B」에 의해 influence와 change가 병렬구조를 이룬다.

Words & Phrases

• difference 차이　• notice 알다
• encourage 격려하다, 권유하다　• publish 출판하다

• encouragement 격려, 권유　• exist 존재하다
• influence 영향을 끼치다

## 문법 06 수동태 (1)

문법 연습문제　　　　　　　　본문 111쪽

A 1 be seen　2 was forced　3 taken care of
　4 being

B 1 a truck → by a truck
　2 with my father → by my father
　3 shared → has been shared
　4 build → be built

C ④ (permitting → permitted)

## A ●해석

1 많은 혜성들은 작은 망원경으로 보여질 수 있다.
2 Alastair Cook은 점심 식사 후에 현장을 떠나지 않을 수 없었다.
3 모든 아이들은 그들의 재정적인 상태에 관계없이 보살핌을 받아야만 한다.
4 오존층은 대기로 배출되는 화학 물질에 의해 파괴되고 있다.

Words & Phrases

• comet 혜성　• be forced to ~하지 않을 수 없다
• regardless of ~에 관계없이　• financial 재정적인
• status 상태, 상황　• ozone layer 오존층
• destroy 파괴하다　• chemical 화학 물질
• release 배출하다　• atmosphere 대기

## B ●해석

1 한 우체부는 트럭에 치인 후에 입은 심각한 부상으로부터 회복 중이다.
2 푸딩을 만드는 이 요리법은 내 아버지에 의해 내게 주어졌고 나는 그것으로 큰 성공을 이루었다.
3 Robinson의 비디오는 지난주에 게시된 이후로 180만 번 이상 공유되었다.
4 새 공항이 Texcoco에 지어질 것인데, 그곳은 국제공항으로부터 30 km 떨어져 있다.

## C ● 전문 해석

Arizona 주의 Sedona 바로 외곽에 위치해 있는 Slide Rock State Park는 Oak Creek Canyon 안에 있는 43에이커의 공원입니다. 이 장소는 천연의 물 미끄럼틀을 형성하는 미끄러운 바위에서 그 이름을 가져왔습니다. 방문객들은 여러 세대에 걸쳐, 수영을 하고 일광욕을 즐기러 이 공원에 오고 있습니다. 개는 목줄을 하면 공원과 인근의 길에서 허락됩니다. 그러나 개가 수영하는 지역으로 가는 것은 허용되지 않습니다. 교외에서 오신다고요? Sedona의 동물 친화적 호텔에서 할인율이 적용될 수 있습니다.

○ 문제 해설

④ dogs와 permit은 수동의 의미 관계이므로, permitting은 permitted로 고쳐야 한다.

○ 오답 확인

① located 앞에는 which is가 생략되어 있고, which는 Slide Rock State Park를 가리킨다.

② 주격 관계절 that의 선행사는 the slippery rocks이므로, form은 알맞다.

③ surrounding은 형용사화된 현재분사로 명사 trails를 수식한다.

⑤ 형용사 pet-friendly는 명사 hotels를 수식한다.

## 수동태 (2)

### 문법 연습문제　　　　　　　　　본문 113쪽

A　1 said　2 to enter　3 with　4 that

B　1 ②　2 ④　3 ①　4 ③

C　④ (thinks → is thought)

## A ● 해석

1 그 소년은 위중한 상태에 있다고 말해진다.

2 그 남성은 1시경에 은행으로 들어가는 것이 보였다.

3 나는 그 시험 결과에 만족한다.

4 사람들은 자기 뇌의 잠재력 중 약 10~15%를 사용한다고 여겨진다.

## B ● 해석

1 Sylvia가 자신의 대학교에 대해서 매우 비판적으로 말하는 것을 다른 사람들이 들었다.

2 최근까지, 네안데르탈인들은 예술 작품을 만들 수 없었다고 생각되었다.

3 나는 내 친구 중 한 명이 문을 열었을 때 흥미로운 책을 읽는 데 열중해 있었다.

4 물기가 있는 음식들이 모유를 더 많이 촉진시키는 것으로 믿어지기 때문에 산모에게는 치킨 수프, 밥, 그리고 우유가 주어진다.

## C ● 전문 해석

새는 공룡으로부터 내려왔다고 믿어진다. 새는 공룡과 수백 가지의 독특한 골격 특징들을 공유한다. 2005년 7월에 발간된 'Nature' 잡지의 한 연구는 공룡이 오늘날의 새에게서 발견되는 것과 비슷한 더 크고 더 복잡한 공기 주머니 체계를 가지고 있었다는 점을 시사한다. 그리고 공룡 두개골의 빈 공간이 머리를 더 가볍게 만들면서 날 수 있는 능력으로 가는 진화에 기여했을 수도 있다고 생각된다.

○ 문제 해설

④ it은 가주어이고 that 이하가 진주어이므로, thinks는 is thought가 되어야 한다.

○ 오답 확인

① to have descended는 완료부정사로 문장의 동사(are believed)보다 먼저 일어난 사건을 나타낸다.

② hundreds of는 '수백 가지의'라는 뜻으로 해석하는데, hundred 다음에 '-s'가 붙는 것에 유의해야 한다.

③ 문장의 주어는 A study이고 published ~ Nature는 과거분사구로 A study를 수식하므로, suggests는 알맞다.

⑤ to fly는 the ability를 수식한다.

- descend 내려오다   • dinosaur 공룡
- skeletal 골격의   • similar to ~와 비슷한
- skull 두개골   • contribute to ~에 기여하다
- evolution 진화

## 문법 07 부정사 (1)

### 문법 연습문제
본문 115쪽

**A** 1 to control   2 it   3 To live   4 to be

**B** 1 That → It
　2 listening → to listen
　3 found useful → found it useful
　4 gained → to gain

**C** ② (help → to help)

**A** ● 해석

1 나는 우리가 해야 하는 일은 감정을 조절하는 것뿐이라고 생각한다.
2 내 가족은 7시 정각에 저녁 식사를 하는 것을 규칙으로 하고 있다.
3 어떤 명분을 위해 사는 것은 남자들이 고귀한 삶을 살기 위한 자연스러운 과정이다.
4 공개 회의는 그 논쟁적인 계획을 토론하기 위해서 일요일에 개최될 예정이다.

- rule 규칙   • cause 명분, 이유   • noble 고귀한
- debate 토론하다   • controversial 논쟁적인

**B** ● 해석

1 이 세상에서 무조건적인 사랑을 찾는 것은 거의 불가능하다.
2 다른 사람의 말을 듣는 법을 배우는 것은 지도자에게 가장 중요한 기술 중 하나이다.
3 내 환자 중 많은 환자들은 그들이 스스로를 관리할 수 있는 방법을 보는 것이 유용하다는 것을 발견했다.
4 경쟁적 우위를 얻을 수 있는 가장 확실한 방법 중 하나는 시간을 최대한 활용함으로써이다.

- unconditional 무조건적인   • patient 환자
- gain 얻다   • competitive advantage 경쟁적 우위
- make the most of ~을 최대한 활용하다

**C** ● 전문 해석

아프리카를 가난에서 벗어나게 하기 위해 우리가 하고 있는 일에 우리를 도와줄 많은 친구들이 필요합니다. 지금보다 아프리카를 도울 더 좋은 때는 결코 없었습니다. 그 대륙은 엄청난 부흥을 경험하고 있습니다. 지난 5년간의 경제 성장은 5퍼센트 포인트 이상이었습니다. 그리고 무력 충돌의 수는 상당히 줄어들었습니다. 이것은 그 대륙이 불과 몇 년 전에 처했던 상황에서 볼 때 놀랄 만한 성취입니다. 좋은 소식은 아프리카의 새로운 지도자들이 매우 이익을 주는 외부 환경뿐만 아니라 경제 관리에서 가장 좋은 관행을 수용하기로 결정했다는 것입니다.

○ 문제 해설

② a better time을 수식하는 to부정사구가 필요하므로, help는 to help로 고쳐야 한다.

○ 오답 확인

① to take 이하는 to부정사의 목적의 의미이다.
③ 주어는 the number이므로 has는 적절하다.
④ when 다음에 these are가 생략되어 있다.
⑤ that 이하는 동사 is의 보어 역할을 하는 명사절이다.

- poverty 가난   • continent 대륙
- tremendous 엄청난, 막대한   • revival 부흥, 부활
- significantly 상당히   • remarkable 두드러진, 놀랄 만한
- achievement 성취   • practice 관행
- A as well as B B뿐만 아니라 A도   • favorable 이익을 주는
- external 외부의   • environment 환경

## 부정사 (2)

### 문법 연습문제
본문 117쪽

**A** 1 to get   2 To   3 of   4 to save

**B** 1 waiting for my parents to arrive
　2 is rich enough to buy back
　3 too heavy to take home
　4 was told not to criticize the reader

**C** ④ (avoid → to avoid)

## A ●해석

1 그가 나를 막았을 때 나는 막 침대에서 일어날 참이었다.
2 설상가상으로, 그는 자신의 가방을 잃어버렸다.
3 그녀가 그가 제안한 일자리를 받아들이지 않기로 한 것은 매우 어리석은 짓이었다.
4 John은 그녀를 포로로 잡고 있던 사람들로부터 딸을 구하기 위해서 모든 일을 했다.

## B ●해석

1 나는 밤을 산책하고 벤치에 앉아서, 내 부모님이 도착하기를 기다렸다.
2 어떤 사람도 자신의 과거를 되살만큼 부자인 사람은 없다.
3 그 배낭은 집으로 가져가기에는 여전히 너무나 무겁다.
4 그 집단의 다른 모든 사람들은 독자를 비난하지 말라는 말을 들었다.

## C ●전문 해석

광장 공포증은 한 사람이 그 문제가 발생하기 전까지 즐기곤 했던 몇 가지를 포함하여, 다른 점에서 보면 일상적인 많은 활동과 장소를 피하는 질환이다. 이런 회피는 보통 공황 발작에 대한 반응으로 발전한다. 공황 발작은 매우 속상하고 무서운 경험일 수 있기 때문에, 사람들은 추가적인 발작을 피하기 위해 그들이 할 수 있는 것이면 무엇이든 하려는 동기를 저절로 부여받는다. 그러나 공황으로부터 자기 자신을 보호하려는 사람의 노력은 실제로 문제를 더 악화시킬 수 있다.

○ 문제 해설

④ 문맥상 조동사 can에 이어지는 것이 아니라, to부정사의 목적으로 쓰여야 하므로, avoid는 to avoid로 고쳐야 한다.

○ 오답 확인

① in which 이하는 「전치사+관계대명사」로 which는 a condition을 선행사로 한다.
② 「used to+동사원형」은 '~하곤 했다'의 뜻이다.
③ such는 「such+a(n)+형용사+명사」의 어순을 취한다.
⑤ to protect ~ panic은 a person's efforts를 수식한다.

---

## 문법 08 동명사 (1)

### 문법 연습문제                                    본문 119쪽

A  1 studying   2 giving   3 creating   4 to take

B  1 to go → going
   2 learned → learning
   3 to meet → meeting
   4 bringing → to bring

C  ① (to eat → eating)

## A ●해석

1 나는 대학원에서 언어학을 공부할 것을 고려하고 있다.
2 그에게 그 스스로를 증명할 기회를 줄 가능성은 없다.
3 아이들을 위해 새로운 아이스크림 맛을 만드는 것을 포기하지 마라.
4 그 음식은 매우 맛있어 보여서 먹기 시작하기 전에 사진 찍는 것을 잊었다.

## B ●해석

1 대부분 개들은 빗속에 밖에 나가는 것을 꺼려하지 않는다.
2 James는 그가 그 노래를 들을 때까지는 기타 연주를 배우는 것에 관심이 없었다.
3 Don Smith는 그의 할아버지를 만났던 것을 기억하는데, 할아버지는 심장마비로 돌아가셨다.
4 Lee 선생님은 자신의 관점을 강요하지 않고, 각각의 학생들에게서 최고의 것을 끌어내려고 항상 노력했다.

• be interested in ~에 관심이 있다
• play 연주하다　• pass away 돌아가다, 죽다
• heart attack 심장마비　• bring out ~을 끌어내다
• impose 강요하다　• view 관점

## C ● 전문 해석

고양이가 마른 음식 먹기를 그만둔다면, 문제는 음식이 전혀 아닐 수 있다. 물이 문제일 수 있다. 마른 음식은 고양이가 목마름을 느끼게 한다. 그러나 고양이가 마시는 물이 신선하지 않고 깨끗하지 않다면, 그는 그것을 마시고 싶어하지 않을 수도 있다. 그가 (물을) 충분히 마시고 있다고 할지라도, 그는 마른 음식을 먹고 있지 않을 수도 있다. 야생의 고양이들은 그들의 식사를 자주 바꾸기 때문에, 여기저기에 약간의 다양성을 주는 것이 최악의 것은 아니다. 시험 삼아 약간 젖은 음식을 마른 음식과 섞어라, 그러면 당신은 그것에 대해 당신 고양이의 후각과 미각에 호소할 수 있다.

○ 문제 해설
① 「stop+~ing」의 형태로 '~하는 것을 그만두다'가 되어야 하므로, to eat는 eating으로 고쳐야 한다.

○ 오답 확인
② 사역동사 make는 목적어와 목적 보어가 능동의 의미 관계일 때는 동사원형을 목적 보어로 취한다.
③ it은 water를 가리킨다.
④ 문장의 주어는 Cats이므로 change는 적절하다.
⑤ 「try+~ing」는 '시험 삼아 ~해보다'의 의미이다.

Words & Phrases

• thirsty 목이 마른, 갈증이 나는　• diet 식사
• all the time 자주, 계속　• here and there 여기저기
• variety 다양성　• mix 섞다　• appeal to ~에 호소하다
• sense of smell 후각　• sense of taste 미각

## 동명사 (2)

### 문법 연습문제　본문 121쪽

A　1 fixing　2 her　3 reviewing　4 laughing

B　1 was → being
　2 to tell → telling
　3 to polish → polishing 또는 to be polished
　4 having not → not having

C　④ (sang → singing)

## A ● 해석

1 지붕의 새는 곳은 수리될 필요가 있다.
2 그는 그녀가 평등에 관해서 연설한 비디오를 찾았다.
3 심사위원들은 훌륭한 모든 제출물들을 검토하느라 바쁘다.
4 그 소녀들은 서로를 보았을 때 웃지 않을 수 없었다.

Words & Phrases

• leak 새는 곳, 누수　• fix 수리하다, 고치다
• make a speech 연설하다　• equality 평등
• judge 심사위원　• review 검토하다
• submission 제출(물)　• laugh (소리내어) 웃다

## B ● 해석

1 나는 그 고급 음식점에서 식사하는 것이 허용된 것에 대해 나 자신이 운이 좋았다고 생각했다.
2 내 아버지는 그의 평생을 그가 진실이라고 믿는 것을 말하는 데 썼다.
3 당신의 원고는 출판업자에게 보내지기 전에 다듬어질 필요가 있다.
4 최근 당신이 보낸 메시지에 답을 하지 않아서 정말로 미안합니다.

Words & Phrases

• allow 허용하다, 허락하다　• fancy 고급의, 비싼
• manuscript 원고　• polish 다듬다, 손질하다
• publisher 출판업자　• recent 최근의

## C ● 전문 해석

나는 음악과 함께 가르치는 것을 확고하게 믿는 사람이다. 각 수업에 동반할 노래가 있을 때 사실과 숫자의 암기는 초기 학습자에게 훨씬 더 재미있다. 나는 음악을 이용하는 것이 학생들로 하여금 사전 지식과 더 나은 연결을 하도록 하는데 도움이 되고 그것이 기억에 도움을 준다는 것을 알아왔다. 내 학생들이 시험을 끝마치는 동안 내가 그들에게 가르쳤던 노래를 부를 가능성은 매우 컸다. 음악은 정말로 효과가 있다!

○ 문제 해설
④ 전치사 of의 목적어는 my students가 아니라 동명사 singing이 되어야 한다. 이 경우 my students는 singing의 의미상의 주어이다.

○ 오답 확인
① 전치사 in은 (동)명사를 목적어로 취한다.
② 문장의 주어는 facts and numbers가 아니라 Memorization

이므로 is는 적절하다.
③ 동명사구 주어 using music의 동사로 helps는 적절하다.
⑤ does는 동사원형 앞에 쓰여 동사 work를 강조한다.

## 문법 09 분사 · 분사구문 (1)

### 문법 연습문제
본문 123쪽

A  1 broken   2 studying   3 Not having
   4 Surprised

B  1 Seeing → Seen
   2 controlling → controlled
   3 knowing → known
   4 Interesting → Interested

C  ② (Worked → Working)

A ● 해석
1 상점 주인은 깨진 유리를 교체했다.
2 우리는 밤새워 공부하는 학생들에게 간식을 제공했다.
3 책을 읽지 않았기 때문에, 그녀는 그 문제에 답을 할 수 없었다.
4 결과에 깜짝 놀란 그녀는 자신이 했던 일에 만족했다.

B ● 해석
1 밤에 우주에서 보면, 지구는 정말로 둥근 공 같다.
2 적절히 통제되지 않으면, 몇몇 해충들은 여러분의 집에 심각한 피해를 일으킬 수 있다.
3 그녀는 빠른 노화를 일으키는, progeria라고 알려진 매우 희귀한 질병을 앓고 있다.
4 세계사에 관심이 많아서 그는 유명한 역사 유적지를 방문하기로 마음먹었다.

C ● 전문 해석
중하위 계층 가정에서 자라난 Linda Fox는 항상 보살핌을 잘 받았다. 스물네 살 때, 그녀는 인생에서 전환점을 맞았다. 그녀는 War on Poverty(가난과의 전쟁) 계획에서 일자리를 하나 얻었다. 그녀는 행정 보조원으로 일하다가 더 큰 일자리로 옮겨졌는데, 거기서 그녀는 자신의 양육과는 매우 다른 많은 것들에 노출되었다. 그녀는 평생을 일했고 아들 하나와 딸 둘을 길렀다. 2008년에 금융 위기가 생기기 전에 그녀는 일을 그만두었다.

○ 문제 해설
② 의미상 주어인 she와 work는 능동의 의미 관계에 있고 분사구문이 필요하므로, Worked는 Working으로 고쳐야 한다.

○ 오답 확인
① Linda Fox와 raise는 수동의 의미 관계에 있고 분사구문이 필요하므로, Raised는 적절하다.
③ a bigger job을 선행사로 하고 뒷부분이 완전하므로 관계부사 where는 적절하다.
④ were의 보어 역할을 하는 형용사 different는 적절하다.
⑤ 「stop+~ing」는 '~하는 것을 그만두다'는 뜻이다.

## 분사 · 분사구문 (2)

### 문법 연습문제
본문 125쪽

A  1 closed   2 Lost   3 wearing   4 Excited

B  1 Not knowing anyone in town
   2 Turning right at that corner
   3 Our lunch being over
   4 smiling at me

C  ③ (to stretch → stretching)

## A ●해석

1 Michael Jordan은 한 번은 눈을 감은 채로 자유투를 쏜 적이 있었다.
2 붐비는 지하철역에서 길을 잃은 그 예쁜 소녀는 울음을 터뜨렸다.
3 Christine과 Sally는 오디션에 참가했는데, 똑같은 의상을 입고 있었다.
4 그의 연설에 흥분한 청중은 환호하고 박수를 쳤다.

Words & Phrases
• free throw 자유투    • burst into tears 눈물을 터뜨리다
• outfit 의상    • cheer 환호하다    • clap 박수 치다

## B ●해석

1 그녀는 마을에 있는 어느 누구도 알지 못했기 때문에 아이들과 집에 머무르기로 했다.
2 저 모퉁이에서 오른쪽으로 돌면, 큰 백화점이 보일 것이다.
3 점심 식사가 끝난 후에 우리는 거실로 자리를 옮겼다.
4 나에게 미소를 짓고 있던 그 소년은 딱정벌레를 그의 작은 손에서 나의 큰 손으로 조심스럽게 옮기고 있었다.

Words & Phrases
• stay 머무르다    • department store 백화점
• transfer 옮기다    • beetle 딱정벌레

## C ●전문 해석

오만 왕국은 중동의 진주로, 거기에는 아랍 문화가 인도 문화와 동아프리카 문화의 강한 영향력과 뒤섞여 있다. 오만 지역의 절반 이상이 서로 다른 사막으로 뒤덮여 있다. 수백 킬로미터가 펼쳐져 있는 거대한 모래 언덕은 압도적인 인상을 만든다. 그것은 인간에 의해 파괴되지 않은 자연환경 중 하나이다. 나는 여러분이 혹독한 기후와 거대한 영토 뒤에 그 비밀을 숨기고 있는 이곳을 방문하기를 권한다.

○ 문제 해설
③ 문장의 주어는 Its huge sand dunes이고 동사는 make이므로, to stretch는 분사구문을 이루는 stretching으로 고쳐야 한다.

○ 오답 확인
① 관계부사 where는 the Middle East를 선행사로 한다.
② 수량을 나타내는 표현은 of 다음에 오는 명사의 수에 동사를 일치시킨다.
④ that 이하는 주격 관계절로 the natural environments를 수식한다.
⑤ recommend는 목적 보어로 to부정사를 취한다.

Words & Phrases
• pearl 진주    • influence 영향(력)
• sand dune 모래 언덕    • stretch 펼쳐지다
• overwhelming 압도적인    • impression 인상
• environment 환경    • destroy 파괴하다
• recommend 권(유)하다    • harsh 혹독한
• climate 기후    • territory 영토

## 문법 10 관계대명사 (1)

### 문법 연습문제                    본문 127쪽

A  1 whose  2 which  3 which  4 whom

B  1 which
   2 whose
   3 whom
   4 that 또는 which

C  ⑤ (them → whom)

## A ●해석

1 머리를 자르는 것이 직업인 사람은 이발사라고 불린다.
2 그녀는 할머니가 그녀를 위해 사준 아름다운 분홍색 드레스를 입고 있다.
3 틱탈릭(Tiktaalik)은 그것의 목을 몸과 관계없이 움직일 수 있었는데, 그것은 다른 어류에서는 흔치 않은 일이었다.
4 중국에는 6억 6천 8백만 명의 인터넷 사용자가 있는데, 그들 중 거의 모든 사람들은 스마트폰을 쓰고 있다.

Words & Phrases
• barber 이발사    • independently of ~에 관계없이

## B ●해석

1 그 개는 올바른 행동을 한 것으로 보상을 받았다. 이것이 그 개를 기쁘게 했다.
2 Jorge Luis Borges는 아르헨티나의 작가이다. 그의 작품은 20세기 세계 문학의 고전이 되었다.
3 관광객들이 로마로 몰려들고 있다. 그들 중 대부분은 미국인이다.
4 도시 Norwich는 어떤 나무에 경의를 표하고 있다. 그 나무는 1963년 홍수 때 사람들의 목숨을 살리는 데 중요한 역할을 했다.

## Words & Phrases

- reward 보답(보상)하다    • behavior 행동
- classic 고전, 명작    • literature 문학
- flock 모여들다    • play a role in ~ing ~하는 데 역할을 하다
- flood 홍수

### C ● 전문 해석

젊은 사람들은 그들이 좋아하는 것에 끌린다. 그들은 힙합, 패션, 컴퓨터, 인터넷 등을 사랑한다. 그러나 그들이 모여서 함께 배울 수 있는 안전한 공간은 없다. 이런 이유로 Divine Bradley는 아이들이 방과 후에 시간을 보낼 수 있고, 배우고 공유할 수 있는 안전하고 건설적인 환경을 만들고 싶었다. 그는 또한 젊은이들에게 모범이 되는 사람으로서의 역할을 하고 싶었는데, 그들 중 대부분은 자기처럼 삶에서 그런 종류의 인물을 만나본 적이 결코 없었다.

### ○ 문제 해설

⑤ 선행사 the youth를 받으면서 전치사 of의 목적어 역할을 하는 관계대명사가 필요하므로, them은 whom으로 고쳐야 한다.

### ○ 오답 확인

① things를 수식하면서 동사 like의 목적어 역할을 하는 관계대명사 that은 적절하다.
② to gather 이하의 의미상의 주어는 「for+목적격」으로 나타내므로 for them은 적절하다.
③ a safe and constructive environment를 선행사로 하는 관계부사 where는 적절하다.
④ as는 '~로서'라는 뜻의 전치사이다.

## Words & Phrases

- attract (마음을) 끌다    • etc. 기타 등등    • gather 모이다
- constructive 건설적인    • environment 환경
- serve as ~로서의 역할을 하다
- role model 모범이 되는 사람    • figure 인물

## 관계대명사 (2)

### 문법 연습문제
본문 129쪽

A  1 who   2 for which   3 in which
   4 conducted

B  1 whom → with whom 또는 the project → the
     project with
   2 which → at which
   3 about that → about which
   4 taught → was taught

C  ⑤ (which → what)

### A ● 해석

1 내가 생각하기에 노래를 잘한 그 소녀는 결승 진출에 실패했다.
2 Bill은 창문을 닫는 것을 잊었는데, 그 때문에 선생님에게 벌을 받았다.
3 내가 관심이 없는 어떤 것에 관한 대화는 지속하기 어렵다.
4 Stanford 대학교에서 실시된 연구는 다중 작업이 실제로 비효율적이라는 것을 발견했다.

## Words & Phrases

- advance to the final 결승에 진출하다    • punish 벌주다
- sustain 지속하다    • research 연구
- conduct 수행하다, 실시하다    • multitasking 다중 작업
- inefficient 비효율적인

### B ● 해석

1 내가 프로젝트를 함께 하고 있는 사람이 여기 곧 도착할 것이다.
2 많은 나라에서 18세는 한 사람이 성인이 되는 나이이다.
3 호기심을 통해서 우리는 우리가 궁금해하는 주제에 관해서뿐만 아니라, 우리 자신에 대해서 더 많은 것을 발견한다.
4 내가 알기로 위대한 스승에 의해 내게 가르쳐진 모든 것이 그의 책에 포함되어 있었다.

## Words & Phrases

- curiosity 호기심    • curious 궁금한, 호기심이 있는
- B as well as A A뿐만 아니라 B도 역시    • include 포함하다

### C ● 전문 해석

각각의 문화는 고통을 피하고 쾌락을 얻는 다양한 방식을 가지고 있다. 예를 들어, 서양 사람들은 우리가 돈을 더 많이 가지고만 있으면, 분명히 더 행복할 것이라고 믿는 경향이 있다. 놀랍게도, 연구는 일단 사람이 중산층의 지위를 획득하면, 추가적인 돈은 그들의 행복 수준에 거의 영향을 끼치지 않는다는 것을 보여준다. 그러나 많은 사람들이 더 많은 돈을 벌려고 수년 동안 노력하다가, 결국에는 그들이 더는 행복하지 않다는 것을 발견하게 된다. 대부분의 사람들이 그들 생각에 그들을 만족하게 해줄 것이 별로 효과가 없었다는 것을 깨달을 때쯤에 그들이 다른 길을 추구하기에는 너무 늦다.

### ○ 문제 해설

⑤ realized의 목적어 역할을 하는 명사절 내에서 they thought

는 삽입절이고, would make them satisfied와 동사구 hasn't really worked의 주어 역할을 하는 표현이 필요하므로, 관계대명사 which는 선행사를 포함한 관계대명사 what으로 고쳐야 한다.

○ 오답 확인
① gain은 and에 의해 avoid와 병렬구조를 이루고 있다.
② 가정법 과거 구문으로, 현재 사실의 반대를 가정한다.
③ little은 '거의 ~않는'이라는 뜻의 부정어이다.
④ 「only to+동사원형」은 to부정사의 결과 용법이다.

## 관계대명사 (3)

문법 연습문제                                    본문 131쪽

A  1 that  2 What  3 that  4 what

B  1 ④  2 ①  3 ②  4 ④

C  ③ (that → what)

A ● 해석

1 세상에서 해결될 수 없는 것은 아무것도 없다.
2 내가 오늘 거리에서 본 것은 정말로 가슴이 아팠다.
3 나는 간디가 이제껏 살았던 가장 위대한 사람이라고 생각한다.
4 가치는 삶에서 중요한 것에 관한 믿음이다.

B ● 해석

1 내 어머니가 없었다면, 나는 오늘날의 내가 아닐 것이다.
2 나는 네가 아프리카, 인도, 그리고 캄보디아 태생의 아이들을 돕기 위해 한 일에 깊은 감동을 느꼈다.
3 아이들에게 자신들이 가진 것에 만족하라고 가르치는 것은 부모가 아이들에게 줄 수 있는 중요한 선물이다.
4 Franklin Roosevelt는 우리가 두려워해야 할 유일한 것은 두려움 그 자체라고 우리에게 주의를 주었다.

C ● 전문 해석

당뇨병이 있는 사람들에게 있어 건강에 좋은 음식은 또한 여러분의 나머지 가족에게도 좋은 선택이다. 그래서 보통 당뇨병 환자를 위한 특별한 음식을 준비할 필요는 없다. 당뇨병 환자의 식단과 가족의 전형적인 식단 사이의 차이는 당뇨병이 있다면, 여러분이 먹는 것을 좀 더 세밀하게 관찰해야 한다는 것이다. 이것에는 칼로리의 전체 양과 여러분이 먹는 탄수화물, 지방, 그리고 단백질의 양과 종류가 포함된다. 당뇨병 교육자나 영양사들은 여러분이 이것을 하는 법을 배우는 것을 도울 수 있다.

○ 문제 해설
③ 동사 eat의 목적어 역할을 하면서 선행사를 포함하는 관계대명사가 필요하므로 that은 what으로 고쳐야 한다.

○ 오답 확인
① that ~ diabetes는 주격 관계대명사절로 주어 The foods를 수식하므로 동사 are는 적절하다.
② to prepare는 need를 수식한다.
④ 동사 includes는 목적어를 가지는 능동태로 쓰였다.
⑤ 「의문사+to부정사」는 명사구로 learn의 목적어 역할을 한다.

문법 **11**  관계부사 · 복합관계사

문법 연습문제                                    본문 133쪽

A  1 whomever  2 whatever  3 However
   4 why

B  1 Whatever → However
   2 the way와 how 둘 중 하나 생략
   3 which → where 또는 in which
   4 then → when

C  ④ (however → whatever)

## A ● 해석

1 그녀는 자신이 사랑하는 사람이면 누구라도 결혼할 권리가 있다.

2 나는 네가 하기로 결정하는 것이 무엇이든 성공할 것이라고 확신한다.

3 내가 아무리 열심히 노력한다고 할지라도, 중국어는 배우기가 매우 어렵다.

4 영어가 인도에서 그토록 널리 이용되는 이유는 인도의 식민지 역사와 관련이 있다.

Words & Phrases

• right 권리  • have to do with ~와 관계가 있다
• colonial 식민지의

## B ● 해석

1 네가 아무리 슬프다고 해도, 네가 혼자가 아니라는 것을 기억하라.

2 텔레비전과 영화 속의 폭력은 아이들이 행동하는 방식에 정말로 영향을 끼친다.

3 케냐 인구의 많은 부분을 차지하는 사람들은 전기에 접근할 수 없는 지역에 산다.

4 황혼은 밖에 빛이 있는 저녁에 일몰과 완전한 어둠 사이의 시간이다.

Words & Phrases

• violence 폭력  • influence 영향을 끼치다
• behave 행동하다  • population 인구
• access 접근  • electricity 전기
• twilight 황혼  • complete 완전한

## C ● 전문 해석

10년도 넘는 세월 전에, Gary Douglas는 아이들이 배움의 즐거움을 위해 학습하는 방법을 배우는 학교를 만드는 것이 필요하다는 생각을 가졌다. 그는 어린 나이에 재미있게 지식을 얻는 것이 가능하다면 놀라운 일이 될 것임을 알았다. 그래서 Gary는 기금을 모음으로써 그 프로젝트를 실행에 옮기기로 했다. Gary의 생각에 관심을 가진 사람들은 그것을 현실로 만드는 데 필요한 것이 무엇이든지 간에 기꺼이 도와주었다. 그들 모두는 완전히 다른 사람들이었다.

○ 문제 해설

④ 「it takes ~ to do」는 '…하는 데 ~이 필요하다'는 뜻으로 took의 목적어에 해당하는 표현이 없으므로 however 대신에 whatever를 써야 한다.

○ 오답 확인

① that 이하는 an idea의 구체적인 내용을 설명하는 동격절이다.
② it은 가주어이고, to gain 이하가 진주어이다.
③ by ~ing는 '~함으로써'라는 뜻이다.
⑤ be동사의 보어로 형용사 different는 적절하다.

Words & Phrases

• necessary 필요한  • amazing 놀라운
• gain 얻다  • set ~ into motion ~을 실행시키다
• raise funds 기금을 모으다  • be willing to 기꺼이 ~하다
• totally 완전히

---

문법 **12** 형용사 · 부사 (1)

문법 연습문제                              본문 135쪽

A  1 live  2 The sick  3 something special
   4 interest

B  1 with → of
   2 wounding → wounded
   3 brave something → something brave
   4 presently → present

C  ② (specifically → specific)

## A ● 해석

1 빅뱅의 라이브 콘서트는 8월 4일에 방송되었다.

2 아픈 사람들은 시 병원으로 옮겨져서 거기서 치료받았다.

3 우리는 모든 고객들을 위해 특별한 것을 준비했다.

4 남성들은 관심을 끄는 여성을 묘사하기 위해서 예쁜, 아름다운, 매력적인 같은 말들을 사용한다.

Words & Phrases

• air 방송하다  • treat 치료하다
• prepare 준비하다  • customer 고객
• attractive 매력적인  • describe 묘사하다

## B ● 해석

1 Hilary는 내가 집을 찾고 있을 때 매우 큰 도움이 되었다.

2 부상자들은 치료를 위해 근처의 병원으로 후송되었다.

3 무슨 상황이든지 간에, 영웅은 항상 위대해지기 전에 용감한 행동을 한다.

4 참석한 사람들이 약 30명이 있었는데, 그중 두 명이 아

이들을 데리고 왔다.

**Words & Phrases**

• wound 부상을 입히다   • nearby 근처의
• treatment 치료   • participant 참가자

**C** ● 전문 해석

Chicago 대학교의 언어학과 지원서를 작성할 때, 여러분의 연구 관심사를 기술하는 데 있어서 가능한 구체적인 것이 지원자에게 유리하다. 일반적인 진술은 상대적으로 별로 소용이 없다. 지원자들은 그들이 관심 있는 특정한 언어적 주제를 토론하도록 격려받는다. 지원자가 그들이 함께 일할 수도 있는 교수들을 알고 있다면, 그들(교수들)의 이름이 또한 제시되어야 한다.

○ 문제 해설

② be동사의 보어 역할을 하는 것은 부사가 아니라 형용사이므로, specifically는 specific으로 고쳐야 한다.

○ 오답 확인

① completing은 분사구문으로 쓰였는데 분사구문을 만들 때 접속사의 의미를 명확하게 하기 위해서 앞에 접속사를 남겨둔다.
③ 「of+추상명사」는 형용사 역할을 하므로 of little use는 '별로 소용이 없다'라는 뜻이다.
④ be interested in에서 전치사 in이 관계대명사 앞으로 이동했다.
⑤ 교수들의 이름이 제시되는 것이므로 수동태 be given은 적절하다.

**Words & Phrases**

• application form 지원서   • linguistics 언어학
• beneficial 이로운   • applicant 지원자
• describe 기술하다   • research 연구
• interest 관심; 관심을 끌다   • comment 진술, 말
• relatively 상대적으로   • subject matter 주제
• faculty 교수, 교원   • as well 또한

## 형용사 · 부사 (2)

**문법 연습문제**                      본문 137쪽

**A** 1 highly   2 Unfortunately   3 often makes
   4 with

**B** 1 Late → Lately
   2 complains rarely → rarely complains
   3 regular → regularly
   4 with purpose → on purpose

**C** ③ (hard → hardly)

**A** ● 해석

1 매우 민감한 어떤 사람들은 외로움을 느끼는 경향이 있다.
2 불행히도, 내 카메라가 작동을 멈췄다.
3 내 아들은 생각하는 동안 흔히 소음과 소리를 낸다.
4 Dashan은 중국어를 유창하게 말하고 중국 여자와 결혼한 외국인이다.

**Words & Phrases**

• sensitive 민감한, 예민한

**B** ● 해석

1 최근에 나는 내 분홍색 머리에 관해서 많은 질문을 받았다.
2 Matthew는 하루에 다섯 시간씩 운동하는 것에 대해 거의 불평하지 않는다.
3 정기적으로 체육관에서 운동하는 사람들은 소파에 앉아 TV만 보며 많은 시간을 보내는 사람들보다 돈을 더 많이 번다.
4 Agatha Christie는 결론을 위한 더 많은 가능성을 제시하기 위해서 의도적으로 독자를 속이곤 했다.

**Words & Phrases**

• complain 불평하다   • rarely 거의 ~않는
• work out 운동하다   • gym 체육관
• couch potato 소파에 앉아 TV만 보며 많은 시간을 보내는 사람
• deceive 속이다   • plentiful 많은, 풍부한
• probability 가능성, 가망성   • conclusion 결론

**C** ● 전문 해석

어느 날, 우리 교수님이 물리학과 관련된 특히 복잡한 개념을 설명하고 계셨다. 한 의예과 학생이 무례하게 끼어들어서 물었다. "왜 저희가 이런 것을 배워야만 하나요?" "생명을 살리기 위해서지."라고 교수님이 빨리 대답하고 강의를 계속했다. 학생은 교수님의 대답을 거의 이해하지 못했다. 몇 분 뒤에, 같은 학생이 다시 말을 했다. "그래서 물리학은 어떻게 생명을 구하나요?"라고 그가 집요하게 계속했다. "그것은 무지한 자들을 의대에서 쫓아내지."라고 교수님이 대답했다.

○ 문제 해설

③ hard는 '단단한, 세게, 열심히'라는 뜻으로, 문맥상 '거의 ~않는'이라는 뜻의 부사 hardly로 고쳐야 한다.

○ 오답 확인

① related to는 '~와 관련된'이라는 뜻의 과거분사구로 a

particularly complicated concept을 수식한다.
② and에 의해 interrupted와 병렬구조를 이루고 있다.
④ a few는 '약간'이라는 뜻으로 뒤에 복수명사를 취한다.
⑤ 「the+형용사」는 '~한 사람들'이라는 뜻이다.

**Words & Phrases**
- particularly 특히
- complicated 복잡한
- related to ~와 관련된
- physics 물리학
- rudely 무례하게
- interrupt 개입하다
- stuff 것(= thing)
- respond 반응하다
- lecture 강의
- persist 집요하게 계속하다
- ignorant 무지한

## 문법 13 비교 구문 (1)

### 문법 연습문제
본문 139쪽

**A** 1 to   2 even   3 wisely   4 likely

**B** 1 to → than
2 so → more 또는 than → as 또는 not so → less
3 to possible → as possible
4 than → to

**C** ① (as → than)

**A** ● 해석
1 힙합은 클래식 음악보다 열등하지 않다.
2 그 문제는 처음에 보였던 것보다 훨씬 더 크다.
3 아이들은 어른들보다 더 현명하게 행동할 수도 있다.
4 오늘날의 여성들은 남성들보다 대학원에 다닐 가능성이 더 크다.

**Words & Phrases**
- attend 다니다
- graduate school 대학원

**B** ● 해석
1 그 건물을 완공하는 데는 원래 기대했던 것보다 훨씬 더 큰 비용이 들 것이다.
2 나는 너만큼 언어학에 관심이 있지 않다.
3 사회와 고용자들은 새로운 기술이 가능한 많은 사람들에게 이익을 주도록 확실히 할 필요가 있다.
4 서양의 문화가 다른 문화들보다 객관적으로 우월하다는 것을 입증하는 증거는 없다.

**Words & Phrases**
- complete 완공하다
- linguistics 언어학
- benefit ~에게 이익을 주다
- evidence 증거
- demonstrate 입증하다
- objectively 객관적으로

**C** ● 전문 해석
소셜 미디어는 여러분이 생각하는 것보다 구직 활동에서 더 중요하다. 사실, 회사들의 92%가 직원을 고용하기 위해 소셜 미디어 사이트를 이용하고 있다. The Muse에서 내 일을 시작한 후에, 나는 우리의 최고 경영자가 인터뷰 과정 동안 내 인스타그램(Instagram) 계정을 발견했다는 것을 알았다. 그녀는 내 창의성이 마음에 들었고, 그것이 내가 그 일을 얻는 데 도움이 되었다. 그래서 나는 여러분에게 소셜 미디어 프로필을 이용해서 여러분의 기술을 자랑하고, 고용인에게 여러분의 성격을 엿보고 여러분에게 일자리를 제공할 기회를 주게 하기를 바란다.

○ 문제 해설
① more important는 「more+형용사/부사+than」의 형태로 쓰이는 비교급 표현이므로, as는 than으로 고쳐야 한다.

○ 오답 확인
② 수량 표현을 나타내는 표현은 of 다음에 있는 명사의 수에 동사의 수를 일치시키므로 are는 적절하다.
③ 필자가 알게된(found out) 것보다 최고 경영자가 필자의 인스타그램 계정을 발견한 것이 먼저 일어난 사건이므로, 대과거(had discovered)가 쓰였다.
④ 앞에 나온 내용 전체를 받는 관계대명사 which이다.
⑤ to peep 이하는 the opportunity를 수식한다.

**Words & Phrases**
- hire 고용하다
- employee 직원
- account 계정
- process 과정
- profile 프로필
- show off 자랑하다
- peep into ~을 엿보다
- personality 성격, 개성

## 비교 구문 (2)

### 문법 연습문제
본문 141쪽

**A** 1 the most   2 more   3 last   4 ocean

**B** 1 twice as high as
2 more intelligent than any other student
3 as precious as the relationships
4 not so much a great idea

**C** ① (least → less)

## A ●해석

1 런던은 전 세계 여행객들에게 가장 인기 있는 목적지이다.
2 많이 알면 알수록 더 많은 것을 창조할 수 있다.
3 나는 그가 스마트폰을 이용할 마지막 사람(스마트폰을 결코 이용하지 않을 사람)일 것으로 생각해왔다.
4 캐나다의 Beaufort 해(海)는 세상의 다른 어떤 바다보다 더 빠르게 산성화되어 가고 있다.

**Words & Phrases**
· destination 목적지    · acidic 산성의

## B ●해석

1 뉴욕의 생활비는 도쿄의 생활비의 두 배이다.
2 Krishna는 우리 반에서 다른 어떤 학생보다 더 총명하다.
3 어떤 것도 우리가 부모님과 공유하는 관계만큼 귀중할 수는 없다.
4 네가 찾고 있는 것은 훌륭한 생각이라기보다는 훌륭한 생각으로 발전할 수 있었던 생각이다.

**Words & Phrases**
· cost of living 생활비    · precious 귀중한, 소중한
· evolve into ~로 발전(진화)하다

## C ●전문 해석

새로운 연구에 따르면, 잠을 덜 자면 잘 수록, 사람은 더 많이 먹는다. 그것은 수면 부족이 식욕을 조절하는 호르몬을 변화시키기 때문이다. 연구자들은 수면이 부족할 때 다양한 요인들이 모여서 어떤 사람이 과식하도록 한다고 설명한다. 어느 논문에서, 그들은 이 요소들이 어떻게 서로 상호 작용을 하는지에 관해서 글을 썼다. 지칠 때, 식욕을 돋우는 호르몬이 줄어든다. 그래서 그들은 낮은 에너지 수준을 보충하기 위해서 더 많은 음식을 소비한다.

○문제 해설
① 「the+비교급 ~, the+비교급 ....」은 '~하면 할수록, 더 ...하다'는 뜻이므로, least는 less로 고쳐야 한다.

○오답 확인
② 「That's because ~」는 '그것은 ~이기 때문이다'라는 뜻이다.
③ cause는 목적 보어로 to부정사를 취한다.
④ 문장의 주어는 appetite가 아니라 the hormones이다.
⑤ to compensate 이하는 to부정사의 목적의 뜻을 나타낸다.

**Words & Phrases**
· appetite 식욕    · a range of 다양한

---

· overeat 과식하다    · sleep-deprived 수면이 부족한
· factor 요인, 요소    · interact with ~와 상호 작용하다
· reduce 줄이다    · consume 소비하다
· compensate for ~을 보충하다

## 문법 14  접속사 · 전치사구 (1)

**문법 연습문제**                              본문 143쪽

A  1 but    2 That    3 nor    4 not only
B  1 That → Whether
    2 but → and
    3 what → that
    4 or → and
C  ④ (what → that)

## A ●해석

1 예술은 개념이 아니라 움직임이다.
2 내 아들이 내게 거짓말했다는 것이 나를 실망시켰다.
3 나는 너를 교육시킬 시간도 의지도 가지고 있지 않다.
4 금은 아름다움뿐만 아니라, 그 유용성에 의해서도 귀중하게 여겨진다.

**Words & Phrases**
· notion 개념    · motion 움직임
· disappoint 실망시키다    · educate 교육시키다
· treasure 귀중히 여기다    · utility 유용성

## B ●해석

1 그 책의 저자가 남성인지 여성인지는 분명하지 않다.
2 네 미래를 먼저 생각하라, 그러면 큰 가치가 있는 사람이 될 것이다.
3 과학자들은 우리가 나이를 먹어가면서 뇌세포가 천천히 죽어간다고 오랫동안 믿었다.
4 카드로 미래를 예측하는 기술은 수 세기 동안 아시아와 유럽 모두에서 시행되어 왔다.

**Words & Phrases**
· author 저자    · male 남성    · female 여성
· of great worth 큰 가치가 있는    · brain cell 뇌세포

- die off (결국 하나도 안 남게 될 때까지) 하나씩 죽어 가다
- practice 시행하다, 연습하다

## C ● 전문 해석

회사들이 자신들의 IT 체계의 보안을 증가시키려고 함에 따라서, 사용자 이름과 암호 조합을 요구하는 인터넷 사이트의 수가 증가하고 있다. 이것에 대처하기 위해서, 사용자들은 다양한 목적으로 비슷하거나 같은 암호를 이용하는데, 그것이 암호의 보안을 가장 약한 링크의 보안으로 축소시킨다. 암호의 또 다른 문제점은 그것들이 적기 쉽고 다른 사람들과 공유하기 쉽다는 것이다. 어떤 사용자들은 다른 사람들에게 그들의 암호를 밝히는 것을 주저하지 않는다. 그들은 이것을 위험으로 보지 않는다.

### ○ 문제 해설

④ 동사 is의 보어 역할을 하는 명사절이 필요한데, 문장 성분이 빠짐없이 다 있으므로, what은 that으로 고쳐야 한다.

### ○ 오답 확인

① 「try to+동사원형」은 '~하려고 노력하다'의 뜻이다.
② 문장의 주어는 the number이므로, is는 적절하다.
③ 관계대명사 which는 앞 문장의 내용 전체를 받고 있다.
⑤ as는 '~로서'라는 뜻의 전치사이다.

### Words & Phrases
- security 보안
- require 요구하다
- password 암호
- combination 조합
- cope with ~에 대처하다
- employ 이용하다, 고용하다
- similar 비슷한
- identical 동일한
- purpose 목표, 목적
- reduce 줄이다, 축소하다
- link 링크, 연결
- hesitate 주저하다
- reveal 밝히다
- view A as B A를 B로 보다
- risk 위험

## 접속사 · 전치사구 (2)

### 문법 연습문제
본문 145쪽

A 1 Owing to  2 unless  3 while
  4 Even though

B 1 In spite of  2 since  3 so that  4 during

C ⑤ (despite → though 또는 although 또는 even though)

## A ● 해석

1 식량 부족 때문에, 그의 가족은 먹을 게 아무것도 없었다.
2 사람은 생각하는 법을 배우지 않으면 온전한 인간이 아

니다.
3 그는 런던에 머무르는 동안 재미난 만화를 많이 그렸다.
4 나는 매우 지쳤지만, 어젯밤 자정이 지나서야 일하는 것을 멈추었다.

### Words & Phrases
- shortage 부족
- cartoon 만화
- exhausted 지친
- midnight 자정

## B ● 해석

1 편리함과 효율성에도 불구하고, 나는 그 기계를 이용하기보다는 나 혼자서 일을 하려고 노력한다.
2 그가 집을 떠난 지 거의 20년이 흘러갔다.
3 나는 새로운 사람들을 만나고 더 활동적이 될 수 있도록 자원봉사를 시작했다.
4 서울에 있는 대부분의 박물관은 주말에 문을 연다.

### Words & Phrases
- convenience 편리함
- efficiency 효율성
- volunteer 자원봉사하다
- active 활동적인

## C ● 전문 해석

시칠리아는 이탈리아 공화국의 일부분인데, 그것은 시칠리아가 기술적으로 이탈리아의 일부분이라는 것을 의미한다. 그러나 그것은 자체의 대통령과 의회를 가진 반(半) 독립적인 지위를 유지한다. 대부분의 경우, 그것은 자체의 입법권을 가지고 있다. 그러나 이탈리아는 관광, 운송, 그리고 환경과 같은 특정한 부문에 대한 입법권을 장악한다. 거기에 사는 사람들의 약 70%가 시칠리아어를 함에도 불구하고 이탈리아어가 시칠리아의 공식 언어이다.

### ○ 문제 해설

⑤ 뒤에 주어와 동사가 있으므로, despite는 though 또는 although 또는 even though로 고쳐야 한다.

### ○ 오답 확인

① which는 계속적 용법의 관계대명사로 앞에 내용 전체를 받는다.
② 주어 it의 동사 역할을 하고 있다.
③ most는 '대부분의'라는 뜻의 형용사로 part를 수식한다.
④ such as는 '~와 같은'이라는 뜻이다.

### Words & Phrases
- republic 공화국
- technically 기술적으로
- maintain 유지하다
- semi-independent 반(半)독립적인
- status 지위
- parliament 의회
- legislative power 입법권
- sector 부문
- transport 운송
- environment 환경
- official 공식적인

## 문법 연습문제

본문 147쪽

**A** 1 lay  2 Smart as  3 has  4 that

**B** 해설 참조

**C** ① (she dreamed → did she dream)

### A ● 해석

1 나무 책상 위에는 Susan을 위한 작은 선물이 있었다.

2 그녀가 똑똑하긴 하지만, 항상 더 많이 배워야 한다고 생각한다.

3 나는 아무것도 듣지 못했고, 그녀의 어머니도 역시 아무것도 듣지 못했다.

4 그 노인이 식물 의학에 진지한 관심을 보인 것은 우연에 의해서였다.

### Words & Phrases

- wooden 나무의
- gift 선물
- by chance 우연히
- medicine 의학

### B ● 해석

1 So large was his head that he had to have his hats made to order.
그의 머리는 너무 커서 모자를 주문해서 제작해야만 했다.

2 Hardly did people aboard the Titanic know that the ship had struck an iceberg.
타이타닉호에 타고 있던 사람들은 배가 빙산에 부딪힌 것을 거의 알지 못했다.

3 One judge questioned whether his proposal did meet the standards.
심사위원 한 명이 그의 제안이 기준을 충족시키는가에 의문을 제기했다.

4 It was at Athens that the great scholar seriously began to think of religion.
그 위대한 학자는 아테네에서 진지하게 종교에 관해 생각하기 시작했다.

### Words & Phrases

- strike 부딪히다
- iceberg 빙산
- question 의문을 제기하다
- proposal 제안(서)
- meet 충족시키다
- standard 기준

- scholar 학자
- religion 종교

### C ● 전문 해석

Bella는 마침내 야수와 함께 집에서 계속 살았다. 그녀는 자신이 그에 대한 두려움을 갖지 않을 것을 전혀 꿈도 꾸지 못했다. 그러나 그녀는 보이지 않는 하인들에게서 시중을 받았고 먹고 마시고 싶은 것이면 무엇이든 가졌다. 그 다음 날, 야수가 그녀에게 왔다. 그는 끔찍하게 보였지만, 그녀는 대접을 잘 받아서 그에 대한 공포감의 많은 부분을 잃어버렸다. 곧바로 그녀의 아버지가 그녀를 보러 와서는 그녀가 꽤 행복한 것을 알게 되었고, 그는 야수의 손에 떨어진 그녀의 운명에 대한 두려움을 훨씬 덜 느끼게 되었다.

○ 문제 해설

① 부정어(Little)가 문장 맨 앞에 오면 주어와 동사가 도치되므로, she dreamed는 did she dream으로 고쳐야 한다.

○ 오답 확인

② eat와 drink의 목적어 역할을 하며 선행사를 포함한 복합관계대명사 whatever는 적절하다.
③ 「형용사+as+주어+동사」는 '~에도 불구하고'라는 뜻의 양보절이다.
④ 「so ~ that …」은 '매우 ~해서 …하다'의 뜻이다.
⑤ find는 목적 보어로 형용사를 취하는 동사이고, quite는 부사로 happy를 수식한다.

### Words & Phrases

- beast 야수
- fear 두려움
- wait on ~의 시중을 들다
- invisible 보이지 않는
- servant 하인
- a great deal of 많은
- terror 공포
- shortly 곧
- afterwards 나중에
- dread 두려움, 공포
- fate 운명

## 특수구문 (2)

### 문법 연습문제

본문 149쪽

**A** 1 good  2 that  3 Few  4 feel

**B** 해설 참조

**C** ⑤ (what → that)

### A ● 해석

1 우리 각자의 내면에는 선과 악 모두의 씨앗이 있다.

2 우울증은 노화의 정상적인 일부분이라는 잘못된 믿음이 있다.

3 진화론이 우리 창조에 관한 모든 것을 설명한다는 것을

믿는 과학자는 거의 없다.
4 정신병은 사람들이 보통 하는 것과는 다르게 생각하고, 행동하고, 느끼도록 야기할 수 있다.

## B ● 해석

1 오직 기적만이 지금 내 아들을 살릴 수 있다.
2 Kevin은 결코 똑똑하지 않으며, 흔히 그냥 멍청하다.
3 그때가 되어서야 그녀는 자신이 잘못했음을 알았다.
4 그는 좀처럼 의견을 제시하지 않았으며, 하물며 대화를 시작하지도 않았다.

## C ● 전문 해석

많은 작가, 시인, 그리고 분명히 언론 작가들은 글쓰기가 치유할 수 있다는 것을 항상 직관적으로 알고 있었다. 이 사실을 임상의로서 우리에게 중요한 것으로 만드는 것은 직관 너머에 이제는 글쓰기의 치유하는 힘을 지지해줄 과학적 증거가 있다는 것이다. James W. Pennebaker는 변화된 우리의 태도에 대해 부분적으로 책임이 있다. 이전에 밝혀지지 않은 정신적 외상에 관한 글쓰기에 대한 신기원을 이룬 그의 작업은 글쓰기가 사실 정말로 치유한다는 발견으로 이어졌다.

○ 문제 해설
⑤ writing ~ heal은 the discovery의 구체적인 내용을 설명하는 동격절이므로, what은 that으로 고쳐야 한다.

○ 오답 확인
① 부사 intuitively는 동사의 과거분사 known을 수식한다.
② 문장의 주어는 What ~ clinicians이므로, is는 적절하다.
③ to support ~ writing은 scientific evidence를 수식하는 형용사적 용법이다.
④ changed는 과거분사로 명사 attitudes를 수식한다.

## 1회 수능 문법 실전문제 본문 150쪽

| 01 ③ | 02 ② | 03 ② | 04 ④ | 05 ② |
| 06 ② | 07 ⑤ | 08 ③ | | |

## 01 정답 ③

● 전문 해석
어느 연령대의 작가들에게든지 가장 강력한 동기부여 중 하나는 그들의 작품이 출간되는 것을 보는 것이다. 전자 출판은 학생들이 한 편의 글로 표현된 작품을 쓰고 얼마든지 웹사이트에 출간을 위해 그것을 제출하는 것을 허용한다. 많은 웹사이트는 작가들이 다른 작가들에게 피드백을 제공하게 해주고, 학생들이 자신들의 글쓰기를 할 상호작용의 장을 제공한다. 학생들이 이 사이트들에 있는 다른 학생들의 이야기와 시를 읽는 데 얼마간의 시간을 쓴 후에, 교사들은 무엇이 좋은 글쓰기를 만드는지를 토론할 기회를 가질 수 있다.

○ 문제 해설
③ an interactive forum을 수식하면서, for students가 의미상의 주어 역할을 할 수 있는 표현이 필요하므로, work는 to work로 고쳐야 한다.

○ 오답 확인
① 지각동사 see는 목적어와 목적 보어가 수동의 의미 관계에 있을 때 과거분사를 목적 보어로 취한다.
② 대명사 it은 앞에 나온 명사 a piece of written work를 대신 받는다.
④ 「spend+시간+~ing」는 '~하는 데 시간을 쓰다'는 뜻이다.
⑤ what ~ writing은 의문사절로 discuss의 목적어 역할을 한다.

○ 구문 분석
【1행】 [One of the most powerful motivators for writers of any age] is [to see their work published].

▶ [One ~]가 문장의 주어이고, is가 동사, [to see ~]는 보어이다.

【2행】 Electronic publishing allows students to **compose** a piece of written work |and| **submit** it for publication on any number of Web sites.

▶ compose와 submit은 and에 의해 to에 이어지고 있다.

## 02

정답 ②

● 전문 해석
내가 중학교에 다니고 있었을 때, 가장 친한 내 친구 중 한 명이 아버지가 직장을 잃어서 친척네 집에 살러 들어가야 했기 때문에 이사를 가버렸다. 나에게는 슬픈 날이었다. 그도 역시 행복하지 않았지만, 가족을 위해 좋은 얼굴을 했다. 그 당시에는 사람들이 이사를 많이 하지 않아서, 이사 가는 것이 큰 사건이었다. 우리는 계속 연락을 취하자고 약속했고, 그는 정말로 내게 한 번 전화를 했다. 그 후에 나는 그의 소식을 다시는 듣지 못했다. 그것은 마치 그가 지구 표면에서 사라진 것과 같았다. 나는 그가 새로운 학교나 새로운 친구들에 적응하는 데, 그리고 다른 친척들과 함께 사는 데 힘든 시간을 보냈다고 확신한다.

○ 문제 해설
(A) 뒤에 주어와 동사가 있는 절이 오기 때문에, 접속사 because가 적절하다.
(B) promised의 목적어 역할을 하며 명사절을 이끌어야 하고, 뒤에 완전한 문장이 오기 때문에, 접속사 that이 적절하다.
(C) and에 의해 adjusting과 병렬구조를 이뤄야 하므로, living이 적절하다.

○ 구문 분석
【5행】 We promised that we would keep in touch, and he **did** call me once.

▶ did는 call을 강조하기 위해 쓰였다.

【7행】 It was **as if** he disappeared off the face of the earth.

▶ 「as if」는 '마치 ~인 것처럼'의 뜻으로 해석한다.

## 03

정답 ②

● 전문 해석
2억 4천5백만 년 전 즈음에, 첫 번째 공룡들이 나타났다. 이것은 지질학자들이 트라이아스기라고 부르는 때였다. 공룡은 파충류였고, 그 앞에 수백만 년 동안 육지에는 다른 파충류들이 있었다. 환경은 더 큰 파충류의 생존을 허락했는데, 그들의 크기가 생존을 도왔다. 첫 번째 이 공룡들은 다양한 종으로 나뉘었다. '트라이아스기 공룡'이라는 제목으로 위키피디아(Wikipedia)는 50개 이상의 다양한 종의 목록을 제시한다. 과학자들은 그 다양한 종들이 꼬리를 포함하여 길이가 10m만큼 되었다고 기술한다. 그들은 크고 강력한 뒷다리, 그리고 약 절반 크기의 그보다는 약한 앞다리가 있는 큰 도마뱀처럼 보인다. 긴 목의 끝에 있는 머리는 두개골 안의 큰 공기 공간에 의해서 무게가 가벼워졌다.

○ 문제 해설
② 선행사는 the larger reptiles이고 size를 수식하는 소유격 관계대명사가 필요하므로, which는 whose로 고쳐야 한다.

○ 오답 확인
① what은 선행사를 포함하는 관계대명사로, 여기서는 동사 call의 목적어 역할을 하는 선행사를 포함하고 있다.
③ 문장의 주어는 Wikipedia이고 동사가 lists이다.
④ as much as는 '~만큼'의 뜻이다.
⑤ 5형식 동사 make는 목적 보어로 형용사를 취하는데, 수동태가 되어도 형용사가 그대로 쓰인다.

○ 구문 분석
【2행】 Dinosaurs were reptiles, and *they* had **been** **preceded** for millions of years **by** *other reptiles on land.*

▶ 「A precede B」는 'A가 B에 선행하다'는 뜻으로, 수동태가 되면 「B be preceded by A」의 형태가 된다. 수동태가 될 때 무엇이 먼저 있던 것인지에 유의해야 한다.

【7행】 Scientists describe them as **having been** as much as 10 meters long, including tail.

▶ 전치사 as의 목적어 역할을 하는 완료 동명사(having been)

는 주절의 동사(describe)보다 먼저 일어난 사건을 서술할 때 쓰인다.

┌ Words & Phrases ┐
• dinosaur 공룡 • geologist 지질학자 • reptile 파충류
• precede ~에 앞서다, 선행하다
• condition (물리적) 환경; (특정 시기의) 날씨
• survival 생존 • be divided into ~로 나뉘다
• various 다양한 • species 종 • describe 기술하다
• lizard 도마뱀 • hind leg 뒷다리 • front leg 앞다리
• skull 두개골

## 04
정답 ④

● 전문 해석

천부적인 재능과 능력 검사는 매우 강력한 도구여서 우리는 그것을 모든 진로 의사 결정 고객과 함께 이용한다. 고객들은 일련의 검사에서 그들 자신에 관해 매우 많은 것을 배울 수 있다는 놀라움을 몇 번이고 표현한다. 첫 번째 직업 결정을 하는 사람들은 어느 직업이 그들에게 가장 잘 맞는지, 그리고 그 이유는 무엇인지를 마침내 이해한다고 말한다. 이런 종류의 검사는 싸지 않다. 좋은 검사 프로그램은 500~600달러의 비용이 들 수 있지만, 사람들이 대학을 마치고, 그다음 첫 번째 직업이 잘되지 않아서 대학에 '되'돌아가기 위해 소비되는 것을 고려할 때, 그것은 그 비용을 치를 가치가 있다.

○ 문제 해설

(A) '매우 ~해서 …하다'는 의미의 구문은 so와 such 두 가지로 표현할 수 있는데, such는 「such+a(n)+형용사+명사」의 어순을 취한다. cf) 「so+형용사+a(n)+명사」
(B) understand의 목적어 역할을 하는 명사절을 이끌면서 careers를 수식하는 의문사가 필요하므로, which가 적절하다.
(C) 문맥상 목적의 의미를 나타내는 to부정사가 필요하므로, to go가 적절하다. and then to go와 병렬구조를 이룬다는 것에서도 힌트를 찾을 수 있다.

○ 구문 분석

【2행】 Time after time, clients express amazement [**that** they can learn so much about themselves from a series of tests].

▶ [that ~]는 amazement의 구체적인 내용을 설명하는 동격절이다.

【6행】 A good testing program can cost $500 to $600, but [**considering** {**what** people spend to go through college — and then to go *back* to college after their first career doesn't work out}] — it is well worth the cost.

▶ [considering ~]는 전치사구이고, {what ~}는 선행사를 포함하고 있는 관계절이다.

┌ Words & Phrases ┐
• tool 도구 • career 직업, 일자리 • client 고객
• time after time 몇 번이고, 매번 • amazement 놀라움
• a series of 일련의 • fit 딱 들어맞다
• considering ~을 고려하면 • worth 가치가 있는

## 05
정답 ②

● 전문 해석

어느 연세가 많으신 여성이 North Dakota 국경에서 단 몇 야드 떨어져 있는, 캐나다의 작은 농장에 살았다. 그들의 땅은 수년째 미국과 캐나다 사이의 사소한 논쟁을 일으키는 문제였다. 이제 과부가 된 그 여성은 아들과 세 손자손녀들과 함께 농장에 살았다. 하루는, 그녀의 아들이 편지 한 통을 들고 방에 들어왔다. "어머니, 소식거리를 좀 가지고 왔습니다."라고 그가 말했다. "정부가 North Dakota에 사는 사람들과 합의를 이루었습니다. 그들은 우리 땅이 정말로 미국의 일부라고 결정했습니다. 우리는 그 합의에 동의하거나 동의하지 않거나 할 권리가 있습니다. 어떻게 생각하세요?" "내가 무슨 생각을 하느냐고?" 어머니가 말했다. "사인해라! 그들을 당장 불러서 우리가 받아들인다고 그들에게 말해라! 나는 캐나다의 이 겨울 중 또 한 번을 견뎌낼 것 같지 않구나."

○ 문제 해설

② to부정사가 아니라, 동시동작을 나타내는 분사구문을 이끄는 holding으로 고쳐야 한다.

○ 오답 확인

① 과거의 어느 시점부터 또 다른 과거의 다른 시점까지 일어난 일을 다루는 과거완료(had been) 시제이다.
③ decided의 목적어 역할을 하는 명사절이다.
④ to approve 이하는 형용사적 용법으로 the right을 수식한다.
⑤ 「one of+복수명사」는 '~들 중 하나'라는 뜻으로, one은 불특정한 것 하나를 지칭하는 대명사로, 여기서는 winter를 가리킨다.

○ 구문 분석

【6행】 The government has **come to an agreement** with the people in North Dakota.

▶ come to an agreement는 '합의를 보다, 얘기가 되다'의 의

미로 쓰였다.

**Words & Phrases**
- elderly 연세가 많은 · border 국경, 경계
- subject (다뤄지고 있는) 문제 · minor 사소한, 작은
- dispute 논쟁, 논란 · widowed 과부가 된
- government 정부 · approve 승인하다
- disapprove 승인하지 않다 · stand 참다, 견디다

## 06
정답 ②

● 전문 해석

영화 스튜디오, 테마 공원, 그리고 소비자 제품들의 세계
적인 Disney 왕국을 만든 가장 훌륭한 사업 지도자 중 한
명인 Walt Disney는 처음부터 성공적이었던 것은 아니었
다. 큰 성공에 앞서 많은 실패가 있었다. 믿거나 말거나,
Walt는 충분히 창의적이지 않았기 때문에 Kansas City
Star의 초창기 일자리에서 해고되었다! 1922년에 그는
Laugh-O-Gram이라고 불리는 첫 번째 회사를 시작했다.
Kansas에 기반을 둔 그 사업은 만화 영화와 짧은 광고 영
화를 제작하곤 했다. 1923년에, 그 사업은 파산했다. 하지
만 Walt는 포기하지 않았다. 대신에, 그는 짐을 싸서
Hollywood로 갔고 The Walt Disney Company를 시작
했다.

○ 문제 해설

(A) 문장의 주어는 Walt Disney이고, 그 안에 있는 one ~
products는 콤마에 의해 주어를 설명해주는 동격 표현이므로, 동
사는 was가 적절하다.
(B) his first company와 call이 수동의 의미 관계를 이루고 있
으므로, called가 적절하다.
(C) and에 의해 packed, went가 병렬구조를 이루고 있으므로,
started가 적절하다.

○ 구문 분석

【3행】 [**Before** the great success] came a number of
　　　　　　　　　　　　　　　　　　V　　　　　S
failures.

▶ 부사구 [Before ~]가 문두에 와서 주어와 동사가 도치되었다.

**Words & Phrases**
- empire 왕국 · theme park 테마 공원
- consumer product 소비자 제품, 소비재
- from the beginning 처음부터 · a number of 많은
- fire 해고하다 · cartoon 만화 영화
- advertising film 광고 영화 · go bankrupt 파산하다
- give up 포기하다 · pack up (짐을) 싸다

## 07
정답 ⑤

● 전문 해석

내 친구 중 한 명은 1년에 몇 번씩만 자전거를 타곤 했는
데, 지금 그는 자전거를 1주일에 여러 차례 용무를 위해
이용한다. 무엇이 그 차이를 만들었는가? 조립용품 세트
를 이용하여 그는 자신의 오래된 자전거에 재충전 가능한
전기 모터를 달았다. 그는 여전히 동력을 얻기 위해 페달
을 밟지만, 지금 그는 손목을 재빨리 휙 움직여 자신이 원
할 때마다 모터의 도움을 받는다. 이 덕분에 그는 동력의
도움이 없을 때보다 더 멀리, 그리고 더 빨리 갈 수 있다.
그는 쉽게 속도를 유지할 수 있고, 언덕을 올라갈 때 가속
을 할 수 있는데, 그것이 더 안전하게 느껴진다. 추가적인
동력의 도움 덕분에 또한 그는 자전거 트레일러를 쉽게 끌
수 있어서, 심지어는 짐이 많은 쇼핑 여행을 할 수도 있다.

○ 문제 해설

⑤ 앞에 나온 내용 전부를 받는 계속적 용법의 관계대명사가 필요
하므로 that은 which로 고쳐야 한다.

○ 오답 확인

① used to는 '~하곤 했다'는 뜻의 조동사이다.
② Using a kit은 분사구문이고, Using의 의미상 주어는 he이다.
③ whenever는 '~할 때마다'의 뜻으로, every(each) time으로
바꾸어 쓸 수 있다.
④ enable은 목적 보어로 to부정사를 취한다.

○ 구문 분석

【5행】 This enables him to go farther and faster than he
**would** [**without** the power assist].

▶ without은 가정법의 if를 대신하는 표현으로, he would ~
assist는 would 다음에 go가 빠져 있다.

**Words & Phrases**
- errand 용무, 심부름
- make the difference 차이를 만들어 내다
- rechargeable 재충전 가능한 · electric motor 전기 모터
- pedal 페달을 밟다 · flick 휙(재빨리) 움직임
- enable 가능하게 하다 · assist 도움
- accelerate 가속화하다 · extra 추가의, 여분의
- trailer 트레일러

## 08
정답 ③

● 전문 해석

내 아내와 나는 Copacabana의 Rua Constante Ramos

모퉁이에서 그녀를 만났다. 그녀는 약 60살 정도였고, 군중 속에서 길을 잃고서 휠체어에 앉아 있었다. 내 아내는 그녀에게 도움을 주겠다고 제안했고, 그 여자는 그 제안을 받아들여 내 아내에게 자신을 Rua Santa Clara에 데려다 달라고 부탁했다. 휠체어 뒤에는 몇 개의 비닐봉지가 매달려 있었다. 가는 길에 그녀는 우리에게 그 비닐봉지 속에 그녀의 모든 소유물이 있다고 말했다. 그녀는 상가 출입구에서 잠을 잤고 광고 전단지로 먹고 살았다. 우리는 그녀가 가고 싶어 하는 곳에 도착했다. 다른 거지들이 그곳에 모여 있었다. 그 여자는 비닐봉지 중 하나에서 한 통의 멸균 우유를 꺼내 그것을 거기 있는 다른 사람들에게 주었다. "사람들이 나에게 자선을 베푸니, 나도 역시 다른 사람에게 자선을 베풀어야 해."

○ 문제 해설
(A) 재귀대명사는 동사의 행위를 하는 주어와 동사의 행위를 당하는 목적어가 같을 때 쓴다. 여기서는 take의 동작을 하는 사람은 my wife이고 동작을 당하는 사람은 모퉁이에서 만난 여자이므로, her(모퉁이에서 만난 여자)를 써야 한다.
(B) 이 문장은 다음 두 개의 문장을 관계대명사로 연결한 문장이다. We reached the place.＋she wanted to go to the place. 뒤에 to가 남아 있으므로 관계대명사 which가 적절하다.
(C) 앞에 나온 명사 one packet of long-life milk를 받아야 하므로, 대명사 it이 적절하다.

○ 구문 분석
【3행】My wife offered to help her and the woman accepted the offer, [**asking** my wife to take her to Rua Santa Clara].
▶ [asking ～]는 분사구문으로, 의미상의 주어는 the woman이다.
【8행】The woman **took** out one packet of long-life milk from one of the plastic bags ⎡and⎤ **gave** it to the other members of the group.
▶ took과 gave는 and에 의해 병렬구조를 이루고 있다.

Words & Phrases
· offer 제안하다    · hang 걸다, 매달다
· contain 포함하다, 담다    · belongings 소유물
· doorway 문간, 현관    · live off ～로 먹고 살다
· handout 광고 전단지
· packet (종이 · 마분지로 된 상품 포장용) 통
· long-life milk 멸균 우유
· charitable 자선을 베푸는

# 01
정답 ④

● 전문 해석
나는 미국서점협회가 주최하는 도서 박람회에 참석하기 위해서 New York에서 LA로 비행기를 타고 가고 있었다. 갑자기 어느 젊은 청년이 비행기 기내 통로에서 일어서더니 큰 소리로 말했다. "비행기에서 내릴 때 기꺼이 장미 한 송이씩을 들고 가주실 열한 분의 지원자를 모집합니다." 여러 사람이 손을 들었다. 나도 손을 들었지만 선택되지는 않았다. 그럼에도 불구하고, 나는 그 집단을 따라가 보기로 했다. 비행기가 착륙했고, 그 젊은이는 O'Hare 공항의 입국 홀에 있는 어느 젊은 여자를 가리켰다. 한 명씩 한 명씩, 승객들은 그녀에게 장미를 주었다. 마침내, 모든 사람들 앞에서, 그 젊은 청년은 그녀에게 청혼했고, 그녀는 그 청혼을 받아들였다. 주위에 있던 모든 사람들이 박수를 치며 그들을 축하해주었다.

○ 문제 해설
④ 이 문장의 and는 접속사로 두 개의 문장을 이어주는 역할을 하므로, and 다음에는 「주어＋동사」의 형태가 와야 하는데, 현재분사 indicating이 올 경우 and 다음에 동사가 없게 된다. 그러므로 indicating은 동사 indicated가 되어야 한다.

○ 오답 확인
① 과거분사 held는 the book fair를 수식하는데, held 앞에는 which(that) was가 생략되어 있다.
② 주격 관계대명사 who는 eleven volunteers를 선행사로 한다.
③ did는 raised my hands를 나타내는 대동사이다.
⑤ ask는 목적 보어로 to부정사를 취한다.

○ 구문 분석
【2행】Suddenly, a young man **stood** up in the aisle of the plane ⎡and⎤ **spoke** loudly:
▶ stood와 spoke는 and에 의해 병렬구조를 이루고 있다.

Words & Phrases
· attend 참석하다    · book fair 도서 박람회
· association 협회    · aisle 통로    · volunteer 자원봉사자
· be willing to 기꺼이 ～ 하다    · land 착륙하다
· indicate 가리키다, 나타내다    · passenger 승객
· applaud 박수를 치다    · congratulate 축하하다

## 02

● 전문 해석

자동차로 산을 넘어가거나 비행기를 타고 올라갈 때 귀가 뻥하고 터지는 소리를 들은 적이 있는가? 그것은 중이(中耳)가 기압의 변화에 반응하기 때문이다. 귀 안의 기압이 귀 바깥의 기압과 다를 때, 그것은 뻥하고 터지는 소리와 함께 평형을 맞춘다. 귀만 '뻥'하고 터지는 게 아니다. 자동차로 정말 높은 산에 올라갈 때, 타이어의 공기를 조금 빼라고 충고하는 도로 표지판을 볼지도 모른다. 타이어 안의 높은 압력과 산꼭대기의 낮은 압력 사이의 차이는 다룰 수 있는 것 이상이다. 타이어의 바람을 빼지 않는다면, 그것들은 뻥하고 터질 수 있다.

○ 문제 해설

(A) 지각동사 hear는 목적어와 목적 보어가 능동의 의미 관계에 있을 때, 동사원형이나 현재분사(~ing)를 목적 보어로 취하므로 pop이 적절하다.

(B) 관계절 which의 선행사는 the road가 아니라 signs이므로, advise가 적절하다.

(C) 문장의 주어는 The difference이므로, 동사는 is가 적절하다.

○ 구문 분석

【3행】 When the air pressure inside your ear is different from **that** outside, it equalizes with a popping noise.

▶ that은 앞부분의 the air pressure를 대신 받는 지시대명사이다.

Words & Phrases
- pop 뻥하고 터지다    • middle ear 중이(中耳)
- react to ~에 반응하다    • air pressure 기압
- equalize with ~와 같게 하다    • handle 다루다
- deflate (타이어의) 바람을 빼다

## 03

정답 ④

● 전문 해석

글쓰기의 주요 이점 중 하나는 긍정적인 정서이다. Schutte와 그의 연구자들이 행한 연구는 표현적인 글쓰기의 영향을 탐구했다. 그 연구에서, 참가자 집단들은 의미 있는 글쓰기에 관한 지시를 들었고, 그다음 글을 써보라는 요청을 받았다. 그 연구자들은 더 높은 수준의 의미 지시는 참가자들이 쓰고 있던 글들이 개인적으로 더 높은 의미를 가지는 것으로 이어졌다는 것을 발견했다. 그들이 쓰고 있던 것에서 의미를 발견하는 것은 참가자들이 더 많은 변화,

인지적, 감정적, 그리고 행동상의 변화를 하도록 이끌었다. 그리고 그 결과, 참가자들은 기간이 끝날 때쯤에는 더 긍정적인 정서를 가지고 있었다.

○ 문제 해설

④ 문장의 동사는 led로 주어가 필요하므로, 동사 Find는 동명사 Finding, 또는 To find로 고쳐야 한다.

○ 오답 확인

① 문장의 주어는 One이므로, 동사 is는 적절하다.

② groups of participants와 동사 give는 수동의 의미 관계이므로, given은 적절하다.

③ that 이하는 동사 found의 목적어 역할을 하는 명사절이다.

⑤ 전치사 by는 '~쯤에는(까지는)'이라는 뜻이다.

○ 구문 분석

【6행】 Finding meaning in [**what** they were writing] led the participants to making more changes ~.

▶ [what ~]는 선행사를 포함한 관계절이다.

Words & Phrases
- benefit 이점    • positive 긍정적인
- researcher 연구자    • explore 탐구하다
- expressive 표현하는    • participant 참가자
- instruction 지시, 명령    • meaningful 의미 있는
- cognitive 인지적인    • behavioral 행동의
- as a result 그 결과    • session 기간, 수업

## 04

정답 ④

● 전문 해석

어느 유쾌한 봄날 오후, 한 친구가 화가 El Greco를 방문하러 갔다. 놀랍게도, 그는 그가 커튼을 모두 친 채 작업실에 있는 것을 발견했다. Greco는 양초만을 이용해 주위환경을 비추면서, 성모 마리아를 중심 주제로 하는 그림을 작업하고 있었다. 깜짝 놀란 친구가 말했다. "화가들은 자신들이 이용할 색을 잘 선택하기 위해서 해를 좋아한다는 말을 항상 들었다네. 커튼을 걷는 게 어떻겠나?" "지금은 아닐세."라고 El Greco가 말했다. "그것은 내 영혼에서 타고 있고, 내 주변의 모든 것을 빛으로 채우고 있는 눈부신 영감의 불을 방해할 걸세."

○ 문제 해설

(A) with 분사구문으로 all curtains와 draw가 수동의 의미 관계에 있으므로, drawn이 적절하다.

(B) 문맥상 heard의 목적어 역할을 하는 명사절이 필요하므로,

that이 적절하다.

(C) and에 의해 burning과 병렬구조를 이루며, that은 주격 관계절로 the brilliant fire of inspiration을 수식하고 있으므로, filling이 적절하다.

○ 구문 분석

【3행】 Greco was working on *a painting* [**which** had the Virgin Mary as the central theme, {**using** only a candle to illuminate the environment}].

▶ [which ~]는 관계절로 a painting을 수식한다. {using ~}는 동시동작이나 동시상황을 나타내는 분사구문이다.

> **Words & Phrases**
> • to one's surprise ~가 놀랍게도
> • atelier (예술가들의) 작업실, 아틀리에
> • work on ~을 작업하다     • central theme 중심 주제
> • illuminate (빛을) 비추다    • environment 환경
> • disturb 방해하다    • inspiration 영감

## 05
정답 ③

● 전문 해석

Barcelona에는 매우 특별한 브라질 여성 Rosa가 산다. 스페인 사람들은 그녀를 '멋있는 할머니'라고 부른다. 그녀는 60살이 넘었고 다양한 곳에서 일하는데, 홍보 활동, 파티, 그리고 콘서트를 조직한다. 한 번은 내가 너무 피곤해서 거의 참을 수가 없었을 때, Rosa에게 어디서 그녀의 모든 에너지를 얻느냐고 물어보았다. "나에게는 마법의 달력이 있지."라고 그녀가 말했다. "그것을 자네에게 보여주지." 그녀는 작은 글자와 숫자들이 적혀 있는 오래된 달력을 집어 들었다. "옳거니, 오늘은 소아마비 백신을 발견한 날이네."라고 그녀가 말했다. "우리는 그것을 축하해야 해, 왜냐하면 삶은 아주 멋지기 때문이지." 그해의 매일매일, Rosa는 그 날 일어났던 좋은 일을 적어두었다. 그녀에게 삶이란 늘 행복해야 할 이유였다.

○ 문제 해설

③ 이 문장은 다음 두 문장이 관계사에 의해 한 문장으로 합쳐진 문장이다. She picked up an old calender.+Small letters and numbers were written on the old calendar. 전치사 on이 있어야 완전한 문장이 되므로, which는 on which 또는 where로 고쳐야 한다.

○ 오답 확인

① organizing 이하는 동시동작이나 동시상황을 나타내는 분사구문이다.

② hardly는 '거의 ~ 아닌'이라는 뜻의 부사로 동사 stand를 수식한다.

④ 관계부사 when이 이끄는 절이 the day를 수식한다.

⑤ to be happy는 형용사적 용법으로 a reason을 수식한다.

○ 구문 분석

【3행】 Once when I was **so** tired **that** I could hardly stand, I asked Rosa [**where** she got all her energy from].

▶ 「so ~ that …」은 '매우 ~해서 …하다'는 뜻이고, [where ~]는 asked의 목적어 역할을 하는 의문사절이다.

【9행】 On each day of the year, Rosa had written down **something good** [**that** had happened on that date].

▶ -thing으로 끝나는 명사는 뒤에서 형용사의 수식을 받는다. [that ~]는 주격 관계절로 something good을 수식한다.

> **Words & Phrases**
> • rocking 멋있는, 흔들리는    • various 다양한
> • organize 조직하다    • promotion 홍보 활동
> • stand 참다    • calendar 달력    • pick up 집어 들다
> • vaccine 백신    • celebrate 축하하다    • reason 이유

## 06
정답 ③

● 전문 해석

토네이도는 매우 강력한데, 생명과 재산을 위협하기도 한다. 가장 강력한 토네이도는 지구 상에 시속 483km 이상의 가장 빠른 속도의 바람을 일으킨다. 사실, 과학자들은 토네이도 내부의 바람이 얼마나 빨라지는지를 확실히 알지 못하는데, 그들이 속도를 측정하기 위해 이용하는 기구들이 파괴되기 때문이다. 토네이도는 따뜻한 공기가 격렬하게 공기를 회전시키는 기둥으로 땅에서 솟아오를 때 형성된다. 미국에서 토네이도가 형성되는 데 좋은 조건은 로키산맥에서 오는 차고 마른 공기가 멕시코 만에서 오는 따뜻하고 습한 공기를 타고 동쪽으로 이동할 때 생긴다. 그것이 바로 Texas, Oklahoma, 그리고 Kansas에 많은 토네이도가 발생하는 이유이다. 미국의 그 지역은 때때로 Tornado Alley라고 불린다.

○ 문제 해설

(A) they ~ it은 앞에 관계대명사 that(which)이 생략된 관계절로 부사절의 주어인 the instruments를 수식하고 동사는 get이다. 관계절 내에서 they와 use는 능동의 의미 관계에 있으므로 use가 적절하다.

(B) 부사 violently의 수식을 받으면서 명사 air를 수식하는 현재분사가 되어야 하므로, rotating이 적절하다.
(C) 「That's why ~」는 '그것이 바로 ~한 이유이다'라는 뜻으로 뒤에는 결과가 오고, 반대로 「That's because ~」는 '그것은 ~이기 때문이다'라는 뜻으로 뒤에는 원인이 온다.

○ 구문 분석

【3행】 Actually, scientists don't know for certain [**how fast the winds inside of a tornado gets**], ~

▶ [how ~]는 의문사절로 동사 know의 목적어 역할을 한다.

┌ Words & Phrases ┐
• threaten 위협하다　　• property 재산
• instrument 기구, 도구　　• measure 측정하다
• destroy 파괴하다　　• column 기둥　　• violently 격렬하게
• rotate 회전시키다　　• favorable 좋은, 호의적인
• condition 조건　　• formation 형성
• moist 축축한

# 07
정답 ④

● 전문 해석
칭찬은 구체적일 때 동기부여가 되고 영감을 줄 수 있다. 예를 들어, 하루에 직원 한 명이나 두 명을 골라서 그들에게 여러분이 그들이 하는 일에서 가치 있게 여기는 구체적인 어떤 것을 말하라. 그리고 그들에게 그들의 행동이 어떻게 매우 유익한지, 그리고 왜 그런지를 말하라. 세부사항이 더 많을수록, 더 좋다. 그러나 그 반대도 역시 사실일 수 있다. 진정한 칭찬은 매우 중요하지만, 교정하는 피드백 역시 그렇다. 한 개인의 주요 문제점을 다루기를 거부하는 것은 그 사람이 성장하는 것을 돕지 않는다. 그리고 한 사람의 행위가 동료에게 안 좋은 영향을 끼친다면, 조치를 취하지 않으려고 하는 것은 여러분의 문화를 점차 파괴할 것이다. 비판으로 건설적이 되라.

○ 문제 해설
④ 문장의 주어는 동명사구를 이끄는 Refusing이므로, do는 does로 고쳐야 한다.

○ 오답 확인
① -thing으로 끝나는 명사는 뒤에서 형용사의 수식을 받는다.
② 5형식 동사 find는 목적 보어로 형용사를 취한다.
③ 「so+(조)동사+주어」는 '~도 역시 그렇다'는 뜻이다.
⑤ 부사 gradually는 동사 destroy를 수식한다.

○ 구문 분석

【4행】 **The more** details, **the better**.

▶ 「the+비교급 ~, the+비교급 …」은 '~하면 할수록, 점점 더 …하다'는 뜻이다.

┌ Words & Phrases ┐
• motivating 동기를 부여하는　　• inspiring 영감을 주는
• specific 구체적인　　• employee 직원
• value 가치 있게 여기다　　• beneficial 유익한
• detail 세부사항　　• opposite 반대의 것
• sincere 진정한, 진실한　　• extremely 매우
• corrective 교정의　　• address 다루다
• major 주요한　　• adversely 역으로　　• coworker 동료
• refusal 거절, 거부　　• take action 조치를 취하다
• constructive 건설적인　　• criticism 비판

# 08
정답 ①

● 전문 해석
어떤 생각에 대한 전념은 그 생각을 소망에서 목표로 변화시킨다. 그것은 기대하던 성과가 된다. 예를 들면, 의과대학의 예과 공부 프로그램에 등록하는 대학의 모든 신입생들을 고려해보자. 많은 학생들이 '의사가 된다면 근사하지 않을까?'라는 생각으로 프로그램에 들어선다. 몇 년간의 어려운 공부를 하고 난 후, 대다수는 의사가 되겠다는 생각에 크게 전념하지 못하는 자기 자신을 발견하고는 다른 전공을 찾는다. 그것은 인생의 다른 면에서도 마찬가지다. 우리의 생각을 분명하게 드러내고자 한다면, 그것들을 현실로 만드는 데 완전히 전념해야만 한다. 모든 일이 버튼을 누르거나 마우스를 클릭하는 일로 이루어지는 시대에, 현시(顯示)되기까지는 그것만의 시간이 필요하며 그것을 하는 사람들의 인내가 요구된다.

○ 문제 해설
(A) 관계절 내의 동사 enroll의 행위를 하는 주체는 college가 아니라 all the freshmen이므로, 관계대명사는 who가 적절하다.
(B) 문맥상 becoming이 아니라, discover와 병렬구조를 이뤄야 하므로, find가 적절하다.
(C) everything ~ a mouse에 필요한 문장 성분이 다 있고, 선행사 an age를 수식하는 관계사가 필요하므로, 관계부사 where가 적절하다.

○ 구문 분석

【7행】 If we **are to manifest** our ideas, we must be completely committed to making them reality.

▶ are to manifest our ideas는 「be동사+to부정사」 용법으로 의도의 뜻으로 해석한다.

# SUMMA CUM LAUDE - ENGLISH

### 상위권을 향한 튼튼한 개념교과서

## '제대로' 공부를 해야 공부가 더 쉬워집니다!

"공부하는 사람은 언제나 생각이 명징하고 흐트러짐이 없어야 한다. 그러자면 우선 눈앞에 펼쳐진 어지러운 자료를 하나로 묶어 종합하는 과정이 필요하다. 비슷한 것끼리 갈래로 묶고 교통정리를 하고 나면 정보간의 우열이 드러난다. 그래서 중요한 것을 가려내고 중요하지 않은 것을 추려내는데 이 과정이 바로 '종핵(綜核)'이다." 이는 다산 정약용이 주장한 공부법입니다. 제대로 공부하는 과정은 종핵처럼 복잡한 것을 단순하게 만드는 과정입니다. 공부를 쉽게 하는 방법은 복잡한 내용들 사이의 관계를 잘 이해하여 간단히 정리해 나가는 것입니다. 이를 위해서는 무엇보다도 먼저 내용을 제대로 알아야 합니다. 숨마쿰라우데는 전체를 보는 안목을 기르고, 부분을 명쾌하게 파악할 수 있도록 친절하게 설명하였습니다. 보다 쉽게 공부하는 길에 숨마쿰라우데가 여러분들과 함께 하겠습니다.

## 기본을 알면 〈내신〉·〈수능〉 어떤 시험에도 자신 있다!!

영어의 기본은 어휘를 많이 알아두고, 문법을 익혀 영어 문장에 익숙해져 빠른 독해에까지 나아가는 것입니다. 〈숨마쿰라우데 영어 매뉴얼 시리즈〉는 영어의 기본에 충실하게 하여 한 단계 업그레이드 된 능력을 갖추도록 친절하게 안내해 줍니다. 〈숨마쿰라우데 영어 입문 매뉴얼〉로 고교 영어의 기본을 다지고, 더 나아가 부족한 부분을 찾아 공부하면 어떤 영어 시험에도 자신 있습니다.

## 학습 교재의 새로운 신화! 이룸이앤비가 만듭니다!

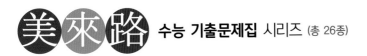

# 美來路 수능 기출문제집 시리즈 (총 26종)

## ❝기출문제 완벽 분석으로 수능을 완벽 대비하자!❞

▲ 국어
- 국어 화법·작문·문법
- 국어 독서
- 국어 문학

▲ 영어
- 영어 듣기
- 영어 독해

▲ 수학
- 수학Ⅱ [나형]
- 미적분Ⅰ [나형]
- 확률과 통계 [가·나 공통]
- 미적분Ⅱ [가형]
- 기하와 벡터 [가형]

▲ 한국사
- 한국사

▲ 과학탐구
- 물리Ⅰ
- 화학Ⅰ
- 생명과학Ⅰ
- 지구과학Ⅰ
- 화학Ⅱ
- 생명과학Ⅱ

▲ 사회탐구
- 생활과 윤리
- 윤리와 사상
- 한국지리
- 세계지리
- 동아시아사
- 세계사
- 법과 정치
- 경제
- 사회·문화

## 최고의 학습 효과가 증명된 美來路 시리즈의 특장점

**01** / 〈대학수학능력시험〉, 〈평가원 모의고사〉, 〈교육청 학력평가〉를 총망라하였습니다.
- 최신 유형과 동떨어진 오래된 문제는 배제하고, 최근에 출제된 기출 시험 중 양질의 문제만을 선별 수록하였습니다.
- 수능의 경향과 흐름을 한눈에 쉽게 파악할 수 있도록 하였습니다.

**02** / 과목의 특성에 따라 기출 문항을 재분류하였습니다.
- 단원별, 연도별, 제재별로 문항을 분류하여 학습의 효율성을 높였습니다.
- 단원별·제재별 핵심 개념 및 유형 학습이 가능하도록 하였습니다.

**03** / 수능 시험지와 유사한 스타일의 본문 디자인으로 실전 감각을 유지하게 하였습니다.
- 실제 수능 시험지와 유사한 디자인으로 구성하여 실전 적응력을 높일 수 있으며,
  스스로 분석하고 메모하는 학습법으로 실전 능력을 배양할 수 있습니다.

**04** / 차원이 다른 정답 및 해설, 서브노트가 있습니다.
- 핵심을 찌르는 정답 해설 및 오답 거르기, 그리고 문제와 관련된 핵심 배경지식까지 짚고 넘어가는
  이 책의 서브노트는 수험생들이 가장 만족하는 부분입니다.

**BONUS! 05** / 한국사, 사회·과학탐구 영역 단권화 노트 제공!
- 세상에 단 하나뿐인 나만의 요약 정리 노트를 만들어 활용할 수 있습니다.

 잠깐!

'실제 시험 문제를 제한 시간 내에 풀어 보고
　　　　등급컷도 확인해 보고 싶다면!'

## 美來路 실시간 기출모의고사 시리즈로~

### 실시간 기출문제집이 꼭 필요한 이유!!

첫째, 실제 시험에 출제된 **기출문제**를 통해 난이도를 파악하고 출제 경향을 분석할 수
　　있기 때문입니다.

둘째, 실제 시험과 똑같은 상태로 풀고 **OMR 답지도 작성**해 봄으로써
　　**시간 안배 연습**을 할 수 있어 시험 시간을 잘 활용할 수 있기 때문입니다.

셋째, 자주 출제되는 문제 유형은 물론 새롭게 출제되는 신유형, 고난도 유형 문제를
　　접해 봄으로써 다음 시험에 보다 친숙하게 다가갈 수 있기 때문입니다.

넷째, **등급컷**을 참고하여 현재 **자신의 수준을 가늠**하고, 문제 해결에 있어
　　**취약한 부분을 파악**함으로써 보다 집중적인 학습을 할 수 있기 때문입니다.

실 제 시 험 그 대 로 간 추 린

▲ 고1
- 국어
- 영어
- 수학

▲ 고3
- 국어
- 영어
- 수학(가형)
- 수학(나형)

# ERUM BOOKS 이룸이앤비가 만든 책에는 진한 감동이 있습니다.

## 중등 교재

### ◉ 숨마주니어 **중학국어 어휘력** 시리즈
중학 국어 교과서(8종)에 실린 중학생이 꼭 알아야 할
필수 어휘서
- 1 / 2 / 3 (전 3권)

### ◉ 숨마주니어 **WORD MANUAL** 시리즈
주요 중학 영어 교과서의 주요 어휘 총 2,200단어 수록
어휘와 독해를 한번에 공부하는 중학 영어휘 기본서
- 1 / 2 / 3 (전 3권)

### ◉ 숨마쿰라우데 **중학수학 개념기본서** 시리즈
개념 이해가 쉽도록 묻고 답하는 형식으로 설명한 개념기본서
- 중1 1학기 / 2학기
- 중2 1학기 / 2학기
- 중3 1학기 / 2학기 (전 6권)

### ◉ 숨마쿰라우데 **중학수학 실전문제집** 시리즈
기출문제로 개념 잡고 내신 대비하는 실전문제집
- 중1 1학기 / 2학기
- 중2 1학기 / 2학기
- 중3 1학기 / 2학기 (전 6권)

## 고등 교재

쉽고 상세하게 설명한 수학 개념기본서의 결정판!
### ◉ 숨마쿰라우데 **수학 기본서** 시리즈
기본 개념이 튼튼하면 어떠한 시험도 두렵지 않다!
- 수학 I / 수학 II
- 미적분 I / 미적분 II
- 확률과 통계 / 기하와 벡터

변화된 수능 절대 평가에 맞춘 영어 학습 기본서!
### ◉ 숨마쿰라우데 **영어 MANUAL** 시리즈
영어의 기초를 알면 1등급이 보인다!
- 영어 입문 MANUAL / WORD MANUAL
- READING MANUAL / 구문 독해 MANUAL
- 어법 MANUAL(개정판) / 독해 기본 MANUAL(출간예정)
- 독해 실전 MANUAL(출간예정)

쉽고 상세하게 설명한 한국사 및 사탐·과탐 개념기본서의 결정판!
### ◉ 숨마쿰라우데 **한국사, 사회·과학탐구** 시리즈
내신·수능·수행평가(서술형) 대비를 한 권으로!

- 한국사
- 한국지리
- 윤리와 사상
- 생활과 윤리
- 사회·문화

- 물리 I
- 화학 I
- 생명과학 I
- 지구과학 I

---

1등급을 향한 수능 입문서
### ◉ **굿비** 시리즈
수능을 향한 첫걸음! 고교 새내기를 위한 좋은 시작, 좋은 기초!

▶ **국어**
독서 입문 / 문학 입문 / 독서 강화 [인문·사회] / 독서 강화 [과학·기술]

▶ **수학**
수학 I / 수학 II / 미적분 I / 미적분 II / 확률과 통계 / 기하와 벡터

▶ **한국사·사회탐구**
한국사 / 생활과 윤리 / 사회·문화

▶ **과학탐구**
물리 I / 화학 I / 생명과학 I / 지구과학 I

---

수능 완벽 대비를 위한 필수 학습서!
### ◉ **미래로 수능 기출문제집** 시리즈

▶ **국어**
국어 화법·작문·문법 / 국어 독서 / 국어 문학

▶ **영어**
영어 듣기 / 영어 독해

▶ **수학**
수학 II [나형] / 미적분 I [나형] / 확률과 통계 [가·나 공통]
미적분 II [가형] / 기하와 벡터 [가형]

▶ **한국사·사회탐구**
한국사 / 생활과 윤리 / 윤리와 사상 / 한국지리 / 세계지리 / 동아시아사 / 세계사
법과 정치 / 경제 / 사회·문화

▶ **과학탐구**
물리 I / 화학 I / 생명과학 I / 지구과학 I / 화학 II / 생명과학 II

---

실제 시험 문제를 제한 시간 내에 풀어 보고 등급컷도 확인해 보는
### ◉ **미래로 실시간 기출모의고사** 시리즈

▲ 고1
- 국어
- 영어
- 수학

▲ 고3
- 국어
- 영어
- 수학(가형)
- 수학(나형)

상위권을 향한 나의 꿈

숨마쿰라우데®

「최우등 졸업」을 의미하는 라틴어